区域电网投资能力测算与优化决策研究

许晓敏 著

中国电力出版社
CHINA ELECTRIC POWER PRESS

内 容 提 要

本书重点研究了新型电力系统下电网企业投资能力测算与决策优化的理论与方法，从电力需求和投资能力两个方面联合优化电网企业的投资策略，提高电网企业的决策效率和水平。本书共分为7章，介绍了投资优化的相关概念和理论方法，提出了区域电网电力需求智能预测方法，构建了区域电网分层多目标最优规划模型，识别了区域电网投资能力的关键影响因素，并对投资能力进行了测算，构建了区域电网优化投资组合决策模型，并提出了电网投资优化管理建议。

本书可供电力系统规划、调度等领域的研究人员或管理人员阅读参考，也可作为高等院校电力技术经济、市场营销、投资决策等领域的本科生和研究生的参考书籍。

图书在版编目（CIP）数据

区域电网投资能力测算与优化决策研究 / 许晓敏著.

北京：中国电力出版社，2025.5. -- ISBN 978-7-5198-9905-9

Ⅰ. F426.61

中国国家版本馆 CIP 数据核字第 20252FK950 号

出版发行	中国电力出版社
地　　址	北京市东城区北京站西街 19 号（邮政编码 100005）
网　　址	http://www.cepp.sgcc.com.cn
责任编辑	石　雪　高　畅（010-63412647）
责任校对	黄　蓓　常燕昆
装帧设计	赵丽嫒
责任印制	钱兴根
印　　刷	北京天宇星印刷厂
版　　次	2025 年 5 月第一版
印　　次	2025 年 5 月北京第一次印刷
开　　本	710 毫米×1000 毫米　16 开本
印　　张	11.25
字　　数	197 千字
定　　价	55.00 元

版权专有　侵权必究

本书如有印装质量问题，我社营销中心负责退换

前 言

2020年9月22日，习近平总书记向世界宣布，中国将力争在2030年前碳排放达到峰值，努力争取2060年前实现碳中和。实现碳达峰、碳中和（"双碳"目标），事关中华民族永续发展和构建人类命运共同体，中国经济社会将发生广泛而深刻的变革。长期以来，电力行业坚持以习近平新时代中国特色社会主义思想为指导，全力保供电、促转型、强创新、谋改革，与时俱进推动电力高质量发展。电力行业不断推进绿色低碳转型，持续优化电力消费结构，加速推进新型电力系统建设步伐。电力投资持续攀升，电源投资占比增加，非化石能源装机占比过半，可再生能源装机容量历史性超过煤电装机容量，并成为我国电力新增装机的主体。同时电网投运总规模平稳增长，跨区跨省资源配置能力显著提升。2022年，全国主要电力企业合计完成投资12470亿元，比上年增长15.6%。全国电源工程建设完成投资7464亿元，比上年增长27.2%。电力行业展现出稳中有进的良好发展态势，电力消费增速实现平稳增长，电力消费结构继续优化。

为了实现"双碳"目标，新能源还需加速发展，在全国范围内实现高比例的并网。随着新能源的并网以及多元灵活性资源的发展，发电侧和需求侧的新形态使得电网企业在电力预测、规划以及投资决策等方面的难度越来越大。特别是在《中共中央国务院关于进一步深化电力体制改革的若干意见》（中发〔2015〕9号）发布之后，电网企业的盈利模式由现有的"购售电价差"的粗放型转变为"准许成本加上合理收益"（输配电价）的精细化模式，对其收入产生较大的影响，企业投资决策问题日益凸显。

电网建设项目作为基础性设施，关系着国民经济的命脉，对推动社会经济的发展具有重要的意义。电网建设项目不同于一般的工程项目，有其自身的特殊性。一方面，电网建设项目投资额巨大，建设周期长，收益慢，是典型的资金密集型、技术密集型项目；另一方面，电网建设项目必须在技术性和可靠性的基础上，保证居民正常用电，满足负荷增长的需求以及社会经济发展对电力的需求。面对电网较大的投资规模，电网企业需要将有限的资金投入到最能提升电网经济性、可靠性的建设项目中。因此，电网企业如何在区域电网环境下准确地对电力需求进行预测、合理有效地进行电网规划，并且在投资能力的约束下，科学地确定电网投资策略，建立完善的优化投资决策管理方法，获得合理的效益，对我国电网建设和电网企业的持续发展有着重要的意义。

本书围绕电网投资决策优化这一主题，从电力需求和投资能力两个角度入手，探索提高电力需求预测精度和投资决策的优化途径及方法。在电力需求方面，考虑新能源接入对电力系统的影响，建立含新能源分布式电源的区域电网电力需求智能预测模型，分别对区域内的总体负荷需求和新能源发电功率进行预测。基于预测结果，构建了基于分布式电源接入的分层多目标区域电网规划模型。在投资能力方面，对区域电网投资能力影响因素进行识别分析，结合通径分析方法，深入剖析关键因素对投资能力的影响机理。构建多目标约束下的电网投资能力测算模型，并进行敏感性分析。结合电网规划结果和投资能力测算结果，建立区域电网优化投资决策模型，实现建设项目的最优投资组合。最终，基于研究结果，提出区域电网优化投资决策的管理建议，为区域电网以及能源政策形势下的最优投资提供一定的理论借鉴和决策支撑。

在编写过程中，华北电力大学经济与管理学院牛东晓教授、张兴平教授、何永秀教授、刘达教授给予了指导和帮助，硕士研究生崔灏旭、王之怡、关泺允、李湘颖、李春禹、付尧、孔亚楠、杨梦琪、姚润坤、张勇、满明铭、蒋晓雨、张笑迪等，国网冀北电力有限公司经济技术研究院路妍、中国电力工程顾问集团西南电力设计院有限公司邱金鹏，以及国网浙江省电力有限公司经济技术研究院等也提供了很多帮助，在此一并表示感谢。

本书的出版受到国家自然科学基金项目（72472050）、教育部人文社会科学研究一般项目（24YJA630115）、中国科协青年人才托举工程项目（YESS20220084）等课题的资助，再次衷心感谢上述项目对本书出版的大力支持和帮助。

由于写作时间仓促、作者水平有限，书中的疏漏欠妥之处，恳请读者批评指正。

作者

2025 年 3 月

目录

前言

第1章 概论 ··· 1
  1.1 相关概念 ··· 1
  1.2 电力负荷需求预测理论 ··· 5
  1.3 电网规划理论 ·· 22
  1.4 电网投资决策理论 ··· 27

第2章 区域电网电力负荷需求智能预测 ···················· 39
  2.1 基于麻雀搜索算法与萤火虫扰动组合优化 BP 神经网络的
电力负荷需求预测模型 ··· 39
  2.2 基于 Blending 集成学习框架的分布式电源微网发电功率
双层预测模型 ·· 40
  2.3 含分布式电源的区域电网电力负荷需求智能预测及实证分析 ······ 44

第3章 区域电网分层多目标最优规划 ························ 56
  3.1 主动配电网规划的特点 ··· 56
  3.2 区域电网分层多目标最优规划模型 ························ 57
  3.3 实例分析 ··· 67

第4章 区域电网投资能力影响因素识别与分析 ·········· 74
  4.1 电网企业投资能力影响因素指标体系构建 ··············· 74
  4.2 基于知识挖掘的电网企业投资能力影响因素分析 ····· 78
  4.3 实证分析 ··· 85

第5章 区域电网投资能力测算及敏感性分析 ············ 100
  5.1 输配电价改革论述 ··· 100
  5.2 输配电价改革对电网企业的投资影响 ····················· 103
  5.3 区域电网投资能力系统动力学预测模型 ················· 104

  5.4 实证分析 ··· 119
  5.5 敏感性分析 ··· 126
第 6 章 区域电网优化投资组合决策模型 ······································ 131
  6.1 基于模糊累积前景灰靶理论的随机多属性投资项目
     初步筛选综合评价模型 ··· 131
  6.2 区域电网优化投资组合决策模型构建 ··························· 140
  6.3 实例分析 ··· 146
第 7 章 区域电网投资优化管理及建议 ·· 153
  7.1 区域电网优化投资决策管理框架及流程 ······················· 153
  7.2 区域电网优化投资管理建议 ······································· 156
参考文献 ··· 160

第1章 概 论

1.1 相关概念

1.1.1 投资

投资是指国家或企业以及个人，为了特定目的，与对方签订协议，促进社会发展，实现互惠互利，输送资金的过程，也是特定经济主体为了在未来可预见的时期内获得收益或是资金增值，在一定时期内向一定领域投放足够数额的资金或实物的货币等价物的经济行为。投资可分为实物投资、资本投资和证券投资等。

投资这个名词在金融和经济方面有数个相关的意义。它涉及财产的累积以求在未来得到收益。从技术上来说，这个词意味着"将某物品放入其他地方的行动"。从金融学角度来讲，相较于投机，投资的时间段更长一些，更趋向在未来一定时间段内获得某种比较持续稳定的现金流收益，是未来收益的累积。

电力工业是资金和技术密集型的国民经济支柱型产业。电力作为商品，既具有经济学范畴商品的一般属性，也具有天然的特殊性——不可大规模储存，供给与需求具有一定的刚性。电力工业的投资具有建设工期长、运营期长等特点，其发展遵循经济运行规律，同时受经济体制的影响。

电网作为电力系统运行的重要一环，承担着改变电压、输送与分配电能的任务。过去，电网企业以赚取购销差价为盈利模式。但是，在《中共中央 国务院关于进一步深化电力体制改革的若干意见》（中发〔2015〕9号）（以下简称"《意见》"）提出的"管住中间、放开两头"的监管要求下，要按照"准许成本+合理收益"的原则，核定独立、明晰的电网输配电价和准许收入。

按照某电网企业制定的投资管理规定对投资的界定，投资是指将有形资产或无形资产投放于某种对象或事项，以获得一定收益的活动，包括固定资产投资和股权投资。其中，固定资产投资是指境内外新建、改扩建、购置固定资产的行为。按投资项目划分，固定资产投资可分为基本建设（包括电网基建、产业基建和小型基建)、技术改造(包括生产技术改造、产业技术改造和非生产技术改造)、零星购置、营销投入(资本性)和信息化建设(资本性)。股权投资是指通过让渡货币资金、股权、债券、实物资产、无形资产或国家法律法规允许作为出资的其他资产，取得被投资企业的股权，享有权益并承担相应责任的行为。

1.1.2 区域电网投资

本书定义的区域电网是指含有分布式电源的区域电网。与传统集中发电、远距离输电不同的是，分布式发电具有发电方式灵活、不过度依赖电网运行状况等特点，能为构建坚强、自愈的智能电网提供有力的保障。但是，由于新能源发电的分布式电源易受天气影响，无论是太阳能还是风能，都伴随着不确定性和不连续性等特点。因此，新能源分布式电源的发电功率也就具有了随机性和波动性，这就对含有分布式电源的区域电网的电力需求预测提出了挑战。同时，随着越来越多的新能源分布式电源并网，配电网的结构也越来越复杂，对电网的规划和优化也越来越困难。

传统的电网结构会在分布式电源接入之后出现不同程度的破坏，一方面是电网的结构变得更加复杂，电压等级多样化；另一方面对潮流各电压的分布会造成不同类型的影响。分布式电源的容量一般比较小，电压等级较低，通常以35kV或10kV电压等级接入电力系统。因此，分布式电源的接入对配电网的影响比较大。接入分布式电源后的配电网既能发电又能配电，而不再仅仅用来配送电能，由传统的单向潮流变为复杂的双向潮流。总的来说，含有分布式电源的区域电网有如下几个特性。

(1) 影响电能质量。要想得到良好的电能质量，需要将电压保持在允许的一定的电压范围内。但配电网中接入了分布式电源后，原有的电压分布会有所改变。首先，分布式电源一般会安装在离用户比较近的地方，如用户住所附近或者是现场，这是为了能够为用户就近供电。因此，分布式电源接入配电网受所需要的负荷或电量的影响较大。这种情况下，配电网可能会受到影响，发生随机波动。其次，配电系统的拓扑结构一般是呈辐射状的，在配电系统正常运行和工作的时候，沿着输电线潮流的方向，电压是不断降低的，且这种趋势会沿着线路末端方向变得越来越大。但是，配电网的潮流大小和方向会随着分布式电源的接入而产生巨大的改变，有可能由潮流的单向流动变为潮流的双向流动，这种改变将对传统的配电网调压和继电保护造成严重的影响，进而影响系统的电能质量。

(2)影响需求状态。多个分布式电源接入配电网后,将其由只有一个电源点的辐射状网络结构变成了一个多电源点与用户相连的网络结构,潮流也从由变电站到负荷的单向流动变成了双向流动,区域电网的负荷需求状态也发生了改变。分布式电源既满足了特定微网小区的电力需求,又能向电网反向上网供电,这种特性使得电网既有用电功率,又增加了发电功率,电网承载的功率需求变得更加复杂。电网需求状态的改变,也增加了配电网规划的难度。

(3)影响系统安全可靠性。分布式电源对区域电网系统安全和可靠性的影响具有两面性。当分布式电源合理地接入配电网并对负荷供电时,若此时线路发生故障,分布式电源可以向小部分负荷继续供电,使其不受故障的影响,此时,分布式电源的接入提高了整体供电系统的安全性与可靠性。但是分布式电源接入配电网也会对原有的系统保护造成一定的冲击。如果分布式电源不能很好地与系统的继电保护装置进行配合,会造成在正常运行的情况下,继电保护装置发生误动、拒动或者重合闸的故障,从而使用户停电;或者在发生故障时,由于潮流分布具有多方向性,使得保护装置不能判别故障,从而降低系统供电的安全性和可靠性。

1.1.3 投资能力

投资能力是指投资主体投入实际的资金能力,能够反映出实际的投资规模,对于企业的投资决策有一定的约束作用。在本书中,电网投资能力的含义则是指电网公司在设定好目标利润值、资产负债率范围和未来售电量增长幅度等基本前提下,其可以实现的投资规模最大值,即除去保留的资金安全备付,电网公司将其经营活动和筹资活动产生的现金净流入全部投资电网基本建设项目所形成的能力。电网投资能力能够衡量电网进行投资活动时所具备的综合能力,具体可以通过以下几个方面体现。

(1)利润。电网的利润包含售电收入、过网费收入和增值服务收入等。电网的售电收入是电网最主要的盈利来源,通过合理的电价设定和销售策略,售电收入能为电网提供稳定的现金流。电网的过网费是指在输送电力过程中电网向发电企业和电力用户提供过网服务收取的费用,对电网的利润起到稳定的支撑性作用。随着市场竞争的加剧,电网也在不断拓展其业务范围,如提供智能电能表安装、用电咨询等服务,这些增值服务为电网公司提供了额外的利润。

(2)折旧。电网的折旧主要基于固定资产的分类及其相应的折旧年限。

电网公司的资产主要包括生产资产设备、非生产设备及器具、运输设备、房屋和建筑物等。其中，生产资产设备包括输电线路、交直流变电设备、自动化控制设备、信息设备及仪器仪表、通信线路及设备，以及生产管理用工器具等，是电网公司最核心的资产；非生产设备及器具主要包括用于公司运营、管理、后勤等方面的非生产设备，如办公设备、车辆等；运输设备主要用于电网设备的运输、巡检、维修等工作；房屋和建筑物主要包括电网公司的办公大楼、变电站、仓库等建筑物，为电网公司的运营提供必要的场所和设施。

（3）融资。电网公司的融资来源多样，主要包含国家财政拨款、企业内部资金、银行贷款等。其中，国家财政拨款曾经是电网企业重要的资金来源，但现在新增资金来源中财政拨款所占的比例已经大量减少；企业内部资金主要由企业日常生产经营活动中形成的折旧以及留存收益等组成；银行贷款在电网电力行业的电力工程施工项目融资中也是一种常见的融资方式。除此之外，电网公司还可以通过发行债券吸收资金，或是通过租赁的方式获取资金，还有通过投资类企业投资、产业投资基金等融资方式。

1.1.4　输配电价改革

输配电价改革是电力体制改革的核心内容之一。输配电价改革打破了电网企业以购销差价和电量增长为主的盈利模式，以"准许成本+合理收益"为原则确定输配电价水平则为电网项目投资带来了新的挑战。在输配电价改革背景下，电网项目投资策略对电网企业提高发展效率、保障相对稳定的盈利能力具有重大的意义。

根据《意见》及《国家发展改革委关于省级电网输配电价定价办法（试行）》（发改价格〔2016〕2711号）等文件规定，输配电价改革后，电价公式如式（1-1）所示：

$$电价=准许收入/售电量 \qquad (1-1)$$

从输配电价改革后电价的形成机制可以看出，电网企业的售电价格受准许收入规模和售电量情况二者制约，即电网企业的准许收入规模与电价水平成正比，售电量与电价水平成反比。此外，电网企业的准许收入又由准许成本、准许收益和税金三部分组成，如图1-1所示。

准许收入主要由准许成本和准许收益核定。其中，准许成本包括历史成本和增量成本，历史成本由政府部门核定；准许收益由有效资产规模与准许收益率相乘而得，而有效资产包括基期和新增两部分，基期部分由政府部门核定。准许成本与准许收益的新增部分均与电网企业的投资规模密切相关。

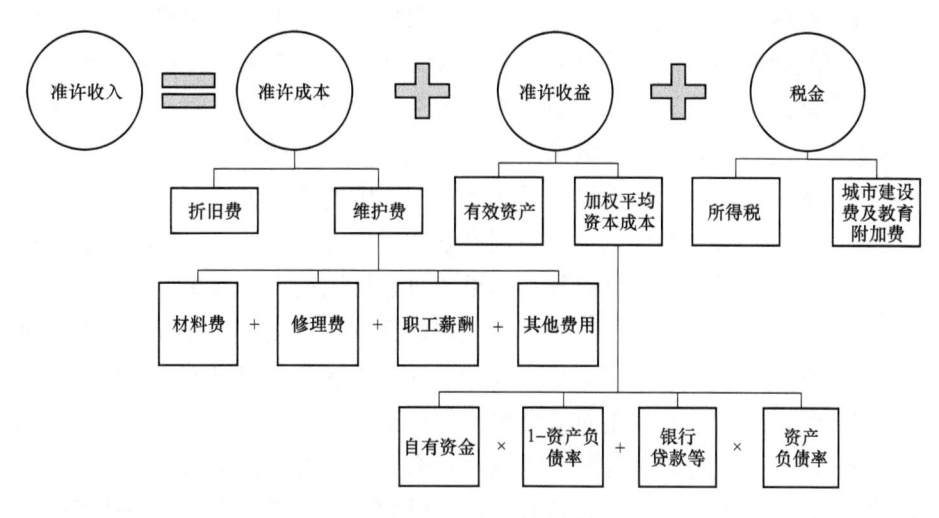

图 1-1 准许收入核定示例

1.2 电力负荷需求预测理论

开展电力负荷需求预测工作是供电部门承担的主要任务之一，准确的电力负荷需求预测不但是满足电力供需平衡的重要保证，同时也为电网、电源的规划建设，以及电网企业、电网使用者的经营决策提供信息和依据，保证电力能源消费结构的合理性，满足电力工业健康可持续发展的要求。

1.2.1 基本概念及分类

1.2.1.1 基本概念

电力负荷需求预测需要以扎实的理论作为指导依据，收集大量的历史资料，挖掘负荷数据的变化特征，选取恰当的预测技术合理推断出电力负荷未来的发展趋势。简而言之，电力负荷需求预测是从国民经济整体或部门或地区角度出发，结合其电力和电量消费的历史情况，科学推测未来的变化走向。电力负荷需求预测涵盖了两个方面的内容，一是电力需求（功率）的预测，二是用电量（能量）的预测。

从上述定义可以看出，电力负荷需求预测是在分析负荷历史数据的基础上，合理推断负荷需求未来的发展情况。由于负荷是不确定的，难以捉摸其变化规律，因此需要借助预测的手段和技术来推测未来负荷发展的状况。电力负荷需求预测工作是对随机事件进行的研究，因此具备以下特征。

（1）不准确性。预测学是针对不确定问题发展起来的一种理论，而影响电力负荷发展的因素众多且复杂，由于人类认知能力有限，往往只能预先得知电力负荷的某些发展变化，但是难以预见变化程度以及临时或突发情况导致的变化，这些因素导致预测结果是不准确或不完全准确的。

（2）条件性。电力负荷需求预测都是在一定的前提条件下开展的，所谓的条件，可以是必然条件也可以是假设条件。在必然条件下，预测员能够挖掘电力负荷的本质规律，此时预测结果的可靠性比较高。但是，由于负荷未来的发展难以确定，很多情况下需要一些假设条件。然而，假设条件并不是毫无根据地凭空想象，应依据研究分析，综合考虑各种情况得到。加上一定的前提条件，更有利于用电企业使用预测结果。

（3）时间性。电力负荷需求预测是对未来某一时间范围内的负荷变化进行科学合理的推断，因此，它具有一定的时间概念。为了保证预测结果的适用性和科学性，需要对预测时间进行明确说明。

（4）地区性。由于不同地区的经济、文化、政治等方面存在差异，负荷构成及占比也有不同的特征，影响负荷的因素也各不相同，一般情况下，大电网的负荷变化规律性较强，相较于地区级电网，其预测结果往往更为精确。

（5）多方案性。负荷预测的核心工作就是研究负荷的历史数据，判断前提条件，选择并建立合适的数学模型。同时，由于预测具有不准确性和条件性等特征，需要预测不同情况下负荷的发展状况，当条件发生变化时，原来的数学模型可能不再适用，因此需要采用多种预测方案。

随着我国电力工业体制改革的逐渐深入以及电力工业系统运营管理水平的不断提升，电力负荷需求预测呈现出新的发展特点。

（1）市场性。随着新一轮电力体制改革的推进，电力市场逐步完善，组建了售电公司，因而电力也成为一种特殊的商品，此时电力负荷需求预测的内涵被进一步拓展，不单单是传统意义上的"以发定用"，仅依据负荷的历史数据推测未来的数值，而是电力的市场预测，具备市场性的特征。

（2）多功能性。多功能性是指随着电力工业系统运营管理水平的不断提升，电力负荷预测的用途更为广泛。以中长期负荷需求预测为例，电力负荷预测的应用范围不再只局限于规划电力系统和制订发电计划两个方面，也涉及评估电力系统的充裕性、合理分配合同电量、预测电价和预调度等领域。

1.2.1.2 预测的分类

根据预测时间范围，可以将电力负荷需求预测分为长期电力负荷需求预测、中期电力负荷需求预测、短期电力负荷需求预测和超短期电力负荷需求预测，其中长期电力负荷需求预测和中期电力负荷需求预测又可以合称为中长期电力负荷需求预测，如图 1-2 所示。

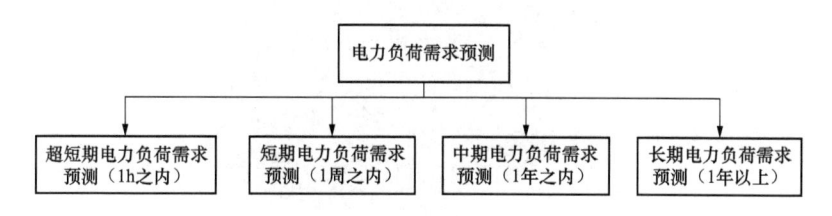

图 1-2 按预测时间划分的负荷预测分类图

（1）长期电力负荷需求预测。电力系统长期负荷需求预测的时间跨度最长，是预测未来一年以上的负荷，主要用于电源规划和电网规划。长期电力负荷需求预测不仅要考虑电力系统本身的发展特性，还必须考虑国民经济发展趋势、产业布局调整等电力系统之外的相关因素。

（2）中期电力负荷需求预测。中期负荷需求预测是指对未来几周到几个月的预测，是电力系统运行阶段通常采用的一种方法，应用于水库调度、燃料计划的确定和机组检修等领域。

（3）短期电力负荷需求预测。短期负荷需求预测主要是对未来 1 天到 1 周的电力系统负荷的准确预测，其预测结果主要用于制订合理高效的功率计划、发电机组启停计划和协调合理的水火电组合比例。

（4）超短期电力负荷需求预测。超短期负荷需求预测指预测的时间区间低于 24h，以每小时或更短时间段为间隔的电力负荷需求预测，它主要用于电网安全监视、电力系统紧急情况处理。

按照用电类型，系统负荷的构成包括城市民用负荷、商业负荷、农业负荷、工业负荷以及其他负荷，如图 1-3 所示。相应地，可以将电力负荷预测划分为民用负荷预测、商业负荷预测、农业负荷预测、工业负荷预测及其他负荷预测。

一个地区往往含有几种类型的用电负荷，各种负荷所占的比重不同，且不同类型的负荷受到的影响因素不同，影响程度也有所差异，其变化规律千差万别，因此各类负荷预测内容和方法也不同。比如，伴随居民生活水平的提高，家用电器的普及范围逐步扩大，城市居民年用电负荷增长率提高、季节波动更为明显，尤其是空调设备的广泛使用，使系统峰荷受气温影响严重；工业负荷受气候影响较小，但大型企业、重工业的数量缩减，使得夜间低谷增长幅度变小；而农业负荷呈现明显的季节波动性，且很大程度上受降水量的影响。

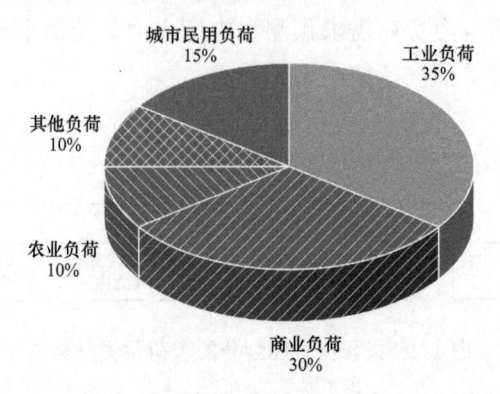

图 1-3　某地区系统负荷构成图

从时间维度出发，各种类型的用电负荷呈现出不同的变化规律，它们构成的系统负荷自然也就具备不同的变化特征。按照负荷需求特性可以将电力负荷需求预测分为最高负荷、最低负荷、平均负荷、负荷峰谷差、全网负荷、母线负荷、高峰负荷平均、低谷负荷平均、平峰负荷平均、负荷率等类型。

1.2.2　预测方法

电力负荷需求预测的关键点是预测技术或方法的选取。目前，关于短期电力负荷需求预测技术的发展更为成熟，这是由于短期负荷的历史数据充足，未来时刻的负荷很大程度上取决于历史负荷序列变化的特征，因此，短期电力负荷需求预测技术的研究成果丰富，并且广泛应用于实际工作中。而对中长期电力负荷需求预测而言，因为会受到众多因素的影响，可供参考的历史数据资源稀缺，负荷的发展趋势与未来情况密切相关，这些因素成为研究中长期电力负荷需求预测的阻碍与瓶颈。电力负荷需求预测的主要方法大致可以归纳为经典预测方法、传统预测方法及智能预测方法，这些方法的本质都是通过研究负荷的历史数据，建立合理的预测模型来推断未来一段时间的电力负荷值。

1.2.2.1　经典预测方法

电力负荷需求的经典预测技术从相关变量之间存在的数量关系出发，预测负荷的未来发展情况，这类方法的目的不是弄清负荷变化的结构或轨迹，给出一个方向性的结论而是通常用来检验预测结果，并对结果进行适当的修正和调整。运用该类技术进行预测的精度较差，因此不能满足电力工业部门运营管理的要求。经典预测方法主要包括了分产业产值单耗法、分区负荷密度法、比例增长法、电力弹性系数法等，其中负荷密度法和比例增长法在实际操作中应用较多。

（1）负荷密度预测法的预测依据是某地区人口或土地面积的单位平均耗电量，一般要将预测区域分成若干个不同的功能区，根据区域的经济发展、人口规划、收入水平等情况，结合以往的经验制定一个恰当的负荷密度指标，预测整个区域未来的用电负荷。该方法主要用于土地规划比较明显的城市区域。

（2）使用比例系数增长法需要建立一个假设前提，即未来电力负荷的增长比例与过去相同。基于这样的条件，只需要根据历史数据计算出负荷增长比例，就可以预测未来的电力负荷值。

1.2.2.2　传统预测方法

传统的电力负荷需求预测技术起步较早，经过了长时间的发展，理论充足，方法易于理解，目前还被广泛应用在电力部门实际工作中。传统预测方法中短期电力负荷需求预测方法包括时间序列预测法、趋势外推法和灰色预测法等，而中长期传统电力负荷需求预测方法主要包括趋势分析法、回归分析法和时间序列分析法等。

（1）时间序列预测法是根据电力负荷与时间的历史资料建立一个时间序列的数学模型，通过该模型描述时间序列变换的规律，并建立电力负荷预测的数学表达式，输入未来时刻的时间参数就能得到其对应的电力负荷。该方法的发展较为成熟，学者们也提出了多种适用于描述时间序列的数学模型。

（2）灰色预测是对灰色系统进行预测的方法。就电力负荷系统而言，供电机组、电网容量、生产能力、大用户情况等信息是已知的，但是，影响负荷的其他很多因素，例如天气情况、行政与管理政策的变化、地区经济活动等是难以确切知道的，因此可以把它看作一个灰色系统。运用灰色预测法的关键就是求解灰色模型（Grey Model，GM）微分方程的时间响应函数表达式，在进行校验和修正的基础上将其作为灰色预测模型计算未来的负荷。

（3）回归分析预测法是根据负荷过去的历史资料，对观测数据进行统计分析，找出影响负荷的相关因素，通过数学方法找出这些因素与负荷之间的近似函数关系，再利用样本数据对该模型进行参数估计和误差检验，确定模型后，就可以由各因素的变化值来预测未来的负荷。

传统电力负荷需求预测方法虽然各具优点，但它们的缺点也是十分明显的。一方面它们都对原始时间序列的平稳性要求较高，或是要求数据呈现

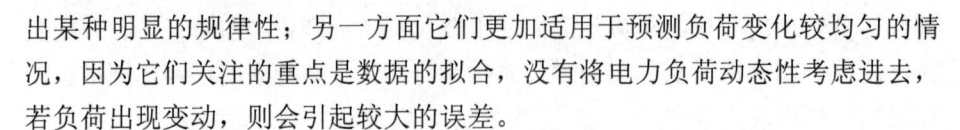

出某种明显的规律性；另一方面它们更加适用于预测负荷变化较均匀的情况，因为它们关注的重点是数据的拟合，没有将电力负荷动态性考虑进去，若负荷出现变动，则会引起较大的误差。

1.2.2.3 智能预测方法

基于机器学习的智能算法可以有效克服传统电力负荷需求预测方法存在的问题。现代智能预测方法不需要提前了解历史数据特征、模型结构和参数设置的先验知识，也不需要建立复杂的数据模型。机器学习算法分为有监督学习和无监督学习，区别在于有监督学习作用于有特征的数据集，且每个特征都与标签相关联，而无监督学习作用于无标签的数据集，以便从数据集中学习到有用的属性。现在普遍熟知和应用的深度学习也是机器学习的一种，它拥有很深的内部隐藏层，用于模仿人类内部的神经网络，使其能像人脑一样思考。

由于电力负荷需求预测具有非线性、多变量、时变、随机性较强等特征，现代智能预测算法正适用于求解这类问题，并且预测的精确度比传统或经典预测法都要高。常用的短期电力负荷需求预测智能方法包括反向传播（Back propagation，BP）神经网络、支持向量机、贝叶斯网络、小波分析方法、卡尔曼滤波法、循环神经网络（Recurrent Neural Network，RNN）等，中长期电力负荷需求预测方法包括模糊预测、长短时记忆网络（Longshort-term Memory，LSTM）、基于系统动力学的预测以及新兴的 Transformer 型等。

（1）BP 神经网络模型。人工神经网络方法首先需要确定训练样本，通常以过去一段时间的电力负荷作为训练样本，之后确定网络结构并选择合适的参数，当它们达到一定精度要求后，就将此神经网络当作电力负荷预测的模型。通过实践可证明，人工神经网络在短期预测上有着较好的精度。

BP 神经网络的优点是可以通过大量的学习与训练过程，高效适应非线性关系的规律，并很好地拟合与映射非线性关系。学习训练依据的规则简单易懂，方便操作。基于以上特点，BP 神经网络模型适用于对预测效率要求高，且受复杂因素影响的电力经济指标的预测问题。BP 神经网络基本结构由输入层、隐含层与输出层构成。输入层与隐含层分别有 N 和 L 个神经元，并且通常满足 $L>2N$；输出层神经元个数为 M。BP 神经网络拓扑结构如图 1-4 所示。将样本数据输入输入层与输出层，利用计算机学习模拟输入与输出参数的映射关系。模型的使用不依靠映射关系的具体表达，而是基于最小误差信号的原则，利用反传误差信号，调整神经元的阈值和连接权重。

误差信号是指预测结果与预想值的某个范数，基于该误差信号的反传，计算最小误差条件下的权向量。由于误差是一个离散函数，因此不能简单求导计算最小值，而是应该利用迭代过程计算最小梯度。

在实际操作中，迭代次数 n 与误差限在初始条件中设定，在误差反向传播的过程中，权值修正可以减小误差，权向量的分量变化与梯度减小的方向一致。理论上来说，样本数量趋于无穷时，误差应收

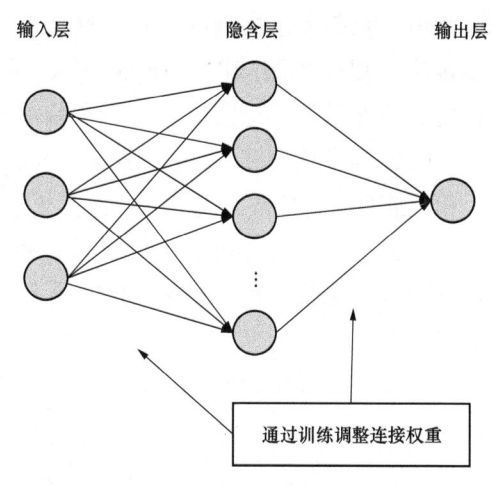

图 1-4 神经网络结构示意图

敛，但实际应用时存在迭代次数 n 达到最大值时，误差仍无法满足误差限的要求的情况，网络训练失败，即不收敛。若以求解满足梯度限要求的权向量为目标，网络训练失败的表现就是在迭代次数完成后梯度仍不小于指定值，无法求出目标权向量。

（2）小波分析方法是根据原始数据的特性，借助于小波分析技术，将各种交织在一起的不同频率组成的混合信号分别投影到电力负荷的周期性分量、非周期分量及低频随机分量上，再将随机分量和周期分量在不同尺度上进行投影，然后将不同的"频域分量"用各个尺度上的子序列表示，将负荷序列的特性清楚地展现出来。

（3）RNN 是神经网络的一种，对具有序列特性的数据非常有效，它能挖掘数据中的时序信息以及语义信息。RNN 的这种能力，使深度学习模型在解决语音识别、语言模型、机器翻译以及时序分析等 NLP 领域的问题时有所突破。该模型能捕获前后输出之间的相关性，其特性也能用于电力负荷需求预测。但 RNN 不善于学习长期依赖，仅适用于短期依赖，即应用于短期电力负荷需求预测场景。

（4）Transformer 模型最初用于解决自然语言处理中循环神经网络难以并行加速的问题。标准 Transformer 模型由编码器（encode）和解码器（decode）组成。decode 相比于 encode 多了一个多头注意力模块和规范化网络层（layer normalization）用于接收 encode 输出。除了 encode 的输出，decode 的输入还包括上一个 decode 的输出，以此类推完成解码。电力负荷需求预测的非线性、时间性和不确定性提高了负荷预测的难度，但 Transformer 模型能充分

11

捕获电力负荷需求序列的位置、周期性、趋势和时间信息,能有效地降低预测难度,提高预测精度。Transformer 模型能有效挖掘电力负荷需求数据中长期的依赖关系,进而提高电力负荷需求预测的精度。

(5) 麻雀搜索算法（Sparrow Search Algorithm, SSA）是受麻雀觅食行为和反捕食行为启发而提出的一种新型群体智能优化算法,其算法原理如下。

首先初始化麻雀搜索算法参数,包括种群规模 n、目标函数的维度 u、种群的最大迭代次数、发现者和警戒者比例、安全阈值 S_m 以及初始值的取值范围限制。

假设在 u 维空间中有 n 只麻雀的种群,该种群的麻雀初始位置表示为

$$\boldsymbol{P} = \begin{pmatrix} P_1 \\ P_2 \\ \cdots \\ P_n \end{pmatrix} = \begin{pmatrix} p_1^1 & p_1^2 & \cdots & p_1^u \\ p_2^1 & p_2^2 & \cdots & p_2^u \\ \cdots & \cdots & \cdots & \cdots \\ p_n^1 & p_n^2 & \cdots & p_n^u \end{pmatrix} \tag{1-2}$$

式中：n 为种群中麻雀数量,代表 BP 神经网络参数组的数量；u 为优化的种群变量维度,即 BP 神经网络的输入层与隐含层连接权值、隐含层阈值、隐含层与输出层连接权值,以及输出层阈值 4 项参数；p_n^u 为第 u 维度的第 n 只麻雀的位置,麻雀的位置即代表不同参数组中 BP 神经网络的参数值。

计算种群中每个个体的适应度函数,对个体进行排名,并得到当前的种群全局最优位置。每个个体位置代表一组 BP 神经网络参数,计算不同参数下 BP 神经网络对于预测值与真实值之间的均方误差平均值,记为适应度函数,其中种群中所有麻雀的适应度可以由以下向量进行表示。

$$\boldsymbol{Q}_p = \begin{pmatrix} q(p_1^1, p_1^2, \cdots, p_1^u) \\ q(p_2^1, p_2^2, \cdots, p_2^u) \\ \cdots \\ q(p_n^1, p_n^2, \cdots, p_n^u) \end{pmatrix} \tag{1-3}$$

式中：q 为个体适应度。

按照适应度大小对参数组进行排序,选出预测效果最好的参数组,记为全局最优位置。

按照设定数量选取位置最好部分的麻雀作为搜寻者,搜寻者的移动位置情况可以由式（1-4）表示。

$$P_v^u(t+1) = \begin{cases} P_v(t) \cdot e^{-(v/\alpha \cdot t_{\max})} & if \ S_a < S_m \\ P_v(t) + r_d \cdot K & if \ S_a \geqslant S_m \end{cases} \tag{1-4}$$

式中：$P_v^u(t)$ 为迭代 t 次时在 u 维空间中第 v 只麻雀的位置，$v \in [1, 2, K, n]$；t 为当前迭代次数；t_{max} 为常数，表示最大迭代次数；α 为在区间 $(0, 1]$ 内取值的任一随机数；r_d 为一个服从正态分布的随机数；K 为 $1 \times d$ 的单位矩阵；S_a 为搜寻者的警报值，是取值在 $(0, 1)$ 区间内的随机数；S_m 为搜寻者的安全值，是取值在 $(0.5, 1)$ 区间内的随机数，它们决定了麻雀的移动范围。

剩余麻雀作为乞食者，其移动位置为：

$$P_v^u(t+1) = \begin{cases} r_d \cdot e^{\left(\frac{P_{wst}(t) - P_v(t)}{i^2}\right)}, & v > \dfrac{n}{2} \\ P_{op}(t+1) + \|P_v - P_{op}(t+1)\| \cdot A^+ \cdot K, & v \leqslant \dfrac{n}{2} \end{cases} \quad (1\text{-}5)$$

式中：A 为元素为随机值 1 或 -1 的 $1 \times d$ 矩阵，有 $A^+ = A^T(AA^T)^{-1}$；P_{wst} 为搜寻者所在的当前全局最差位置；P_{op} 为其在当前全局占据的最优位置。

同时按照设定数量随机选取部分麻雀作为守卫者，其移动位置的数学表达式为

$$P_v(t+1) = \begin{cases} P_{best}(t) + \partial \cdot \|P_v(t) - P_{best}(t)\|, & q_v > q_b \\ P_v(t) + \theta \cdot \left[\dfrac{\|P_v(t) - P_{wst}(t)\|}{(q_v - q_w) + \gamma}\right], & q_v = q_b \end{cases} \quad (1\text{-}6)$$

式中：$P_{best}(t)$ 为当前全局最优值；∂ 为任一服从限制步长标准正态分布的随机参数；θ 为取值范围在 $[-1, 1]$ 内的随机数；q_v 为当前麻雀的适应度值；q_b 和 q_w 分别为当前麻雀的最优、最差适应度值；γ 为需保证分母不为零的较小常数。得到移动后的麻雀种群位置，记为全局最优位置。

（6）萤火虫算法（Firefly Algorithm，FA）是英国学者 Yang 于 2008 年提出的一种元启发式算法。算法中，萤火虫通过发光系统相互吸引，发光的强度成为吸引其他萤火虫的信号，使它们的发光弱点将向具有强发光的一侧移动，若没有出现比给定萤火虫更亮的另一只，它则会随机移动。

萤火虫会向发光能力更强的萤火虫移动，由此可知萤火虫的亮度公式如下：

$$G = G_0 \cdot e^{(-\alpha \cdot \lambda_{i,j}^2)} \quad (1\text{-}7)$$

式中：G_0 为萤火虫的最大光源亮度，与函数的目标值有关，函数目标值越好，萤火虫光的强度越大；α 为光吸收系数且 $\alpha = 1$，萤火虫的光度会随着距离和传播介质的变化而变化；$\lambda_{i,j}$ 为 i、j 两个萤火虫个体之间的距离。

λ_{ij} 用欧氏距离表示为

$$\lambda_{ij} = \|Y_i - Y_j\| = \sqrt{\sum_{t=1}^{d}(y_i^t - y_j^t)^2} \qquad (1-8)$$

式中：d 为需要优化的种群维度。

萤火虫的吸引力与其亮度成正比，对于任意两只萤火虫，其中一只会朝着光源更强的另一只移动，然而，随着距离的增加亮度会逐渐减弱，则萤火虫的吸引力可由式（1-9）表示：

$$\gamma_{i,j} = \gamma_0 \cdot e^{(-\alpha \cdot \lambda_{i,j}^2)} \qquad (1-9)$$

式中：γ_0 为最大吸引强度。

同时，在萤火虫种群中，发光亮度较低的萤火虫 i 被发光亮度较高的萤火虫 j 吸引时，其位置更新公式为

$$y_i^{t+1} = y_i^t + \gamma_{i,j} \cdot (y_j^t - y_i^t) + \xi \cdot \mu \qquad (1-10)$$

式中：y_i，y_j 分别为萤火虫 i 和 j 的空间位置；t 为当前迭代次数；ξ 为步长因子且是取值范围[0, 1]中的随机数；μ 为服从均匀分布的随机向量数。

在萤火虫种群中，亮度高的萤火虫不受其他萤火虫的吸引进行随机移动，则种群中亮度最高的萤火虫的位置更新公式为

$$y_{fb}^{t+1} = y_{fb}^t + \xi \cdot \mu \qquad (1-11)$$

式中：y_{fb} 为当前全局萤火虫个体的最优位置。

（7）XGBoost 重要度计算。影响光伏发电的气候因素众多，相关性较差的气候因素会降低模型的效率，影响光伏发电预测的准确性。为剔除无关特征，突出重要影响因素，采用 XGBoost 算法评估光伏发电功率影响因素的重要度。

XGBoost 算法通过集成多棵分类回归决策树，形成一个强分类器，评估每个特征量的重要度来挖掘数据的特性，直观地体现每个特征对预测目标的贡献程度，可以通过特征重要度排序进行特征选择，以解决由于冗杂特征造成的模型预测慢、预测精度低等问题，实现预测特征集的进一步优化。对于训练样本 $D = \{(x_1, y_1), (x_2, y_2), \cdots, (x_n, y_n), i = 1, 2, 3, \cdots, n\}$，其中 x_i 为特征向量，y_i 与 $\hat{y}_i$ 分别实际值与预测值，假设每一棵决策树模型为 $\hat{y}_i = f(x_i)$，XGB 目标函数为

$$Obj = \sum_{i=1}^{n} L(y_i, \hat{y}_i) + \sum_{t=1}^{t} \Omega(f(x_t)) \qquad (1-12)$$

其中

$$L(y_i, \hat{y}_i) = \frac{1}{2}\sum_{i=1}^{n}(\hat{y}_i - y_i)^2 \tag{1-13}$$

$$\Omega(f(x_t)) = \gamma^T + \frac{1}{2}\lambda\|\omega\|^2 \tag{1-14}$$

式中：L 为损失函数，用来衡量预测值 $\hat{y}_i$ 与真实值 y_i 之间的误差；T 为回归树的数量；Ω 控制模型的复杂程度；γ 为惩罚系数；λ 为正则项系数；ω 为所有叶子节点通过决策树模型输出的预测值组成的特征向量。

Boosting 算法使用的是加法模型，强分类器的预测值就等于当前树预测值与前一棵树的预测值的和，所以将目标函数转化为前 $t-1$ 次加上 t 次的目标函数。

对目标函数进行二阶泰勒展开，得到关于特征向量的一元二次函数并进行求导，得到目标函数极值点，即最优解。通过最优解定义出分裂的增益，根据贪心准则遍历所有特征可能的分裂点计算出增益值，选取增益值最大的特征进行分裂。分裂完成则决策树模型构建完成。某一特征 j 在第 k 棵决策树中的重要度可以用式（1-15）计算。

$$\widehat{J_j^2}(k) = \sum_{i=1}^{T-1}\widehat{i_t^2}I(v_t = j) \tag{1-15}$$

式中：$\widehat{J_j^2}(k)$ 为特征 j 在第 k 棵决策树中的重要度；v_t 为与节点 t 相关的特征；$\widehat{i_t^2}$ 为节点 t 分裂后损失值的平方；I 为 sign 函数，当 $v_t = j$ 时取 1，当 $v_t \neq j$ 时取 0；$T-1$ 为非叶子节点数量。

假设有 M 棵决策树，则特征 j 在 XGB 模型下的全局重要度通过特征 j 在所有树中的重要度的平均值来衡量，其计算公式为

$$J_j^2 = \frac{1}{M}\sum_{k=1}^{M}J_j^2(k) \tag{1-16}$$

（8）K-Means 聚类算法。不同的天气波动可能会导致光伏发电功率的不确定性，不进行分类的预测会导致拟合精度降低和预测误差增大。通过使用天气聚类方法对电力和天气数据进行分类，可以有效提高光伏发电预测的准确性。因此利用 K-Means 聚类算法对不同的天气状况进行聚类，再对各自天气下对应的光伏数据进行预测，可提高模型精度，降低天气对光伏功率预测的影响。该算法将样本根据相似度聚集到 k 个簇中，最终实现簇中相似度最高簇间相似度最低，步骤如下：

1）从数据样本中随机选取 k 个样本数据，并作为原始聚类中心 $\{\mu_1, \mu_2, \cdots, \mu_k\}$。

2）计算剩余样本到每一个初始中心的欧氏距离，选择距离最近的初始聚类中心形成 k 簇。距离公式为

$$d = \sum_{i=1}^{k}\sum_{x \in C_i}\|x - \mu_i\|^2 \qquad (1\text{-}17)$$

式中：x 为样本空间中的样本；μ_i 为簇 C_i 的质心。

3）对每个簇进行重新计算聚类中心，计算聚类中心的公式为

$$\mu_i = \frac{1}{C_i}\sum_{x \in C_i} x \qquad (1\text{-}18)$$

最后重复第 2）步和第 3）步直到相似度条件被满足或者到达最大迭代次数而终止，终止条件为

$$|\mu_{n+1} - \mu_n| \leqslant \varepsilon \qquad (1\text{-}19)$$

式中：ε 为阈值条件。

（9）GRU 模型。GRU 模型属于循环神经网络（RNN），是长短期记忆神经网络（LSTM）的一种变体，为解决 RNN 中梯度爆炸问题加入门机制，同时保留了 LSTM 模型的数据记忆能力。在神经网络运行的过程中，$t-1$ 时刻的单元隐藏状态信息从上一个记忆单元进入该记忆单元的重置门，由重置门决定保留或丢弃该隐藏状态信息，再与 t 时刻的输入信息一同输入更新门，接下来，更新门将决定已保留的隐藏状态信息的写入程度，通过 tanh 函数激活重置门与更新门，与 t 时刻的输入信息结合，输出 $t+1$ 时刻的单元隐藏状态信息，并传递到下一个记忆单元。具体计算公式如下：

$$z_t = \sigma(W_z \cdot [\boldsymbol{h}_{t-1}, \boldsymbol{x}_t]) \qquad (1\text{-}20)$$

$$r_t = \sigma(W_r \cdot [\boldsymbol{h}_{t-1}, \boldsymbol{x}_t]) \qquad (1\text{-}21)$$

$$\widetilde{h}_t = \tanh(W \cdot [\boldsymbol{r}_t \times \boldsymbol{h}_{t-1}, \boldsymbol{x}_t]) \qquad (1\text{-}22)$$

$$h_t = (1 - z_t) \times h_{t-1} + z_t \times \widetilde{h}_t \qquad (1\text{-}23)$$

式中：x_t 为输入序列；z_t 是更新门；r_t 是重置门；$\widetilde{h}_t$ 是 t 时刻存储单元的临时信息；h_t 是 t 时刻输出序列的短期存储信息；σ 为 Sigmoid 函数。

GRU 模型的主要优势在于，在神经网络运行的过程中，$t-1$ 时刻的单元隐藏状态信息从上一个记忆单元进入该记忆单元的重置门，由重置门决定保留或丢弃该隐藏状态信息，再与 t 时刻的输入信息一同输入更新门，接下来，更新门将决定已保留的隐藏状态信息的写入程度，通过 tanh 函数激活重置门与更新门，与 t 时刻的输入信息结合，输出 $t+1$ 时刻的单元隐藏状态信息，并传递到下一个记忆单元。各记忆单元的相互关联使隐藏状态的记忆信息在

时间序列分析中具有很强的适应能力，这些记忆信号可以显著改善 RNN 模型由于长时间序列中记忆能力不足导致的梯度爆炸与梯度消失问题，使 GRU 模型具有更强的时序特征抓取能力，显著提升非线性光伏功率数据预测的拟合性。同时，通过改编 LSTM 模型结构，将多个门参数与记忆单元参数合并为两个门参数与一个隐藏状态参数，大幅减少模型训练过拟合的可能，提高了模型运算效率。GRU 原理图如图 1-5 所示。

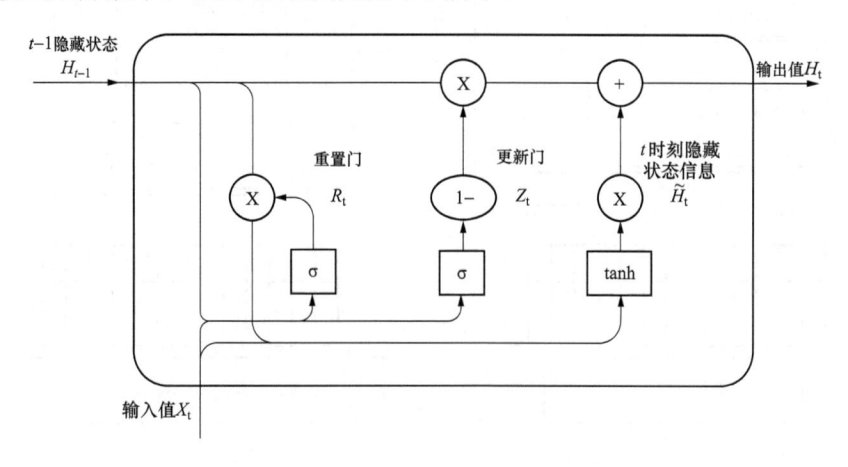

图 1-5　GRU 门控神经循环网络结构图

（10）Informer 模型。Informer 模型是基于 Transformer 模型改进而来的轻量化模型，Informer 在提取长时间序列方面有着良好的性能，并通过自注意力机制提升关键信息的提取效率，降低其他信息的关注度，从而提升训练速度，提高模型精度。针对传统注意力机制对长序列输出不准确的问题，Informer 模型对主要的优势特征赋予更高的权重，从而关注时间序列中相关性更高的信息，降低其他信息的关注度，大幅缩减了输入时间维度，提高历史时刻信息的抓取能力。在处理光伏发电功率预测这类时间跨度长、多变量的复杂非线性预测问题时，Informer 模型的稀疏多头自注意力机制与编码—解码结构侧的误差累积，展现出了独特的优势，其结构图如图 1-6 所示。

首先，Informer 由编码器和解码器组成，在编码器层，使用了概率稀自注意力机制代替传统自注意力机制，使用自注意力蒸馏的方法减少了网络维度，在解码器层提出了生成式译码方法，直接产生所有预测结果，提高了模型预测速度。自注意力机制往往采用由键—值—查询（Key-Value-Query）模式，通过比较 Key 与 Query 的相似程度赋予 Key 相应的 Value，而 Informer 让 Key 只关注前 u 个重要性强的 Query，即：

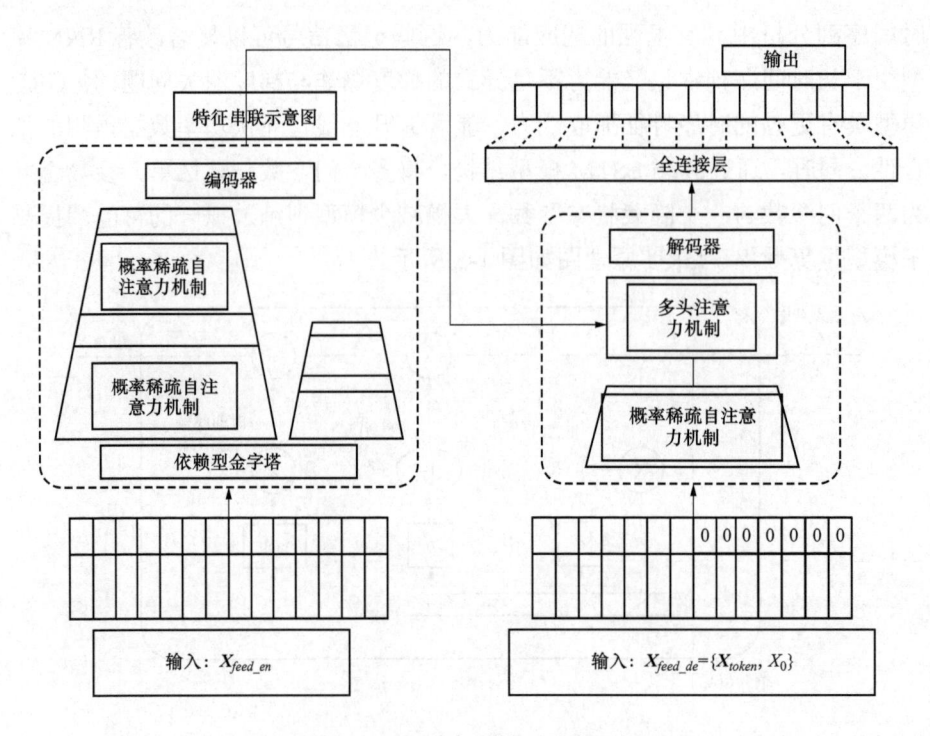

图 1-6　Informer 模型结构图

$$A = Soft_{\max}\left(\frac{\overline{\boldsymbol{Q}}\boldsymbol{K}^{\mathrm{T}}}{\sqrt{d}}\right)\boldsymbol{V} \tag{1-24}$$

式中：A 为概率稀疏自注意力机制的计算方式；V 为代表 value 的矩阵；$\boldsymbol{K}^{\mathrm{T}}$ 为代表 Key 的矩阵的转置；d 为输入维度；$\overline{\boldsymbol{Q}}$ 为只包含前 u 个 Query 的稀疏矩阵。

此外，Informer 使用数据蒸馏方法赋予具有主要信息的优势特征更高的权重，并在 $j+1$ 层生成上一层的聚焦的自注意力特征图，如式（1-25）所示。

$$X_{j+1}^{t} = \mathrm{Max}Pooling(ELU(Convld(X_{j}^{t})_{att})) \tag{1-25}$$

式中：$()_{att}$ 为注意力模块；X_j^t 为第 j 层矩阵；$Convld$ 为在时间序列上进行一维卷积操作，并将 ELU 作为激活函数，最后通过一个步长为 2 的 Max$Pooling$ 层，使得每层的计算复杂度减半，模型可以保留长输入时间序列的信息，从而解决由于输入过长而无法堆叠模型的问题。

对于解码器，输入的时间序列 $X_{feed\_de}^t$ 被分为两部分，分别是被预测点之前的已知序列 X_{token}^t 和需要将未来天气数据掩盖的预测序列 X_0^t，即：

$$X_{feed\_de}^{t} = Concat(X_{token}^{t}, t_0^t) \in R^{(L_{token}+L_y)d_{model}}$$ （1-26）

Informer 的解码器采用生成式预测，可以直接输出多步预测结果。通过单次前向推理，该方法可以预测长序列的所有输出。这样既解决了用 Transformer 进行长序列时间序列预测时的效率问题，又避免了误差的积累和扩散。

此外，考虑不同季节、昼夜更替等时间演化特征对预测结果的影响，Informer 把日期与时刻等信息作为输入。同时，为了避免预测过程中的自回归问题，采用了带掩码的多头注意力机制，防止当前未被预测的信息影响当前的预测点。这种生成式解码器允许模型一次生成整个预测序列的特性，大幅减少了预测解码的时间。

（11）支持向量机回归（Support Vector Machine，SVR）。支持向量机是一种二分类模型，最初的发展为了解决模式识别问题，但其优秀的回归能力也适用于非线性回归。支持向量机回归（SVR）是一种用于分类和回归、有监督的机器学习算法，在处理高维问题方面具有较强的鲁棒性。SVR 的主要思想是利用支持向量机（SVM）找到可能的最佳预测模型，并容忍一些预测误差。SVR 一般线性方程为

$$f(x) = \boldsymbol{w}^T \cdot \boldsymbol{x} + b$$ （1-27）

式中：$\boldsymbol{w}$ 为加权矩阵；b 为偏置项；$\boldsymbol{x}$ 为天气特征输入向量；$f(x)$ 为输出结果。

当且仅当训练样本落入划分的超平面外时计算损失，将回归风险最小化为

$$R_{\min}(g) = \min \frac{1}{2}\|w\|^2 + C\sum_{i=1}^{n} l_\theta(f(x_i) - y_i)$$ （1-28）

式中：C 为惩罚系数；$f(x_i)$ 为第 i 个样本的预测值；y_i 为第 i 个个真实值；l_θ 为不敏感损失函数，其中 θ 为容忍偏差。

本模型引入高斯核函数 $k(x_i, x)$，可将样本从原始空间映射到更高维的特征空间以获得更高的预测精度，超平面所对应的模型变为

$$f(x) = \sum_{i=1}^{n}(\widehat{\alpha}_i - \alpha_i)k(x, x_i) + b$$ （1-29）

$$k(x_i, x) = \exp\left(-\frac{\|xi - x\|^2}{2\sigma^2}\right)$$ （1-30）

式中：$\widehat{\alpha}_i$ 和 α_i 为拉格朗日乘子；σ 为核函数的带宽。

1.2.3 电力负荷需求预测研究现状

随着电力市场的绿色化转型，可再生新能源的需求不断增加，光伏行业对电力市场的渗透率在逐步提升，而与传统化石能源相比，光伏能源的成本已经具有竞争力。从国际可再生能源署公布的数据来看，光伏发电成本从 2012 年的 0.248USD/kWh 下降到了 2022 年的 0.049USD/kWh；而自 2019 年以来，太阳能的平准化电力成本也下降了 43%。同时，随着电力系统改革的不断推进，光伏、风电等可再生能源的渗透率不断提高，光伏发电将在未来新型电力系统中占据重要地位。然而，相比于火力发电连续可调可控并能够稳定供电，光伏发电具有间歇性、波动性和不连续等特点，为电力系统的实时调度和平稳运行带来不确定性，准确的光伏发电功率预测能为电力系统运行提供保障。此外，尽管近两年弃光问题得到一定的改善，但随着新能源装机的不断增加，弃光问题依然存在，西北地区尤为突出。因此，随着光伏发电比例的不断增加，其波动性给电力系统带来了一定的挑战，准确的光伏出力功率预测可以为电网调度与电力系统调峰提供数据支持，降低新型电力系统的运行风险与成本，实现维持电力系统安全平稳运行的同时，完成大规模光伏发电的消纳。因此，光伏发电功率的精准预测是提高电网运行稳定性、保障电力交易有序开展的重要途径。

光伏短期功率预测的精确度受到天气因素的影响，由于天气变化导致的气象数据异常波动易对光伏功率预测精度造成较大影响。因此，如何利用天气数据进行精准预测成为光伏功率预测领域的重点研究问题，国内外学者在天气数据处理方面做出了一些探讨。部分学者利用分类器算法对原始天气特征进行特征选择，常见的分类器如随机森林、轻量提升树、极限提升树可以计算每个特征序列对于预测目标序列的重要度，通过重要度排序，筛选出重要度较高的特征，剔除与目标序列无关的特征以减少冗余，降低模型训练时间，提升模型精度。Wang 等人提出了基于偏最小二乘的混合特征子空间选择的随机森林模型，通过在模型中搭建嵌入式分层抽样算法实现特征选择的优化，并验证了混合特征选择算法的优越性。部分学者提出了基于电力负荷预测的"相似日"聚类算法，常用的聚类算法如 PCA、K-Means 等可以对天气进行分类与筛选，去除异常天气对功率的波动影响以提高预测精度。Sarajcev 等人利用负荷聚类和集成学习针对短期电力负荷时间预测展开研究，负荷聚类可以使预测效果更鲁棒。Hao 等人提出了一种基于新型膨胀侵蚀聚类算法的风力发电预测模型。膨胀聚类算法可以在无监督条件下对天气自动聚类，结合广义回归神经网络（General Regression Neural Network，GRNN）可以对日前风电功率进行准确预测。

现有的光伏预测统计方法可以根据气象数据与历史数据之间的相关关系，利用机器学习算法挖掘二者之间的非线性映射关系，构建光伏预测模型。传统的机器学习预测模型有支持向量机、最小二乘支持向量机、随机森林等。Malvoni 等人将三维离散小波变换与最小二乘支持向量机相结合，利用分布式光伏电站历史数据 24h 内的发电量进行预测。Yang 等人提出一种基于改进随机森林的光伏集群输出功率超短期预测方法，通过对两阶段初步预测结果进行修正并得到最终预测结果。尽管机器学习算法可以有效挖掘气象数据与光伏数据之间的非线性关系，但是无法准确预测光伏功率变化，且具有计算速度慢、误差波动大的特点，不能满足短期光伏功率精准预测的需求。

深度学习算法可以有效挖掘深层数据间的相关性，具有泛化能力强、计算速度快的特点，可以处理庞大时间序列数据，在时间序列预测任务中表现良好，预测误差波动较小。近年来，深度学习算法在可再生能源预测领域中得到应用。在深度学习领域中，循环神经网络结构如反向传播神经网络、长短期记忆神经网路、门控循环单元、极限学习机等一系列模型在时间序列预测中受到关注。Al-Dahidi 提出一种嵌入优化算法的改进极限学习机模型，实现准确的 24h 光伏发电预测。Jia 等人提出一种基于变分模态分解、改进麻雀搜索算法和门控循环单元的混合模型。与其他传统模型相比，混合模型具有更强的适应性和更高的精度。然而，在长时间序列预测中，神经网络模型会丢失时序信息，在进行多步预测时依赖上一步预测结果，导致误差积累，预测效果表现较差。

为了满足更长的时间尺度光伏功率预测的需求，具有编码器—解码器结构的时序预测模型应该得到更多的关注。作为一种流行的深度学习模型，Transformer 在自然语言处理领域表现优异，它可以更好地捕获长序列的全局语义信息。然而，它的高复杂度、内存占用和性能下降限制了它在时序预测领域的应用。为了克服这些缺点，Zhou 提出了 Transformer 的一种变体模型，称为 Informer，该模型在 4 个长时序数据集上进行了测试，并显示出优异的性能。基于 Transformer 改良的 Informer 模型拥有稀疏自注意力机制，在不丢失时序特征的同时为相关性强的特征赋予更高的权重，并通过数据蒸馏提高模型运行速度，因此 Informer 模型在长时间时序预测领域具有广泛应用前景。在此基础上，利用 Informer 模型进行光伏功率预测成为近年来部分学者的研究重点。然而，单一模型的预测表现往往不如组合模型，如今利用 Informer 构建组合预测模型的研究较少，因此本书将 Informer 与其他模型组合构建预测模型，进一步提升光伏功率预测精度。

不同的单一预测模型具有不同优缺点，适用于不同的预测场景，然而模型集成方法可以将不同模型融合在一起，结合其特点对复杂问题进行组合预测，模型集成在新能源预测领域得到广泛应用。常见的 Boosting、Bagging、Stacking 的模型集成可以结合多种不同类型的预测模型算法，利用算法各自的优势形成组合预测模型，对比单一预测模型有着更高的预测精度。其中 Stacking 的基学习器—元学习器结构具有较强的预测稳定性，在构建集成模型中具有显著优势。Li 等人利用 Stacking 集成堆叠双层深度模糊模型，提出一种新的堆叠光伏预测模型，利用光伏发电量进行实证分析，所提模型与传统模糊网络与深度神经网络相比具有更高精度与更快的训练速度。然而利用 Stacking 集成算法容易出现数据量冗杂导致的过拟合，而使用交叉验证将提升模型复杂度，降低模型运行效率。因此本书使用更为高效而稳定的 Blending 算法构建集成模型，降低模型过拟合风险。

1.3　电网规划理论

在电力系统规划活动中，电网规划是最核心、最重要的环节，对提高电力系统的安全稳定性起着至关重要的作用。为了满足负荷日益增长的需求，顺应电力体制改革的趋势，开展科学合理的电网规划工作刻不容缓。国内外学者纷纷借助规划领域中的相关理论、方法和模型，结合电网的特征，对电网规划进行研究。

1.3.1　电网规划内容及要求

电网规划的主要对象是输电系统，是基于电力负荷预测和电源规划工作后续组织开展的一系列活动。从电网现状出发，运用科学的数学方法，确定合适的时机、地点新建或改造某种类型的电力设备，使电网结构达到理想的状态和所需要的输电能力，实现规划期内向规划区提供可靠的电能的目标，并在满足各项技术指标的前提下使得电能损耗最小、经济效益最优。电网在电力系统中占据重要地位，合理的电网结构是实现电力电量平衡、优化电源结构的必要条件。

按照规划时间长短，电网规划可以分成短期规划、中期规划和长期规划，通常情况下，规划年限的长短与社会发展规划的年限一致，并按照"近细远粗，远近结合"的原则开展工作。

（1）短期规划（1～5年）：短期规划的对象是输变电建设项目，主要工作是对该类建设项目进行优化和调整，解决电网当前发展中的问题，满足日益增长的负荷需求，供应高质量高可靠性的电能。立足电网现状与未来发展需求，编制详细的年度计划，为改造和新建的输变电建设项目提供指导。

（2）中期规划（5～15年）：中期规划继短期规划展开，基于对电网网架多方案对比论证的结果，提出切合实际需求的输变电建设项目，不断改进电网结构使其趋于合理。中期规划的主要目标是将电网结构和设施逐步过渡到规划网络，当建设项目的规模较大时，还需要进行可行性研究，做好前期准备工作。

（3）长期规划（15年以上）：长期规划立足于电网远期发展目标，以满足长期负荷预测水平需要为宗旨，确定电源布局和规划网络。长期规划的研究重点是主网架，规划过程中需要考虑各种不确定因素可能带来的影响。

一般而言，合理的电网规划需要满足以下基本要求：

（1）满足用电需求。不管电网以何种方式运行，都要满足各个产业、行业以及城镇居民对电力负荷的需求，避免因供电不及时给社会生产和居民生活带来不便和影响。

（2）供电安全可靠。具备避免发生大面积停电的能力；当有故障发生时，能够及时转供负荷，给用户提供安全可靠的电能。

（3）保证电能质量。由于电力系统电压支持点多，不管是在正常运行还是有事故发生时，都要确保电能的安全性与质量。

（4）建设运行经济。对电网的建设、改造和维护等都需要投入大量的资金，电网规划方案不仅要确保投资的经济性，还要尽量提高电网运行所带来的经济效益。

（5）适应电网发展。电网规划首先需要满足现阶段用户对电力负荷的需求，从可持续理念出发，还应该适应负荷未来发展的需要。

1.3.2 电网规划的特点

电网规划属于系统优化领域，具备多目标性、不确定性、非线性、动态性、整数性的特点。

（1）多目标性。一个规划合理的电网不但要达到各项技术指标，提供高质量、高可靠性的电能，同时还要合理控制投资资本，力求用最少的投资获得最高的效益，并且满足社会效益和环境效益的要求，因此需要从多个方面综合评价方案的优劣。如果将所有目标都纳入一个数学规划模型之内，就需要对这样一个非线性多目标的规划问题进行求解，工作量大且难度高。

（2）不确定性。电网规划是在电力系统未来发展条件的基础上制订的一系列行动计划。国家宏观政策、国民经济发展水平、人口数量和环境等因素的变化都会对电力系统的发展条件产生影响，条件的不确定性会随着时间的增加而提高，当到达一定的时间期限，发展条件会变得无法预料。因此，不确定性是电网规划的显著特点，尤其在长期规划中表现的最为明显。规划方案的合理性很大程度上取决于这些不确定因素，因此在制定决策时必须予以重视。

（3）非线性。从本质上看，电力系统属于一个非线性的大系统，线路电气参数与线路功率、传输功率与电网损耗等之间的关系都是非线性的，电网规划的目标函数、约束条件也相应地体现出非线性的特点。当电网规模相对庞大时，求解该类问题显得十分困难。

（4）动态性。动态性体现在长期电网规划中，存在于各个阶段电网规划之间。长期电网规划需要分阶段考虑，规划过程中既要考虑每一个阶段方案的可行性，也要分析阶段之间影响程度的大小以及整个规划期内的要求。因此，长期电网规划是一种多阶段动态规划问题，需要运用动态规划方法求解，由于电网规模及其复杂性，变量和约束条件众多，容易带来"维数灾难"问题，加深了求解工作的难度，所以动态规划方法从理论上来讲很完善但却难以付诸实践。

（5）整数性。电路线路的回路都是整数级别的，这就使得电网规划的决策变量都是 0~1 整数性质的，而由于电网规模十分庞大，决策变量和约束条件众多，通常的整数规划算法难以解决此类问题。

1.3.3 电网规划流程

电网规划一般分八个步骤逐步开展工作，依次为分析地区经济发展情况、分析电网发展现状、电力负荷需求预测、明确规划目标及技术原则、编制规划方案、电气计算、专项规划、投资估算及成效分析，如图 1-7 所示。

（1）分析地区经济发展情况。由于地区的发展规划和政府颁布的政策都会影响电网的未来发展目标和要求，从而影响电网规划的编制，因此需要分析当地的经济发展情况，从以下方面进行收集：地理位置、区域属性、面积、人口数量；国民经济发展情况，国内生产总值和经济结构；气候条件；资源分布情况等。

```
┌──────────────────┐          ┌──────────────────┐
│  分析地区经济发展情况  │          │    综合评价分析    │
└────────┬─────────┘          └─────────▲────────┘
         ▼                              │
┌──────────────────┐          ┌──────────────────┐
│    分析电网现状    │          │     专项规划     │
└────────┬─────────┘          └─────────▲────────┘
         ▼                              │
┌──────────────────┐          ┌──────────────────┐
│   电力负荷需求预测   │          │     电气计算     │
└────────┬─────────┘          └─────────▲────────┘
         ▼                              │
┌──────────────────┐          ┌──────────────────┐
│  明确规划目标及技术原则 │─────────▶│    编制规划方案   │
└──────────────────┘          └──────────────────┘
```

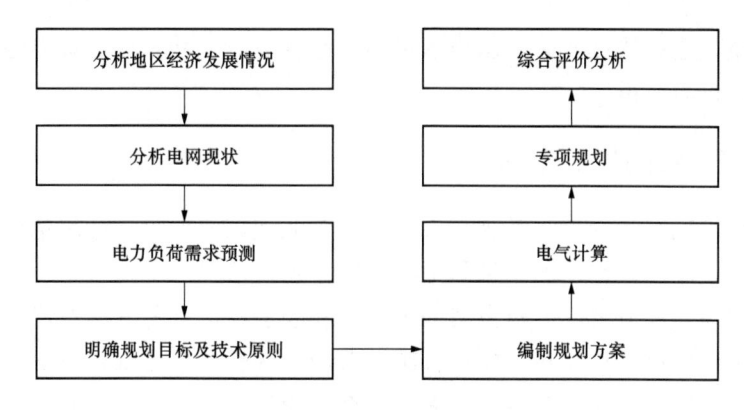

图 1-7　电网规划流程图

（2）分析电网现状。首先收集与电网运行有关的所有资料，通过整理分析资料，了解电网现状，包括网络结构、电网运行的可靠性、经济性、电网设施和管理情况、电力负荷特性和分布特征，找出电网运行中存在的问题。

（3）电力负荷需求预测。开展电力负荷需求预测工作首先需要综合考虑地区发展规划、经济结构、产业布局、能源政策以及社会发展水平等因素，选择恰当的预测模型，保证预测结果的合理性和科学性，还要确定负荷的地理分布。

（4）明确规划目标及技术原则。从电网发展现状出发，在满足地区社会发展电力需求的基础上兼顾适度超前的原则，电网规划要符合城市规划的目标，符合工业布局的要求，不断优化改造电网架构，降低线损率和故障率，力求向全社会供应安全稳定可靠的电能，建设一个绿色智能的电网。

（5）编制规划方案。规划方案的主要目的是优化各个电压等级的负荷点，改造输电网、高压、中压配电网，使网络结构趋于完善。规划方案的内容包括确定新建变电站的位置、电网线路（输电网和配电网）的路径，需要分期建设的工程项目。

（6）电气计算。电网的运行方式有正常运行方式和"$N-1$"运行方式，电气计算就是分别在这两种运行方式下对规划电网进行潮流计算校验和短路计算校验。潮流计算是为了对潮流分布和电压水平的合理性进行验证，计算网架的电能损耗，评价网架方案的优劣；短路计算是为了衡量电网短路水平，合理调整电网结构和运行方式，为选择何种设备提出参考意见。

（7）专项规划。从规划对象和目的进行划分，专项规划主要包括调度、通信系统、继电保护、信息管理、无功和自动化规划，其中自动化又包括调度自动化、变电站自动化、电网自动化、负荷管理自动化等。

（8）综合评价分析。对于近期新建的电网建设项目，包括它们的项目名称、规模、建设的性质等，从技术指标、经济效益、社会效益等方面，进行综合的评价与分析。

1.3.4 电网规划方法

传统的电网规划方法是规划人员借助专业知识和经验，运用定性分析对负荷进行预测，根据预测结果和电源的实际建设情况，实地考察，提出几种可行的网络建设方案，分析方案的可行性和经济性，从各方面对比，估算各项建设工程的投资额和每年的运行维护费用，综合考量后确定出一个最优的选址方案。这种方法十分直观，充分结合了规划人员的经验，并且从实际出发，做出的规划与当地的具体情况相符合。但是预测结果的准确性和方案的质量会受到经验的主观影响，所提出的方案不一定是最优的，特别是当电网规模较大时，运用传统的规划方法难以奏效。借助日益完善的数学理论和蓬勃发展的计算机技术，新的电网规划方法相继涌现，目前常用的电网规划方法可以分成三类：数学优化方法、启发式方法和现代启发式方法。

1.3.4.1 数学优化方法

数学优化方法就是借助数学语言来描述电网规划问题，将其转化成带有约束条件的极值问题，运用优化理论进行求解。约束条件要尽可能涵盖电力系统中技术、经济和可靠性等方面的大多数约束，考虑决策变量与运行变量之间的相互关系，保证方案的最优性。但是由于这类规划问题的规模较大，增加了求解的难度，有时在建立模型时不得不缩减变量和约束条件的数目，因此，求出的最优解未必是满足实际需求的最优方案，这时往往需要规划者从技术、经济、环境等方面对方案进行校验。

目前广泛使用的求解方法有经典优化技术，如线性规划、动态规划、非线性规划、混合整数规划、层次分解法、分支界定法等。

1.3.4.2 启发式方法

启发式方法着眼于直观分析，以系统中某一性能指标的灵敏度作为参数，选取合适的规则，逐步迭代直到能够得到完成目标的方案。启发式方法又被分为两类：第一类是逐步扩展法，根据灵敏度分析得到的结果，将最有效的线路加入系统从而不断完善网络结构。第二类是逐步倒推法，将所有待选线路全部加入网络，这样的网络是虚拟的且必然存在冗余线路，再以灵敏度分析的结果为筛选依据，删去那些有效性较低的线路。

启发式方法直观灵活，人员能够参与到决策中，给出的最优方案往往也能符合实际情况。但是在选择性能指标时难度较大，往往不能准确判定所选的性能指标既容易计算又能反映规划问题的实质，忽略了各阶段决策变量之间的影响，当网络规模超出一定程度时，一组方案中的指标差异较小，难以优化抉择。

1.3.4.3 现代启发式方法

为了计及更多不确定因素的影响，需要将智能算法引入电网规划问题的求解中去。现代启发式方法属于一种搜索算法，起源于自然规律、生物行为、物理现象等机制，包括遗传算法、模拟退火算法、禁忌搜索算法（Tabu Search）等。

（1）遗传算法借助于编码技术和进化机制，将规划问题转化为纯数学问题，可以同时处理整数变量和连续变量，不需要将电网规划问题分解开来，最终的评价值即为计算结果，减少因为分解带来的误差。遗传算法通过选择、交叉、变异不断进化个体，搜索空间不受限制，能将多个目标函数和约束条件纳入考虑，为解决多目标、非线性、混合整数优化的电网规划问题提供了便利。而且，遗传算法不仅能给出最优解，还能得到一些次优解，工程技术人员依据实际情况，结合自己的经验，综合分析这些解，选出符合实际的规划方案。由于遗传算法可操作性强，对数据要求不高，在电网规划方面得到广泛运用，并不断发展。

（2）模拟退火算法是在马尔科夫链遍历理论的基础上发展起来的，参考热力学中固体物质自然冷却和退火过程演变出来的一种算法。为了避免陷入局部最优，使用 Metropolis 接受准则以得到全局最优解，但该算法是单点寻优，不能得到多个优化解，单独使用不具有实际意义，通常与其他优化方法结合使用以发挥优势。

（3）禁忌搜索算法是在禁忌技术的基础上形成的一种启发式算法，适用于求解组合优化问题。禁忌表的主要作用是记录已经达到的局部最优点，在下一次搜索过程中就能根据记录的信息，有选择地搜索这些点，避免陷入局部最优。该方法对于含有不可微目标函数的整数规划问题十分适用，因此可用于解决电网规划问题。禁忌搜索算法能够迅速高效地得到最优解，但是与模拟退火算法一样都是单点寻优，初始解的选择会影响到收敛速度，此外搜索效率和最优解很大程度上取决于禁忌表的深度和期望水平，而电网规划这种多阶段大规模的规划问题，列表的大小严重受限，想要得到全局最优解存在一定的困难。

1.4 电网投资决策理论

投资决策是电网企业管理的一个重要的环节，合理的投资决策对于电网企业的持续经济运营起着重要的作用，合理的投资决策能够精确地反映项目的价值，企业通过开展具有良好经济效益的项目并从中获利，进而完成资本的积累与增值，为企业的发展提供良好的经济基础。但由于电网投资初始数额大、建设周期长、投资回收期长，且受多种因素影响，电网投资存在着较大的风险，如果做出了错误的电网投资决策便可能导致经营困难，影响企业的正常运营。本节主要对电网投资的特点、模式、风险，以及电网投资决策的常用方法进行介绍。

1.4.1 电网投资决策方法

电网投资决策方法可以分为传统方法与实物期权理论决策方法，其中传统方法有静态分析方法和动态分析方法。

1.4.1.1 静态分析法

（1）投资回收期法：投资回收期指从项目投产开始作为起算点，累计获得的净收益足以偿还初始投资所需要的时间，用于反映项目的财务效益。运用投资回收期对方案进行筛选时，依据的原则为该方案计算得出的投资回收期应短于行业基本的投资回收期，如果有多个方案都能满足该要求，选取投资回收期最短的方案。

（2）总投资收益率法：总投资收益率指项目运营期间正常年份的年息税前利润与总资产的比值，是体现项目盈利能力的一个重要指标。运用总投资收益率评价方案可行性或筛选方案时，基本要求为该方案的总投资收益率高于行业平均水平。

1.4.1.2 动态分析法

动态分析法在评价项目的财务效益时将资金的时间价值考虑进来，更切合实际要求，应用更为广泛。

（1）净现值法：净现值是指项目投产运行后，以某一确定的折现率将各年净现金流折算到初始投资时，与初始投资之间的差额。净现值大于 0 说明该方案可行，小于 0 则表明不可行。当有多个方案可供选择时，净现值越大的方案越好。

（2）内部收益率法：内部收益率指使项目净现值等于 0 时的折现率，内部收益率越高说明较少的投入能带来较高的收益。内部收益率的筛选原则是必须大于资本成本率，即可接受该投资方案，否则拒绝该投资方案。从多个互斥方案中进行择优选择时，内部收益率高的为最佳方案。

（3）现值指数法：现值指数的计算方法为项目未来累计净现金流现值除

以初始投资,用来反映项目的相对盈利能力,即每单位初始投资能够带来的未来现金流入。投资项目的现值指数必须大于1,对多个互斥方案进行择优时,若它们的现值指数都大于1,则选择现值指数最大的作为最优方案。

以上两类均为传统决策方法,传统决策方法多基于对未来的假设,存在较大的不确定性,特别是针对电网投资,项目的寿命期长,在全寿命周期之内,项目的现金流、利润等会受到多种因素的复杂影响,因此分析得出的结果可能与实际情况存在较大出入。另外,项目的现金流并不是判断项目可行性的唯一标准,某个项目的实施目的可能是为企业带来扩张机会,传统决策方法忽略了项目对企业价值的战略影响。传统决策方法多用于判断是否接受某个投资方案,判断结果只有立刻投资该项目与永远放弃该项目两种,但现实中,投资决策具有动态管理的特点,决策者需要根据自身的风险偏好和期望效用及时调整决策,在停止项目或增加投资中做出选择,但是传统决策方法没有考虑到这一点。为打破传统投资决策方法的局限性,科学家们提出了前景理论方法。

1.4.1.3 前景理论方法

前景理论是1979年由诺贝尔经济学奖获得者 Amos Tversky 和 Daniel Kahneman 提出的一种描述性范式决策模型,该理论发现了理性决策研究没有意识到的行为模型。与传统决策理论关注的"人们应该如何决策"不同,前景理论关注的是"人们是如何决策的",这缩小了理论与实际的差距。前景理论是对期望效用理论的一个挑战,因此能够解释很多期望效用理论所不能解释的现象,能更好地描述或解释不确定性条件下人的判断或决策行为。传统经济学认为增加人们的财富是提高人们幸福感的最有效的手段。Kahneman 等心理学家认为,人的理性是有限的。在面临风险时,人们并不是一味地规避风险,也不是一味地喜好风险。

前景理论中的前景价值是由"价值函数"和"决策权重"共同决定的,公式为

$$V = \sum_{i=1}^{n} \pi(p_i) v(x_i) \tag{1-31}$$

式中:$\pi(p_i)$ 为决策权重,是概率评价性的单调增函数;$v(x_i)$ 为价值函数,是决策者主观感受形成价值。

主观概率权重函数 $\pi(\cdot)$ 具有以下性质:

(1) 其是关于 p 的增函数,且有 $\pi(0) = 0$,$\pi(1) = 1$。

(2) 亚比例性,即概率比值一定时,概率小所对应的决策权重大于概率

大所对应的决策权重，若 $0<p, q, r \leqslant 1$，则对于同概率比值 $pq/p, pqr/pr$，有 $\pi(pqr)/\pi(pr) \geqslant \pi(pq)/\pi(p)$。

（3）亚确定性，除极低概率事件以外的其他事件，主观概率决策权重通常小于对应的概率，即 $\pi(p)=p$，且 $\pi(p)+\pi(1-p)\leqslant 1$。

（4）次可加性，当事件处于小概率区域时，主观概率权重函数是次可加性函数，即对于任意的 $r(0<r<1)$，有 $\pi(rp)<r\pi(p)$。

（5）决策者对极高概率事件和极低概率事件的主观权重会采用不同的判断标准，即对于高概率事件，决策者往往具有低估倾向（$[\pi(p)<p]$），而对于极低概率事件，决策者一般有高估倾向 $[\pi(p)>p]$。主观概率权重函数具体表达式为

$$\pi(p_i)=\begin{cases}\dfrac{p^r}{[p^r+(1-p)^r]^{1/r}}, & 对于收益\\[2mm]\dfrac{p^\delta}{[p^\delta+(1-p)^\delta]^{1/\delta}}, & 对于损失\end{cases} \quad (1\text{-}32)$$

式中：r 和 δ 分别为决策者对收益和损失情况下的主观概率权重判定参数。

DanielKahneman 和 AmosTversky 通过大量实验得出：$r=0.61$，$\delta=0.69$。

主观价值函数 $v(\cdot)$ 为决策者对每个事件给出的主观价值，其具有如下特点：

（1）对于收益情形，主观价值具有边际敏感性递减规律，即决策者对事件给出的主观价值随着收益的增加而增加，但边际增加值是递减的。

（2）对于损失情形，主观价值（此时为负）的边际敏感性也是递减的，同时的损失在参考点附近要比远离参考点给决策者带来的主观价值大。

（3）决策存在"惧怕损失效应"，即决策者会下意识地减小收益所带来的快乐，而会夸大损失带来的痛苦。价值函数如图 1-8 所示，其在收益区域是（下）凹的，而在损失区域是（下）凸的。

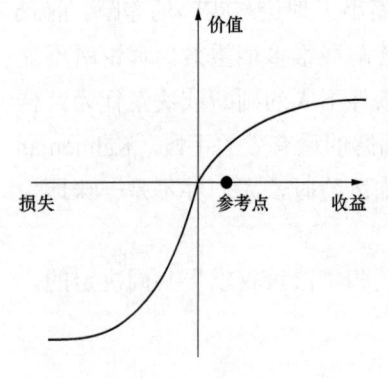

图 1-8 前景理论的价值函数

价值函数的具体表达式为

$$v(\Delta x)=\begin{cases}\Delta x^\alpha & 当\Delta x\geqslant 0\\-\lambda(\Delta x)^\alpha & 当\Delta x<0\end{cases} \quad (1\text{-}33)$$

式中：$v(\Delta x)$ 为价值函数；α 为风险态度系数，$0<\alpha<1$，其值越大，表示决策者越倾向于冒险；λ 为损失规避系数，若 $\lambda>1$，表明决策者对损失很敏感。

DanielKahneman 和 AmosTversky 通过实证测验得出：$\alpha = 0.88$，$\lambda = 2.25$。

1.4.2 系统动力学方法

1.4.2.1 系统动力学基本思想与理论

系统动力学是一种针对复杂反馈系统开展研究和管理的方法论，通过运用仿真工具，对系统定量分析问题进行研究。系统动力学基本思想是系统由单元、单元的运动和信息组成的。单元是系统动力学的重要元素，单元依靠信息的传递，形成具有一定结构和功能的系统，单元包括主体、行为或者事实。

在系统动力学中，一阶反馈回路（单元、运动和信息构成的闭合回路）就是系统的基本单元。在反馈回路发生作用时，会产生以信息反馈为依据的自我调节或者不以信息反馈为依据的规律变化。考虑到系统内部各个元素之间关系复杂，不会只存在规律变化趋势。因此，在处理系统问题时，系统动力学从全局出发，采用定性与定量相结合的方法，进行分析和推理。从数学表达式来看，系统动力学是一种微分数学模型，并且一个解就代表一次仿真结果，系统动力学的本质就是通过调整条件对解的变化进行分析和研究。

1.4.2.2 系统动力学模型特点

系统动力学将系统作为整体分析，具有长期性和周期性，因此也适用于解决该类问题；系统动力学各因素之间存在因果数量关系，可以根据已有的数据推算未知的数据，因此也对资料不够完善的问题适用，适用于对数据不足的问题进行研究。建模中常常遇到数据不足或某些数据难以量化的问题，系统动力学借各要素间的因果关系用有限的数据和一定的结构仍可进行推算分析。系统动力学内部存在的逻辑关系有助于预测的完成，可以借助预测方法，对所要分析的问题进行预测。

1.4.2.3 系统动力学模型形式

在对系统动力学进行描述的时候，可以采用方程公式、栈流图以及因果关系图等方式。其中，方程公式是用公式的形式对系统动力学进行表达，栈流图则是用图形符号等描述变量之间的反馈关系，因果关系图则是描述各元素之间的因果关系以及逻辑联系，较为基础直观。

系统动力学模型构建过程中，首先需要通过因果回路图进行系统结构分析。系统结构分析是指在分析系统功能和系统边界的基础上绘制反映系统整

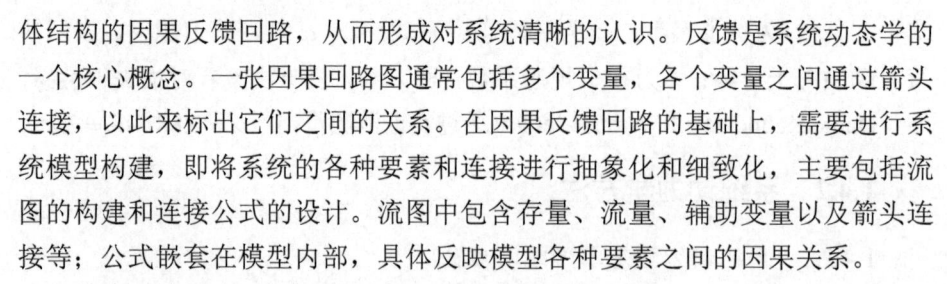

体结构的因果反馈回路，从而形成对系统清晰的认识。反馈是系统动态学的一个核心概念。一张因果回路图通常包括多个变量，各个变量之间通过箭头连接，以此来标出它们之间的关系。在因果反馈回路的基础上，需要进行系统模型构建，即将系统的各种要素和连接进行抽象化和细致化，主要包括流图的构建和连接公式的设计。流图中包含存量、流量、辅助变量以及箭头连接等；公式嵌套在模型内部，具体反映模型各种要素之间的因果关系。

1.4.2.4 系统动力学与电网企业投资能力的关系

通过分析得知，电网企业投资能力不是一个单独存在的变量，它受到许多因素的影响，并且其计算是基于历年数据资料以及各资料之间存在的勾稽关系进行的。电网企业投资能力预测具有一定程度上的因果关系以及相关关系。由于电网企业投资能力预测具有以上特性，系统动力学是进行电网企业投资能力预测的一个良好方法。系统动力学可以将电网投资能力影响因素与投资能力之间的关系表达出来，通过反馈环节描述其中存在的因果关系，从而分析出主次影响关系，并进行预测。

1.4.3 电网投资能力研究现状

1.4.3.1 投资能力研究

投资能力是指投资主体投入实际资金的能力，能够反映出实际的投资规模，对于企业的投资决策有一定的约束作用。电网投资能力指省级电力公司满足电网投资需求的能力，一般由企业在经营和融资活动的基础上产生的现金流实现。随着国民经济的快速发展，为应对电力负荷需求的急速增长，电网的基础建设工作十分重要。相应地，对规划项目库中的各类项目进行准确客观的评估并有选择地进行投资安排就显得尤为关键。输配电价改革之后，电网企业的盈利方式发生转变，与有效投资规模紧密相关，而投资规模又在很大程度上受投资能力影响。电网投资能力为净利润、折旧与融资之和，因此，电网投资能力影响因素主要为内部财务指标。例如从可分配利润、融资和折旧方面构建电网投资能力计算模型和投资最优协调模型，对电网企业的投资能力进行核算。但一些企业外部经济、政策等因素的变化也会对投资决策产生一定的影响，改变企业投资能力的发展趋势。所以准确预测电网投资能力不仅要考虑内部经营因素，还要兼顾外部相关产业、经济政策等因素。电力行业局限于其独有的营收方式和特定的限制（如不具备自主电价决定权等），这意味着电网企业的投资能力分析工作必须考虑边界条件，结合历史投资状况的评价结果，对后续的投资效益进行测算与分析。

电网是国民经济建设的基础之一，在支持工业生产、保障居民生活、维持社会稳定发展等方面都具有极为重要的意义。电网企业在基础建设、维修维护等过程中，必然会涉及大量资金的运作。电网的建设投资巨大，成本回收和盈利周期长将带来较大的不确定性和风险性，因而，在市场融资有限、投资效益与成本回收周期难以估计的条件下，如何提高电网建设与运行的经济性，合理地控制成本费用，实现企业可持续发展成为现代电力企业重要的目标之一。

在新一轮电力体制改革的环境下，电网的核算方式由原先的"差价定价"改为"准许成本加合理收益"，售电侧放开竞争，各区域电网的收入将受到较大的影响，这就加大了电网企业的收益波动性，企业的投资规划面临严峻考验。同时电网企业的利润空间受到较大的压缩，投资能力也将受到较大的制约。同时，在过去电网投资相对滞后用电需求时，电网投资关注点更多的在于提高其供电能力或电网可靠性上，电网投资回收也能在出台电价时得以适当补偿，因而电网企业较少考虑投资效益，对投资效益、投资能力的研究更是相对缺乏。随着投资规模增大、供电裕度出现以及企业经营压力的加大，电网企业不能仅以供电能力和供电可靠性作为确定投资规模的依据，必须同时兼顾企业投资能力。

目前，国内外学者对投资能力的研究做了初步的探索，并且对投资能力进行评价。Pirbhulal S 等人使用电网投资容量与投资需求的协调优化模型进行实证分析，确定合理的投资规模；Lu X 等人基于系统动力学建立了企业投资优化决策模型理论，对电网企业的投资决策提出建议和政策启示。Berk K 等人使用了模糊阈值法和萤火虫算法；浦迪采用投影寻踪模型确定指标权重，结合灰色关联理论，计算出各地区电网企业综合效益评估值；殷旭锋从规划风险、市场风险、管理风险、经济风险四个维度出发，通过多层次灰色关联面积分析法构建了电网公司投资风险评估模型，为电网公司优选园区进行投资提供支撑。谭彩霞等人通过灰色关联分析法构建评价指标权重集，采用改进的三角梯形分布函数构建评价指标隶属度矩阵，建立模糊评价矩阵并对评价结果进行工程赋值，对电网投资后的效果进行科学的评价。

1.4.3.2 投资能力影响因素研究

目前，一些文献从定性和定量的角度对投资能力的影响因素进行了初步探索，大多数文献只是选取了某几个指标来研究影响因素与投资能力的相互作用关系。

刘伟以战略能力、管理能力和技术资源为指标，考虑资源和环境的匹配程度，根据动态变化的外部环境对资源进行合理规划，提高企业的电商投资能力。张银凤从投资需求、投资环境及投资能力三个方面分析城市电网资产规模的影响因素，建立影响因素体系，同时考虑电网企业的投资效益和投资规模两个指标，对企业投资能力进行分析，为准确把握电网企业的投资能力、制订合理的投资计划，现有研究在电网企业财务管理分析、宏观政策分析及多因素结合分析方面对于电网企业投资能力进行深入研究。有关学者认为，内部因素和外部因素都应作为分析目标。胡龙等人从政治、经济、社会、技术、资源五个角度选取影响电网发展的外部指标，接着从电网可靠性、网架结构、网损等方面选取影响电网发展的内部驱动指标，构建电网投资综合效用评价指标体系，为电网企业的投资决策提供帮助。吴广川仅指出用电增速、用电结构、负荷特性、社会责任、技术创新等外部因素对电网投资产生的影响，未考虑内部因素对投资能力的影响，分析不够全面。此外，解伟等人考虑了固定资产、准许收入和电网的可供分配利润、折旧和外部融资等指标。Wang Y L等人通过探究可分配利润、融资资金、折旧等关键指标构建了电网投资能力计算模型与投资协调优化模型，结合内外部影响因素提出了适应压力、严控支出等适应输配电改革的投资策略和政策建议。Wang Y等人分析了输配电价改革的具体内容和影响，对于输配电价进行核算，并考虑到可分配利润、融资和折旧，构建了电网投资能力计算模型和投资最优协调模型。Sha Y等人从资产水平、用电水平、经济水平和经营效益等维度选取电网投资分析指标，建立区域配电网投资规模测度指标体系，并通过多目标优化得到提高投资精准度的方法。He Y X等人通过售电利润、输配利润、安全供电利润、贷款资金比例等指标对于电网企业的投资能力进行核算，并以此为基础进行投资优化决策。现有研究在电网企业财务管理分析、宏观政策分析及多因素结合分析方面对于电网企业投资能力进行深入研究。

综上，国内外对投资能力分析选取的指标较少，尤其对电网企业投资能力的研究更少。对投资能力影响因素的研究主要是从财务角度出发，研究少数的财务指标对投资能力的影响，未能全面地考虑到公司内部的管理要求、政策以及包括GDP、CPI在内的外部约束条件对投资能力的影响，对投资能力的分析很片面。同时，没有很好地考虑企业自身的运营状况，以至于不能准确地把握企业自身投资能力，尤其缺乏输配电成本构成及趋势、资产折旧情况等方面的综合考虑，加大了企业的投资风险。另外，随着输配电价改革的持续推进，其选取的研究指标和设定指标间的相关关系已经不再适用于输配电价改革的新形势。因此，对投资能力影响因素的研究有待进一步深入。

1.4.3.3 投资能力测算模型研究

一般来讲,投资能力测算模型分为正向测算模型和逆向测算模型两类,如图 1-9 所示。

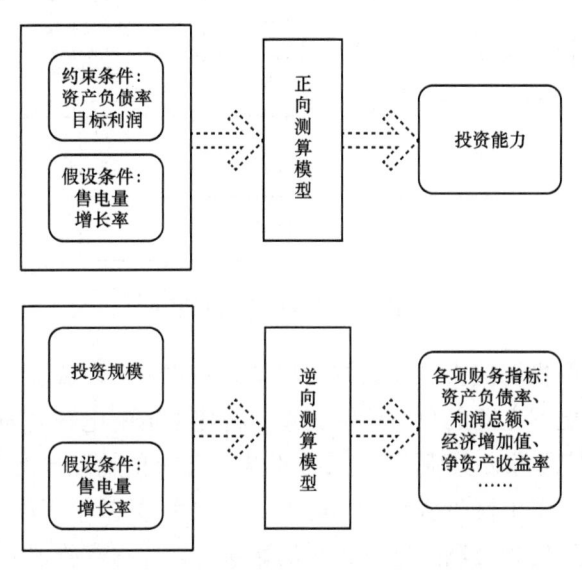

图 1-9 投资正向测算模型和逆向测算模型

(1) 正向测算模型。正向测算即在目标利润、资产负债率限值及假定的售电量增长率约束条件下,以资金安全备付为前提,公司财务能力所能支撑的投资规模上限。该模型以售电量增长率、目标资产负债率、目标利润总额为输入变量,以投资能力为输出变量。以资产负债率和利润总额为约束条件,通过计算分别得出资产负债率口径下的投资规模和利润总额口径下的投资规模,两者取其小作为该年度的投资能力,即财务能力限度内的投资规模。

(2) 逆向测算模型。逆向测算即通过给定的投资规模和投资能力,测算该投资规模和能力下的利润总额、资产负债率等一系列财务指标。可用于多种投资方案比选和经济效益评价,而且可以通过数据循环更新进行中长期测算。

目前,国内外对投资能力测算模型的研究大多属于正向测算模型,在给定的约束条件下研究投资规模和投资能力。胡龙等人提出了投资能力预测的逻辑框架图,如图 1-10 所示。

胡龙等人只是提出了投资能力测算模型的框架,没有进行测算和检验。且分析指标较少,指标口径比较粗,不能完整地表现公司投资能力。张银凤考虑的影响因素较少,忽略了外部环境对企业投资能力的影响,研究结果的合理性和可靠性有待进一步验证。

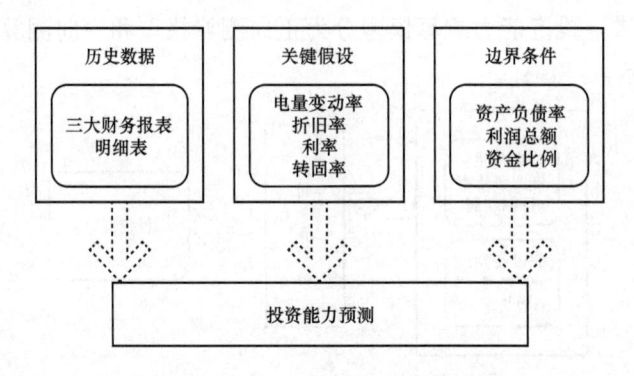

图 1-10　投资能力预测模型

在其他电网投资能力测算的方法和模型构建方面，武志锴等人根据不同电压等级输配电网之间的负荷传输关系，构建了输配电网之间的成本传导模型，再进一步使用综合负荷法，建立了分电压等级的输配电网成本核算模型。朱刘柱等人建立了电网投资与输配电价函数关系，并基于不同投资策略情景，模拟测算各策略情景对输配电价水平的影响，以此提高投资效率。尹硕等人将电网投资能力分为可分配利润、融资资金以及折旧费用，进而构建出基于输配电价改革下电网投资能力计算模型。Yildiz C 等人针对区域分销网络的投资规模构建精准的投资指标体系，通过区域分销网络精准的投资计算公式计算投资情况，构建配电网整体建设的时序评价体系。Duan Y 等人提出一种最新的混合型多准则决策方法，即贝叶斯最佳-最差方法和改进的物元扩展模型，用于电网投资的风险评估。在新的社会经济发展形势下高曦莹等人通过主成分分析法对初始影响因素指标进行降维分析，得到能够概括大部分原始信息的主成分因子，再构建基于多元回归模型、BP 神经网络模型、ARIMA 模型的组合预测模型。最后该组合预测模型以预测误差平方和最小为目标，构建了非线性规划模型。王玲等人分析了电网企业投资的主要影响因素（内部和外部），然后利用樽海鞘群优化算法优化的支持向量机模型对某市电网公司投资规模在不同边界条件下进行预测分析，最后给出相应的结论与建议。吴鸿亮等人建立了基于省级电网输配电价核算的省级平均输配电价主要定价参数计算方法，并基于数据包络分析和系统动力学构建电网投资与输配电价的联动模型。Fei Z 等人针对新型电力系统，分别从电源侧、电网侧、负荷侧、储能侧构建投资规模测算模型，计算出新建电力系统的投资规模。张鹏飞等人结合资产因素和电网性能因素对于电网企业效益进行分配，并通过财务指标的计算，提出了一种基于资产负债率的多地区电网投资能力测算方法。

总的来说，现有的文献对电网企业投资能力的研究仍处于对投资能力测算模型的初步探索中，存在分析指标过于片面、模型较为简单、没有考虑企业实际存在的管理要求的约束等问题。在投资能力测算方法的选取上，多数研究从电网企业的财务水平出发，从利润、折旧、融资等角度建立模型对投资能力进行计算，部分研究采用系统动力学方法，考虑到复杂指标间的相互作用关系，提高计算的精确度。因此，现有的研究得到的投资能力测算结果的精度较低，无法准确反映电网企业真实的投资能力，对于投资能力的研究有待进一步的深入。

1.4.4 电网投资决策研究现状

随着中国电力体制改革不断深化，最近一轮改革中的"控中"效应显著。这项改革重塑了电网企业的监管框架，带来了电网建设、运营、投资比例和盈利模式的重大转变。根据 2022 年 1 月 18 日印发《国家发展改革委　国家能源局关于加快建设全国统一电力市场体系的指导意见》（发改体改〔2022〕118 号），党中央、国务院部署实施新一轮电力体制改革以来，我国电力市场建设稳步有序推进，需要加快建设全国统一电力市场体系，以实现电力资源在更大范围内共享互济和优化配置，提升电力系统稳定性和灵活调节能力。此外，为了实现 2030 年碳排放达到峰值、2060 年实现碳中和的目标，中国电力项目的资源配置应集中在关键环节和领域。因此，需要建立精密且适应性强的电网建设项目投资模式，投资决策是确定投资方向、规模和方案，以选择最佳方案的活动，是企业资金合理投放的关键步骤。正确合理的投资决策能提高资金经济效益，保障资金顺畅流转。电网投资决策涉及规划和项目层面管理。电网规划根据电源和负荷增长情况，在现有电网基础上合理选择待建线路，优化经济性。投资决策则根据电网规划和投资能力，按项目重要性和建设时序要求分阶段安排项目实施。除了考虑投资能力，还需考虑经济效益、电网安全等多方面条件，结合项目重要性和建设时序作出相应调整，因此电网投资项目决策尤为重要，电网投资项目决策在未来应用领域会更加重要。

传统解决电网投资决策目标规划问题的方法包括离散近似迭代法和逆向归纳法等。

鲁棒优化、粒子群优化算法、蜂群算法、混合布谷鸟算法、神经算法等智能优化算法广泛运用于求解优化问题。黄琬迪等人提出一种综合考虑地区发展阶段不确定性的电网投资决策鲁棒优化方法,为了确保电网投资决策与实际发展需求相契合,增强决策结果对投资组合风险和地区发展阶段不确定性的适应能力。还有其他文献对现有的研究状况提出自己的模型去对电网投资组合进行优化。程智余等人提出了一种基于改进与选择转换法的多准则决策方法,对电网规划中主观经验和客观数据、定性与定量指标等进行决策优化。程曦等人针对输配电价与建设时序的问题,提出了一种输配电价改革背景下电网项目多阶段投资优化决策方法。此外,德尔菲法、模糊综合评价、灰色关联分析等方法都运用在了电网投资决策分析中。

电网规划投资决策最终核心在于对电网规划的综合评估。电网规划评估通常考量多个方面,如安全可靠性、供电能力、效益效率、协调性灵活性、社会环境以及电能质量等诸多要素。通过对国内外关于电网规划投资决策方法的文献研究,发现目前存在多种研究类型。然而,这些方法普遍存在适用性受限、步骤复杂、无法准确反映指标属性间关联的问题。因此,迫切需要找到一种适用性强、步骤简单、能够准确反映指标属性间关联关系的方法。

第 2 章
区域电网电力负荷需求智能预测

2.1 基于麻雀搜索算法与萤火虫扰动组合优化 BP 神经网络的电力负荷需求预测模型

神经网络的优点是可以通过大量的学习与训练过程，高效适应非线性关系的规律，并很好地拟合与映射非线性关系。此外，它的学习规则简单，易于实现，因此，它可以有效地解决电力需求预测问题。但是，它的不足之处也很明显，在训练的过程中，难以保证全局最优，且容易陷入局部最优的循环中，从而影响预测精度。

为了能继续得到给定数据的预测结果，防止寻优陷入局部，就需要进行参数优化，通过麻雀搜索算法和萤火虫扰动进行组合优化，构建麻雀搜索算法与萤火虫扰动组合优化 BP 神经网络（FA-SSA-BP）需求预测模型，得到 BP 神经网络最优的权值和阈值参数，并重新输入神经网络中进行预测，跳出局部极小的死循环，得到预测结果。这种方法具有较高的精确性和泛化能力，可通用于电力经济各项指标的预测工作。

（1）对数据进行预处理。将筛选出关键影响因素的数据作为样本数据集，划分训练集和测试集，并进行归一化。

（2）将预处理后的数据输入 BP 神经网络中，确定 BP 神经网络拓扑结构及参数。

（3）利用麻雀搜索算法对 BP 神经网络的输入层与隐含层连接权值、隐含层阈值、隐含层与输出层连接权值以及输出层阈值 4 项参数进行优化。

（4）为了寻找参数组更优的可能性，在麻雀搜索算法进行参数优化的过程中引入萤火虫算法对麻雀种群进行扰动，并更新种群位置。

（5）得到移动后的麻雀种群位置即 BP 神经网络参数组，将参数组输入 BP 神经网络，重新计算各个参数组下的预测效果。

（6）重复步骤（3）～（5），找出预测效果最好的参数组，直到达到退出条件或收敛精度。将最优参数组输入 BP 神经网络，输出预测结果。

FA-SSA-BP 的算法流程图如图 2-1 所示。

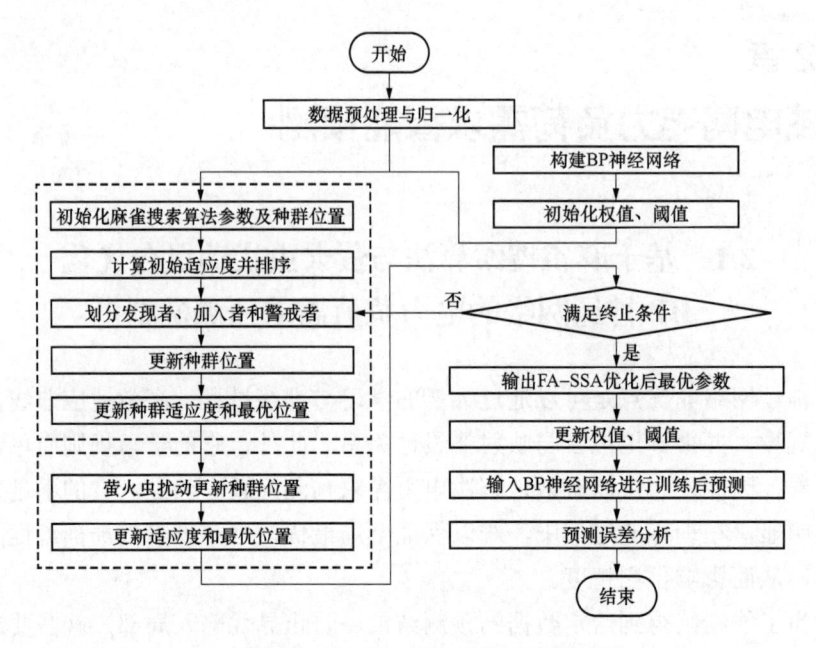

图 2-1　FA-SSA-BP 算法流程图

2.2　基于 Blending 集成学习框架的分布式电源微网发电功率双层预测模型

Blending 是基于 Stacking 集成算法改进得出的一种分层模型集成框架，其主要由基学习器与元学习器组成。首先将原始样本分解为训练集、验证集与测试集，输入到不同的基学习器中，利用训练集与验证集数据训练基学习器并输出预测结果，将验证集作为新的训练集，与测试集一起输入元学习器中进行预测并得出结果。一般情况下，利用 Stacking 集成训练模型的过程中，提升验证集数据量可以增强模型稳定性，同时运用 K-Fold 交叉验证计算可以避免元学习器过拟合，然而数据量的提升会增加模型计算量，而交叉验证计算会提升模型冗杂度，降低模型运行效率。与 Stacking 不同的是，Blending 取消了 K-Fold 交叉验证，利用成比例的数据集划分减少了验证集的数据量，降低了模型计算量与复杂度，避免过拟合风险。通常来说，Blending 会选择特点不同的模型作为基学习器，充分利用各模型预测原理的差异性，达到各模型间的优势互补。元学习器通常选用比较常见的回归模型，如多元线性回归、岭回归、支持向量机回归等。基学习器-元学习器结构最大特点在于利用基学习器第一次预测结果作为训练集，对元学习器进行训练并二次输出预测结果，可以有效提高预测稳定性，当预测序列异常波动较大时集成模型依然可以保证良好的预测效果，降低预测误差。

选择 GRU 神经网络模型与 Informer 自注意力模型作为 Blending 算法的第一层基学习器，GRU 具有非线性拟合能力，在获得良好预测性能的同时具有较快的训练速度；Informer 则在面对时间序列类型的数据时，具备深度挖掘数据特征、抓取特征的优点，相比 GRU 拥有更加准确的预测精度。选择支持向量机回归（SVR）作为第二层元学习器。

对于光伏发电功率预测，由于数据采样间隔为 1h，预测 24h 内光伏电站出力功率，因此构建基于 Blending 集成学习框架的 GRU-Informer 和 SVR 双层模型。首先划分训练集、验证集与测试集，在第一层使用训练集对 GRU 与 Informer 进行训练，对验证集进行拟合。在第二层使用第一层结果对 SVR 进行拟合，对测试集进行拟合并输出预测结果。最终得到双层模型的预测值。模型构建过程如图 2-2 所示。

具体步骤如下：

（1）数据处理板块。该部分包括异常值检测、天气特征重要度排序、K-Means 天气聚类、特征输入输出确定以及数据集划分。首先，异常数据的处理主要是通过温度与辐射强度计算理论光伏功率，对功率异常数据进行检测与替换。其次，利用 XGBoost 算法计算气候影响因素对光伏功率变化的贡献度，通过天气特征重要度排序筛选出与光伏功率相关性较强的天气特征。最后，利用 K-Means 聚类算法对天气数据进行划分，将每日数据划分为晴天、阴天与突变三种天气。

（2）模型构建板块。该部分构建了基于 Blending 集成学习框架的 GRU-Informer 和 SVR 双层模型。首先，将原始光伏发电功率与气候特征数据集划分为训练集、验证集和测试集，然后开始构建集成模型。第一层将 GRU 与 Informer 作为模型的基学习器，输入测试集进行模型训练，输出两个基学习器 GRU 与 Informer 的训练结果，与验证集数据进行拟合；第二层将第一层的输出结果作为第二层新的训练集，将 SVR 作为第二层的元学习器进行模型训练，与测试集数据进行拟合，得到元学习器最终预测值。

（3）实证分析板块。通过反标准化输出双层模型预测结果，引入误差指标 MAE、MSE、RMSE、R^2 进行误差分析与结果可视化，与单一 GRU、LSTM、Informer 等模型进行预测结果比对与误差比对。设置不同预测场景模型，比较不同预测场景下模型的预测性能，体现本书所构建模型的优势。具体步骤流程图如图 2-3 所示。

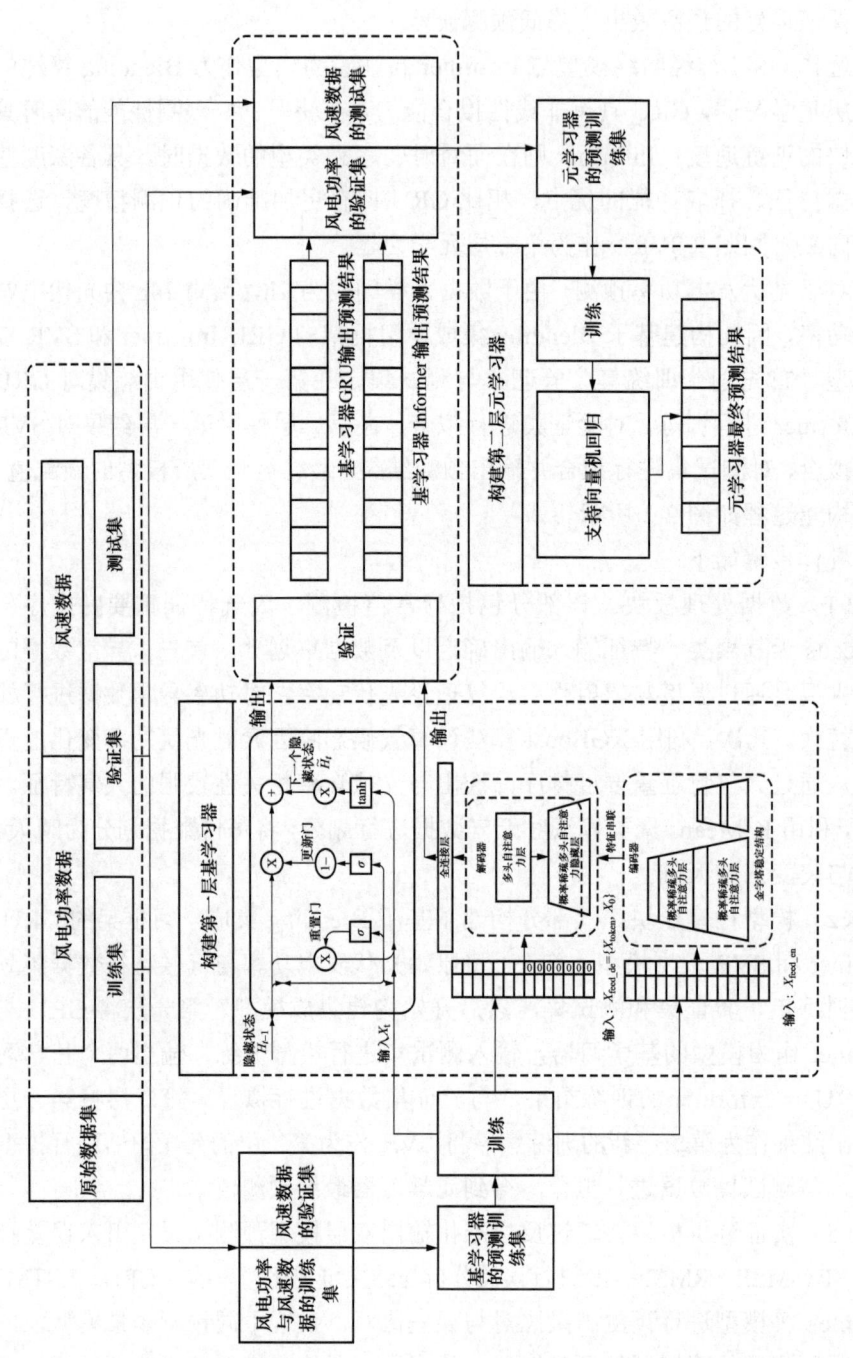

图 2-2 基于 Blending 集成学习框架的 GRU-Informer-SVR 模型

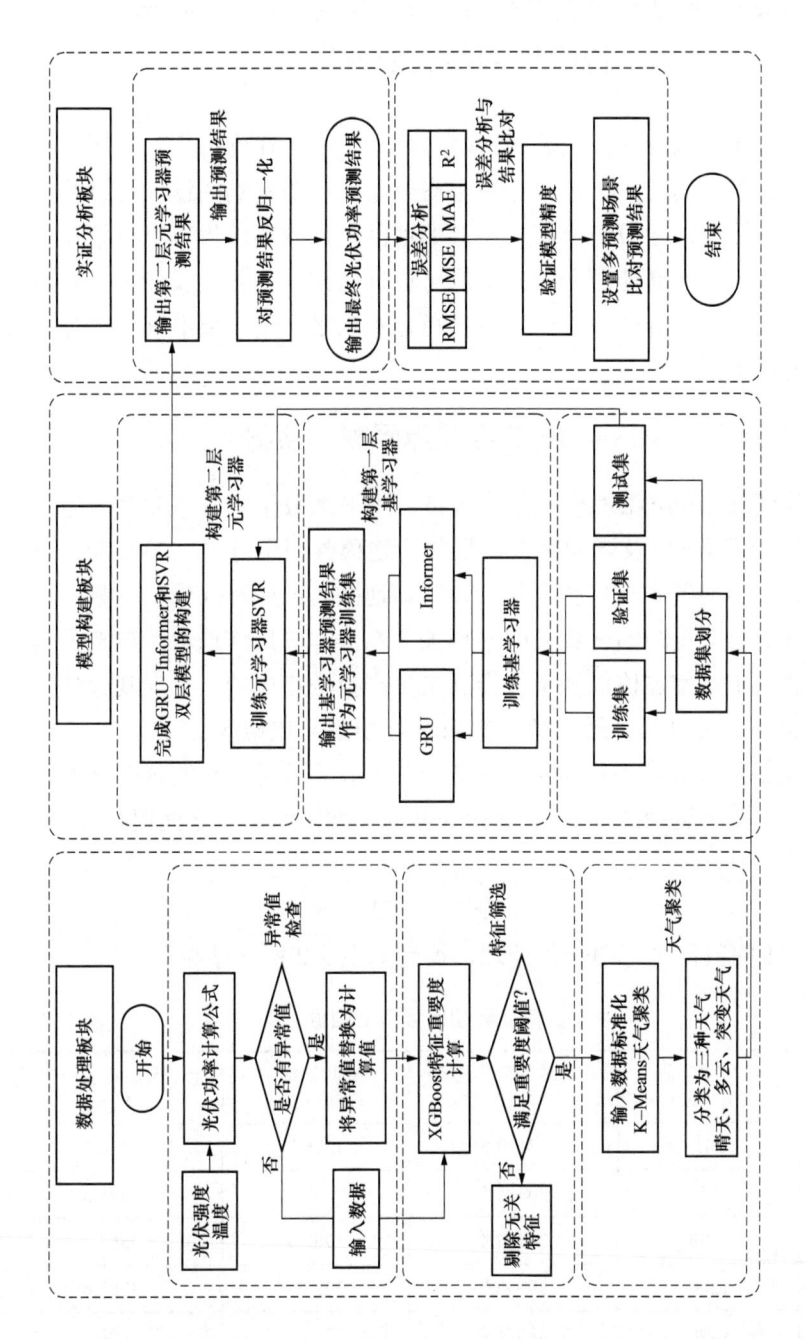

图 2-3 双层模型流程图

2.3 含分布式电源的区域电网电力负荷需求智能预测及实证分析

为了获取新能源分布式电源对区域电网的影响,通常可先建立历史最大负荷和气象因素之间的关系,并在不考虑分布式电源影响的情况下预测未来最大负荷需求情况。在没有分布式电源的地区,该预测结果可以直接作为电网规划的参考。然而新能源分布式电源可以抵消部分负载增长和电力负荷需求,因此不仅需要研究区域电网总体负荷需求水平,还需要准确预测分布式电源的发电功率。

2.3.1 基于 FA-SSA-BP 的区域电网需求预测

为了验证 FA-SSA-BP 模型的有效性,本书选取了中国东北某一地区第 1～11 年的负荷需求以及影响因素数据作为建模数据进行电力中长期负荷需求预测。结合实地调研与资料收集可知,该地区高耗能行业的用电量占比较大。通过分析自变量与因变量之间的相关关系,本书最终选取了包括人均地区生产总值、工业增加值以及全社会固定资产投资在内的 3 个宏观经济因素作为影响因素,对电网年最大负荷需求进行预测。该地区 2005～2015 年年最大负荷及其影响因素的历史数据见表 2-1。由于不同因素的量纲不同,为了便于比较,本书运用式(2-1)进行数据的标准化和归一化处理。

$$z_{ij} = \frac{x_{ij} - \min x_j}{\max x_j - \min x_j} \tag{2-1}$$

将表 2-1 的数据进行归一化处理,得到如表 2-2 所示结果。

表 2-1　　　　　　　最大负荷及影响因素历史数据

年份	年最大负荷 (万 kW)	人均地区生产总值 (元)	工业增加值 (亿元)	全社会固定资产投资 (亿元)
第 1 年	805	18110.5	1376.7	1434.1
第 2 年	1151	20594.8	1679.9	1891.3
第 3 年	1299	24784.4	1962.9	2565.3
第 4 年	1240	30968.2	2737.8	3389.4
第 5 年	1490	32541.9	2779.0	5106.0
第 6 年	1700	37842.0	3628.9	5735.5

续表

年份	年最大负荷（万 kW）	人均地区生产总值（元）	工业增加值（亿元）	全社会固定资产投资（亿元）
第 7 年	1906	45301.2	4673.4	6067.3
第 8 年	1966	48662.6	4811.9	7326.3
第 9 年	2071	51111.1	5283.1	8517.6
第 10 年	2150	53214.3	5537.8	8915.8
第 11 年	2343	55746.2	5623.7	9126.2

表 2-2　　　　　　　　　归一化后的历史数据

年份	年最大负荷	人均地区生产总值	工业增加值	全社会固定资产投资
第 1 年	0.000	0.000	0.000	0.000
第 2 年	0.225	0.066	0.071	0.059
第 3 年	0.321	0.177	0.138	0.147
第 4 年	0.283	0.342	0.320	0.254
第 5 年	0.445	0.383	0.330	0.477
第 6 年	0.582	0.524	0.530	0.559
第 7 年	0.716	0.722	0.776	0.602
第 8 年	0.755	0.812	0.809	0.766
第 9 年	0.823	0.877	0.920	0.921
第 10 年	0.875	0.933	0.980	0.973
第 11 年	1.000	1.000	1.000	1.000

将归一化后的输入和输出数据代入 FA-SSA-BP 模型中进行训练和学习。设置模型参数：输入层神经元个数=3，隐含层节点数=6。麻雀种群规模 $M=30$，最大迭代次数 $N=100$，发现者比例 $PD=0.7$、警戒者比例 $SD=0.3$，安全阈值为$[-1,1]$。萤火虫算法中最大吸引力 $\beta_0=2$，步长控制参数 $\alpha_0=0.2$，光强吸收系数 $\gamma=1$。设定 BP 神经网络的收敛条件为相对误差 $\sigma \leqslant 0.00001$。当训练次数 $N \geqslant 1000$ 后仍然不收敛时，停止神经网络的训练。根据麻雀搜索算法与萤火虫扰动组合优化 BP 神经网络预测模型，所得到的结果如图 2-4 所示。

在此基础上，采用 SSA-BP 模型、WOA-BP 模型、PSO-BP 模型和 BP 神经网络分别预测了该地区的负荷需求，并进行了对比，对比模型的预测结果如图 2-5 所示。

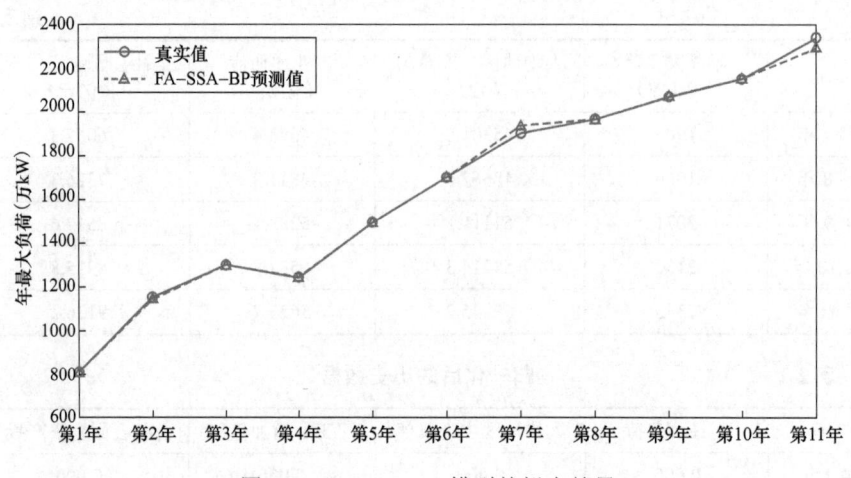

图 2-4　FA-SSA-BP 模型的拟合结果

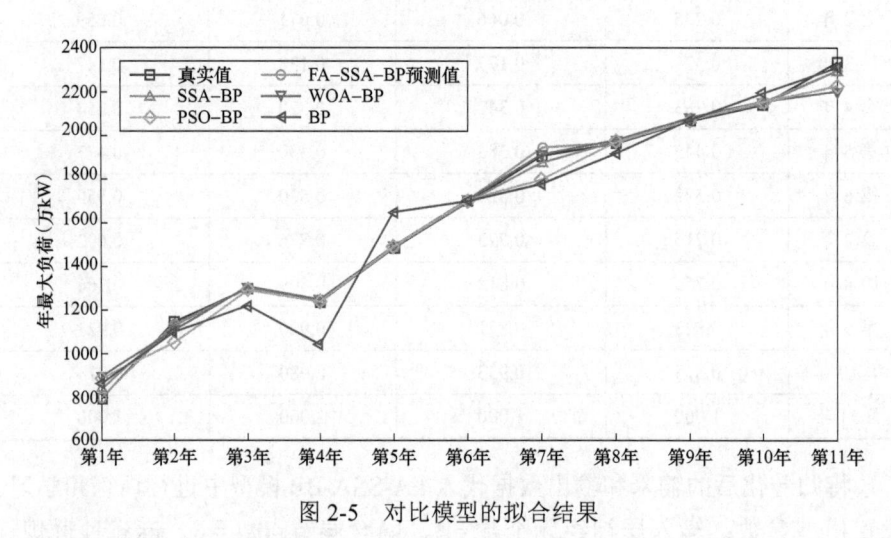

图 2-5　对比模型的拟合结果

由图 2-4 和图 2-5 可以看出 FA-SSA-BP 模型的整体拟合效果最好，各模型的预测误差结果见表 2-3。

表 2-3　　　　　　　　多种预测方法的误差值

误差值	FA-SSA-BP	SSA-BP	WOA-BP	PSO-BP	BP
平均绝对误差（MW）	1.03	2.28	3.04	3.77	7.29
均方误差	3.30	18.98	31.31	36.91	90.13
均方根误差	1.82	4.36	5.60	6.08	9.49
平均百分比误差（%）	0.59	1.48	2.19	2.69	5.23

由误差值对比可知,FA-SSA-BP 的平均绝对误差(MAE)为 1.03MW,远低于其他四个对比模型,显示出该模型在预测值与实际值之间的平均差异最小;同时,其均方误差和均方根误差远低于其他四个对比模型,分别为 3.30 和 1.82,较次优模型 SSA-BP 分别降低 82.6%和 58.3%;其平均百分比误差仅为 0.59%,相较于 SSA-BP 模型的 1.48%、WOA-BP 模型的 2.19%、PSO-BP 模型的 2.69%,以及未经优化的 BP 神经网络模型的 5.23%,具有明显优势。

2.3.2 基于 Blending 集成学习框架的 GRU-Informer 和 SVR 双层模型的分布式电源发电功率预测

2.3.2.1 数据预处理

本书以某光伏电站某年 12 个月的光伏出力数据和气象数据作为研究样本,数据采样间隔为 1h,共计 8760 个数据点。本书所构建的智能预测模型需要进行两阶段模型训练,第一次预测结果将作为第二次输入模型的训练集,因此选取前 60%的数据作为训练集,再选取 30%的数据作为验证集,余下 10%的数据作为测试集。

在预测时,对输入数据及输出数据进行标准化处理。

$$x_i^* = \frac{x_i - \bar{x}}{\sigma(x)} \tag{2-2}$$

式中:x_i^* 为标准化后的数据;$\sigma(x)$ 为样本方差;$\bar{x}$ 为样本均值。

在光伏电站中,气象因素对光伏发电量影响较大,导致光伏出力功率有较大波动与间歇性,常见影响因素包括辐射强度、温度、太阳天顶角、湿度、降雨量等,光伏发电计算功率为

$$P_m = nSI[1 - 0.005(t + 25)] \tag{2-3}$$

式中:n 为转换效率;S 为面积;I 为太阳总辐照强度;t 为温度。

由式(2-3)可知,对于一个光伏电站,转换效率和面积是固定的,故太阳辐照强度和温度是直接影响功率的因子。因此,根据该公式对功率数据进行异常值比对,利用公式计算结果替换异常值与空白值。然而,其他各类影响因素对光伏发电功率的影响程度有偏差,同时多维天气特征会使预测结果产生偏差与冗余,因此,本书选用 XGBoost 的重要度分析法对天气特征进行排序,筛选出对光伏功率变化贡献度较高的特征作为模型输入特征,剔除无关特征,提高模型运行速度与预测精度。

2.3.2.2 基于 XGBoost 的特征筛选

输入特征过多会引入冗余信息,从而降低模型训练效率并影响模型精

度，导致模型预测结果出现偏差，因此本书采用 XGBoost 方法对天气特征的重要度进行计算并排序，直观地体现天气特征对光伏功率变化的贡献度，选取重要度高的天气因素作为模型输入特征（见表 2-4）。图 2-6 所示为 XGBoost 计算出的天气特征重要度。

表 2-4　　　　　　　　　输入特征汇总

输入特征	缩写	单位
法向直接辐照度	DNI	kW/m²
水平面直接辐照度	DHI	kW/m²
表面压力	P	hPa
温度	T	℃
相对湿度	RH	%
风向	WD	°N
风速	WS	km/h

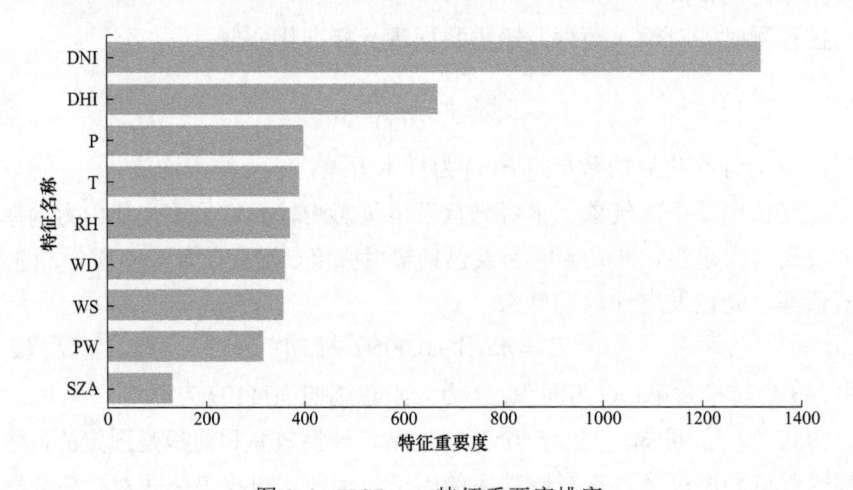

图 2-6　XGBoost 特征重要度排序

根据特征度排序图可以发现 DNI 与 DHI 对光伏功率变化的贡献度最大，而太阳天顶角（SZA）与可预见降水量（PW）的重要度较低，因此在输入特征中剔除太阳天顶角与可预见降水量，减少模型运行时间，提高模型预测精度。

2.3.2.3　基于 K-Means 的天气聚类

在已选取的 7 个气象因素特征中，分别计算日内平均值与最大值，可以得到最大维数据组,首先使用主成分分析法对平均天气数据进行降维,再利用 K-Means 聚类对数据组进行分类,将天气类型区分为晴天、阴天以及突变天气,三种天气的聚类图如图 2-7 所示,可以看出三种气象因子特征数据分类较为清晰,三种天气的训练集、验证集及测试集聚类分析结果见表 2-5。

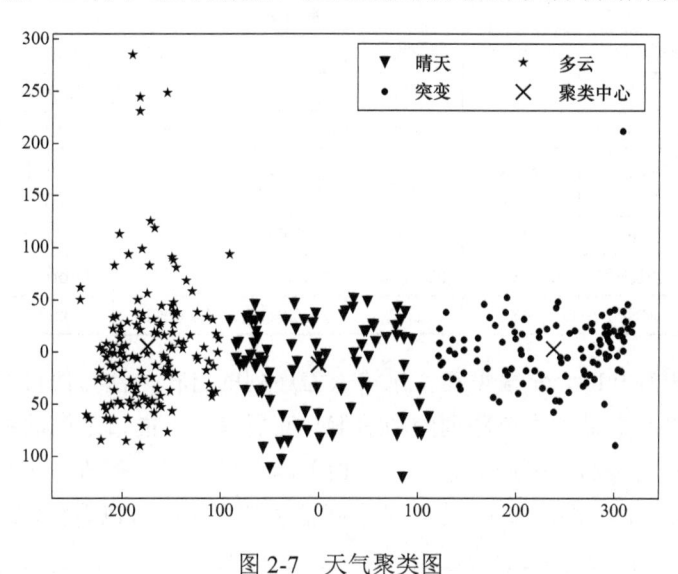

图 2-7 天气聚类图

表 2-5 天 气 数 据 集 划 分

天气类型	训练集	验证集	测试集
晴天	1656	828	276
多云	2246	1123	375
突变	1353	677	226

2.3.2.4 模型训练

由于分布式光伏发电利用系数受天气因素的影响,具有波动大、随机性强等特点,因此,本书利用具有双层结构的 Blending 集成学习框架组合 GRU、Informer 与 SVR 模型,它可以综合考虑多种天气因素对光伏数据的影响,可以重复训练且收敛速度快,可以完成对光伏发电功率准确预测的任务。将天气因素作为输入变量、光伏功率作为目标变量,将数据划分为训练集、验证集与测试集,通过实验验证本书提出的电力负荷需求预测方法的适用性。

本书提出的基于 Blending 集成学习框架的 GRU-Informer 和 SVR 双层模型的实现语言为 Python,实验硬件配置为 13th Gen Intel (R) Core (TM) i9-

13900HX CPU，内存 16G，采用 NVIDIA RTX4060 GPU 进行加速。模型超参数设置见表 2-6。

表 2-6　　　　　　　　　　模 型 超 参 数 设 置

模型	超参数						
	时间步长	批次大小	隐藏单元	隐藏层数	训练次数	学习率	Dropout
LSTM	24	48	128	2	200	0.0001	0.05
GRU	24	48	128	2	200	0.0001	0.05
Informer	编码器步长	解码器步长	预测步长	激活函数	多头个数	编码器层数	解码器层数
	96	48	24	Gelu	8	2	1
	损失函数	批次大小	隐藏单元	训练次数	学习率	Dropout	
	MSE	48	512	20	0.0001	0.05	

图 2-8 为 Informer 模型初步预测误差序列的自相关性与偏自相关性分析图，自相关函数描述了该序列的当前值与其所有过去的值之间的相关程度，包括直接和间接的相关性信息。偏自相关函数描述了观测值 y_t 与滞后项 y_{i-k} 的直接关系（k 为滞后数），去除了中间信息的影响。可以看出，Informer 模

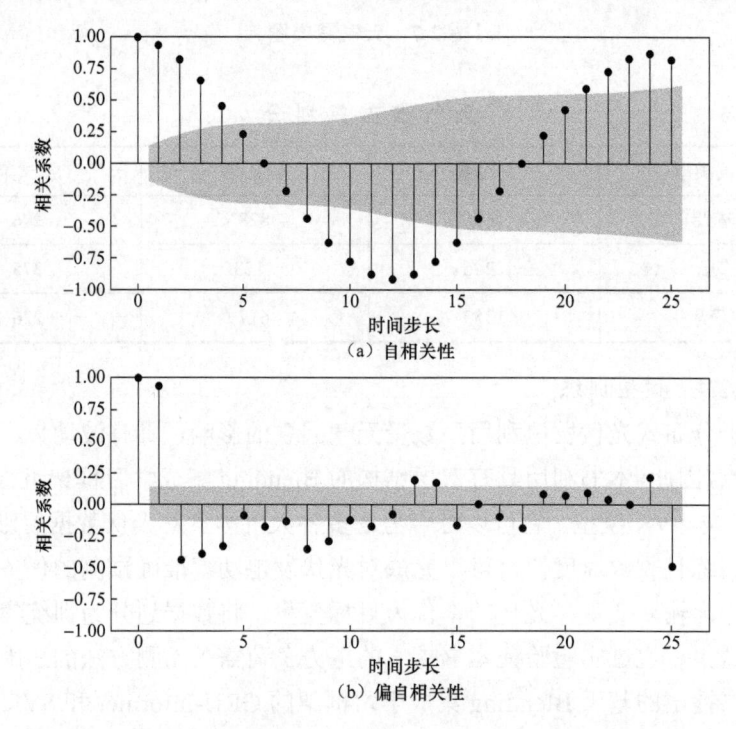

(a) 自相关性

(b) 偏自相关性

图 2-8　Informer 模型初步预测误差序列的自相关性与偏自相关性

型的自相关性与偏自相关性非常显著,即使是 24 步滞后的时序数据与初始数据仍存在强相关性,因此表明该 Informer 模型的长时间序列信息提取能力较强。

2.3.2.5 误差分析

为更好评估本书模型预测效果,引入平均绝对误差、均方误差和平均百分比误差作为误差指标,计算指标如下:

$$\text{MAE} = \frac{1}{n}\sum_{i=1}^{n}|y_i - \hat{y}_i| \tag{2-4}$$

$$\text{MSE} = \frac{1}{n}\sum_{i=1}^{n}(\hat{y}_i - y_i)^2 \tag{2-5}$$

$$\text{RMSE} = \sqrt{\frac{1}{n}\sum_{i=1}^{n}(\hat{y}_i - y_i)^2} \tag{2-6}$$

$$R^2 = \frac{\sum_{i=1}^{n}(\hat{y}_i - \overline{y}_i)^2}{\sum_{i=1}^{n}(y_i - \overline{y}_i)^2} \tag{2-7}$$

式中:MAE 为平均绝对误差;MSE 为均方误差;R^2 为平均百分比误差;RMSE 为均方根误差;$\hat{y}_i$ 为第 i 个样本的预测值;y_i 为第 i 个样本的真实值;$\overline{y}_i$ 为第 i 个样本均值。

为了验证本书提出的模型在提高预测精度和减少误差方面的优势,本节通过选择 4 个模型——LSTM、GRU、Informer、GRU-Informer-SVR 进行对比分析,利用多个模型预测了三种天气下未来一周的光伏发电功率,使用误差指标对模型短期预测结果的精度进行分析。通过对预测结果进行反标准化处理,对各序列的预测结果进行综合,得到最终的预测结果,如图 2-9 所示,误差结果见表 2-7。

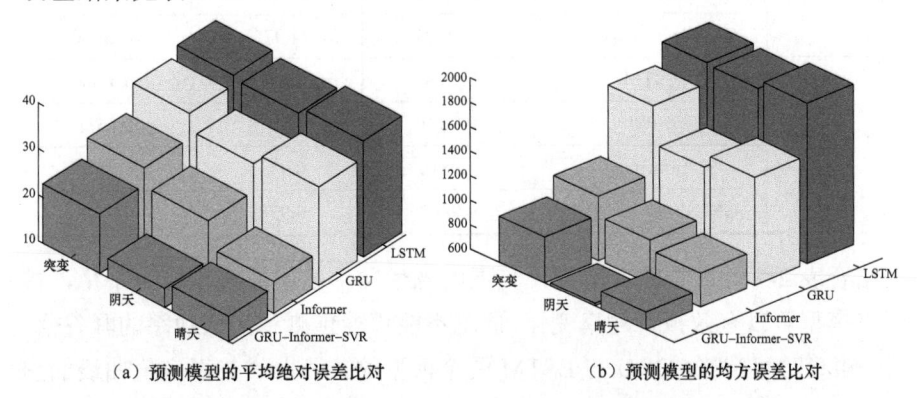

(a)预测模型的平均绝对误差比对　　(b)预测模型的均方误差比对

图 2-9　不同模型在三种天气下的预测结果误差(一)

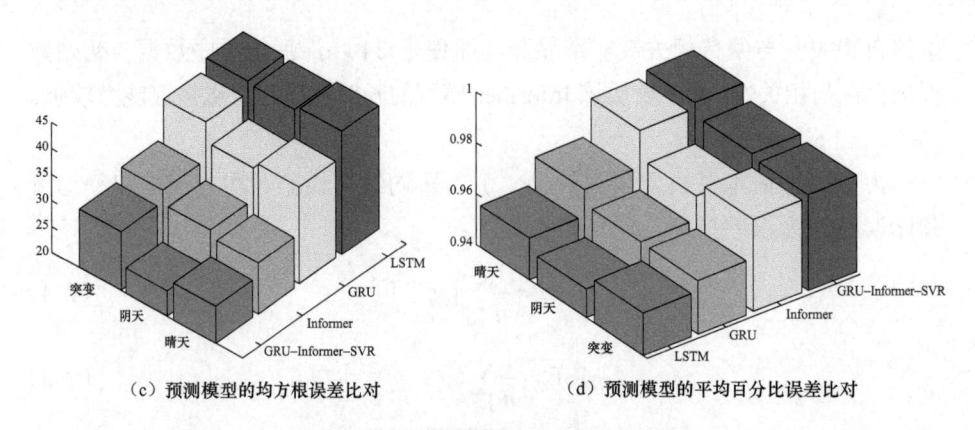

（c）预测模型的均方根误差比对　　　　（d）预测模型的平均百分比误差比对

图 2-9　不同模型在三种天气下的预测结果误差（二）

表 2-7　　　　　　　　模型在不同天气下的误差结果

误差指标	模型	晴天	雨天	突变
平均绝对误差	LSTM	35.2680	33.8168	34.6801
	GRU	31.4039	28.8799	32.4885
	Informer	17.0584	22.8199	26.7424
	GRU-Informer-SVR	15.3858	14.1209	22.7671
均方误差	LSTM	1913.266	1842.762	1863.347
	GRU	1487.953	1379.706	1690.739
	Informer	883.1714	967.8881	1132.73
	GRU-Informer-SVR	745.6786	623.7729	979.1267
均方根误差	LSTM	43.7409	42.9274	43.1665
	GRU	38.5740	37.1444	41.1186
	Informer	29.7182	31.1109	33.6561
	GRU-Informer-SVR	27.3071	24.9754	31.2910
平均百分比误差	LSTM	0.9566	0.9512	0.9568
	GRU	0.9671	0.9618	0.9611
	Informer	0.9816	0.9713	0.9767
	GRU-Informer-SVR	0.9842	0.9789	0.9778

结合表 2-7 可以看出，晴天天气下的光伏功率数值曲线均较为平稳，神经网络模型可以有效拟合功率变化，但是不能精准预测到光伏功率的峰谷值。而且，随着时间推移，GRU 与 LSTM 两个模型的预测曲线与真实值曲线的差距逐渐变大，这是由于长时序预测中神经网络的特征信息丢失，导致神经网

络模型无法在较长时间序列保持良好的预测效果。Informer 模型可以精准预测光伏功率的变化，且随着时间增长，预测效果依然保持良好，因此 Informer 模型的预测效果优于 LSTM 与 GRU 模型，GRU-Informer-SVR 与 Informer 模型的结果相近，预测表现较好；由于阴天与突变天气会导致光伏功率数值曲线出现较大的波动，GRU、LSTM 与 Informer 模型均受到天气特征波动影响，曲线拟合效果不佳，而 GRU-Informer-SVR 模型的双层预测结构最大限度地降低了预测误差，提高了模型的预测稳定性。无论在哪种天气下，GRU-Informer-SVR 模型的双层预测结构预测值曲线最接近真实值曲线，拟合效果最好，具有较高的预测精度和预测稳定性。

从图 2-9 可以发现，由于功率数值波动，三种天气的预测绝对误差均出现局部误差较大的情况，其中 LSTM 与 GRU 模型局部误差较大的情况较为明显，绝对误差随着时间推移而逐渐增大；而 GRU-Informer-SVR 的绝对误差表现较为稳定，局部误差较大的情况出现较少。光伏发电功率具有较强的周期性，而 GRU-Informer-SVR 模型可以有效捕捉时间序列的变化规律，在一周内依然可以保证预测精准度。如图 2-9 所示，所提出的 GRU-Informer-SVR 模型在不同天气条件下的拟合精度最高，集成模型的预测误差绝对值最低。

为了更直观地比较各模型的性能以减少误差，图 2-9 的三维直方图描述了表 2-7 中误差指标的结果。由于集成模型包含了 GRU、Informer 和 SVR 模型的优点，因此在三种天气情况下，GRU-Informer-SVR 模型的预测误差明显低于 LSTM、GRU 和 Informer。在晴朗天气下，GRU-Informer-SVR 模型的 MAE 值比 LSTM 和 GRU 分别降低了 56.38%和 51.01%，MSE 值比 LSTM 和 GRU 分别降低了 61.03%和 49.89%，RMSE 值比 LSTM 和 GRU 分别降低了 37.57%和 29.21%。在多云和突变天气下，Informer 的预测结果受天气波动的影响，预测误差较大，而 GRU-Informer-SVR 模型的预测误差保持稳定，与多云和突变天气下的 Informer 模型相比，GRU-Informer-SVR 模型的 MAE 分别降低了 38.12%和 14.87%，MSE 分别降低了 35.55%和 13.56%，RMSE 分别降低了 19.72%和 7.03%。在所有三种天气类型下，GRU-Informer-SVR 模型的 R^2 都在 98%左右，这进一步表明 GRU-Informer-SVR 模型在任何天气条件下都能保持较高的预测精度。

为了进一步证明本书所构建模型的优越性，设置多个预测场景进行预测结果对比，以下为场景设置情况。

场景 1：跳过数据处理模块，将原始数据分为 60%的训练集、30%的验证集和 10%的训练集，并直接输入基于 Blending 集成学习框架的 GRU-

Informer 和 SVR 双层模型，用于短期光伏功率预测。

场景 2：使用 XGBoost 算法进行特征筛选，跳过天气聚类算法，同时进行数据分割，并输入基于 Blending 集成学习框架的 GRU-Informer 和 SVR 双层模型，用于短期光伏发电预测。

场景 3：采用 XGBoost 算法进行特征筛选，K-Means 聚类算法将天气分为三类，处理后的数据分为 90%的训练集和 10%的测试集，直接输入单一 Informer 模型，用于短期光伏发电量预测。

场景 4：本书提出的基于 Blending 集成学习框架的 GRU-Informer 和 SVR 双层模型短期光伏功率预测集成模型。

多重预测模型场景设置见表 2-8，场景误差指标雷达图如图 2-10 所示。

表 2-8　　　　　　　多重预测模型场景设置

场景设置	XGBoost 重要度计算	K-Means 天气聚类	Informer 预测模型	GRU-Informer-SVR 双层预测模型
场景 1	×	×	×	√
场景 2	√	×	×	√
场景 3	√	√	√	×
场景 4	√	√	×	√

注　"×"表示未使用该方法，"√"表示使用该方法。

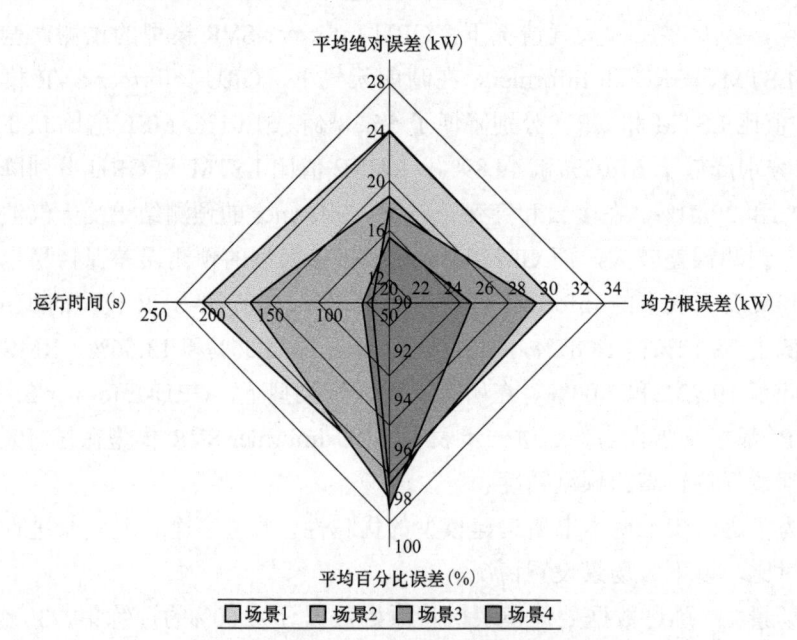

图 2-10　多预测场景下的误差指标雷达图

对比场景 1 和场景 4 的误差指标和运行时间可以发现，利用 XGBoost 进行特征筛选可以显著提高模型效率，降低由于特征冗余造成的预测误差，场景 4 的 MAE 相较于场景 1 降低了 36.27%，同时模型运行时间缩短了 65.11%。这表明特征筛选可以有效减少模型计算量和模型运行时间。使用 K-Means 聚类对天气进行分类也能减少模型运行时间，同时还能有效提高模型拟合精度，避免特殊天气造成的光伏发电量波动，降低预测误差。场景 4 的 MAE 相较于场景 2 降低了 17.99%，同时模型运行时间缩短了 45.66%。对比场景 3 和场景 4 可以发现，虽然场景 3 的模型运行时间减少了，但误差和拟合精度却不如场景 4，场景 4 的均方根误差比场景 3 减少了 13.76%。因此，在光伏功率预测中，GRU-Informer-SVR 模型预测的性能优于单一模型预测。

基于 Blending 集成学习框架的 GRU-Informer 和 SVR 双层模型结合了 GRU、Informer、SVR 的模型优点，在三种天气下的预测误差均优于 LSTM、GRU 与 Informer 等常用神经网络模型。GRU-Informer-SVR 模型的 R^2 在三种天气下都接近 98%，进一步说明本书所构建的模型无论在何种天气下都能保持良好的预测精度。

因此，光伏发电功率短期预测实验结果表明，本书所提出的基于 Blending 集成学习框架的 GRU-Informer 和 SVR 双层模型预测结果更接近真实值，在不同天气条件下具有良好的预测效果，整体上可以有效减小模型预测时间，降低预测误差，其预测效果优于单一预测模型，预测精度最高，能够精准完成预测任务。

第 3 章
区域电网分层多目标最优规划

3.1 主动配电网规划的特点

传统配电网是被动的配电网，主动配电网与其最大的区别在于主动配电网对待 DG 及负荷等具有主动控制、主动管理的能力。主动配电网从以下诸多方面均与传统配电网存在显著区别：在综合规划方面，传统配电网依靠单一的网络结构应对负荷的变化性，主动配电网能考虑源—网—荷协调规划，能够引入随机规划与动态规划；在控制技术方面，传统配电网只有在系统发生故障时才能对配电网进行控制，方式比较被动，而主动配电网能够对各种可控资源进行主动控制，尽量避免配电网故障发生；在管理技术方面，传统配电网基于单向潮流实行被动式管理，主动配电网能够进行分层分布式管理，并新增需求侧管理因素。

3.1.1 含分布式电源的主动配电网的特点

随着可再生能源的快速发展和全球能源结构转型的快速发展，分布式能源在电力系统中的应用日益广泛，也为配电网带来了前所未有的变革。随着分布式能源和电动汽车等其他设备的接入，配电网的结构和形态发生了明显的变化，形成了全新的有源配电网发展体系。大比例分布式能源的接入地点和接入能力，严重阻碍了配电网的安全运行，有必要针对接入分布式能源的主动配电网，研究其新发展体系的特点。

（1）灵活调节能力。分布式能源的快速响应特性，使得主动配电网具备强大的灵活调节能力。在电网出现供需不平衡时，可以快速响应，调整分布式能源的输出功率，或者利用其他储能设备的充放电能力，以平抑波动，维持电网的稳定性。可以通过需求侧管理措施，引导用户合理用电，提升电网稳定性。

（2）维持可持续发展。长期以来，以煤炭、石油、天然气等化石燃料为主要能源的传统发电方式，不仅资源浪费巨大，同时燃烧时排放出大量二氧化碳、氮化物等污染物，也对环境造成巨大破坏。分布式能源具有能效利用合理、损耗低等特点，同时通过大比例接入可再生能源，减少化石能源的使用，真正达到"零排放"的绿色目标，为主动配电网在碳中和碳达峰目标实现上提供了有力支撑。

（3）提高系统稳定性。分布式能源的紧凑型设计使得其搭建周期短、占地面积更小，能够快速响应紧急或者临时用电需求。故障时能够快速调节，保证整个配电系统的连续稳定安全运行，提高整体稳定性。

3.1.2 考虑需求侧管理的主动配电网的特点

需求侧管理是指对用电方实施的管理，通过采取技术、经济、行政等手段引导用户优化用电方式，科学合理用电，促进电力资源优化配置。需求侧响应能为需求侧管理提供更好的经济激励，由于电力需求不断增长，被动配电网逐渐向主动配电网发展，需求响应技术也为主动配电网管理带来多元化与新影响，具体包括以下几点。

（1）缓解供电紧张。中断负荷管理、分时电价等基于价格的需求响应和基于激励的需求响应措施可以有效引导用电方，改善用户的用电方式，起到对负荷削峰填谷的作用，从而使负荷曲线趋于平缓，减少了用电高峰时的负荷需求。如此一来，配电网线路与设备的供电压力能在一定程度上得到缓解，需求侧管理起到了缓解供电紧张、平衡负荷的作用。

（2）减少运行成本。未引入需求侧响应前，电力工作人员需要根据用户用电的特性，采取相应措施保障电力系统的平稳运行。因此，负荷的峰谷特性增加了配电网的运行成本。引入需求侧响应后，能够减小负荷需求的峰谷差，实现对负荷的主动控制，这样一来，不仅能降低配电网网损成本，延长配电网设备的运行寿命，而且高峰负荷被削减后可以减少配电网的购电成本。综合来说，需求侧响应的实施可以减少配电网的运行成本，提高运行经济性。

（3）提高配电系统安全性。配电系统是由多种配电元件和设施组成的网络系统，需求侧管理措施提高供电可靠性后，有助于提高电压的合格率，自然延长设备的运行寿命。另外，能够增加对负荷的主动控制力，从而改善元件的运行环境，使配电设备处于最佳运行状态，提高系统运行安全性。在需求侧响应背景下，配电网设备与用户用电需求相匹配，减少了超负荷运行情况的发生，对提高供电安全具有很大的作用。

3.2 区域电网分层多目标最优规划模型

电网规划是电力系统发展的基础，规划水平的高低直接影响未来电网的安全性、可靠性以及经济性等。电网规划的重点是在满足负荷需求的基础上，寻找到扩展电网的最优的规划方案。因此，本节区域电网电力需求预测结果的基础上，重点研究含有分布式能源发电的区域电网规划模型。由于新能源分布式电源的电压等级较低，通常以 35kV 或 10kV 电压等级接入电力系统，对配电网的影响较大。因此，重点分析含有分布式电源的配电网规划问题。

3.2.1 分布式电源发电对配电网规划的影响

配电网规划的主要任务是根据规划期间的负荷需求情况以及现有的网络基本状况，确定最优的系统建设方案，在满足符合增长和安全可靠供应电能的前提下，使得配电系统的建设和运行费用最小。分布式电源的出现给传统的配电网规划带来了实质性的挑战，具体包括以下几点。

（1）增加了不确定因素。分布式电源的出现会使电力需求预测、规划和运行相比过去有了更大的不确定性。由于大量的用户会安装分布式电源来提供电能，配电网规划人员更加难以准确预测负荷的增长情况，从而影响后续的规划。另外，分布式电源虽然可以减少电能损耗，推迟或减少电网升级改造的投资，但不适当的分布式电源规模与接入位置也可能会导致电能损耗的增加，导致网络中某些节点电压下降或出现过电压，还会改变故障电流的大小、持续时间及方向。

（2）增大问题求解难度。配电网是一个具有几千甚至上万节点的网络，本身规划就已经是一个动态多目标不确定性非线性整数规划问题，规划起来较为繁琐。配电网规划一般考虑 5~20 年。一般情况下，在此年限内，通常假定电网负荷逐年增长，新的中压或电压节点不断出现，结果会增加建设一个或更多的变电站。由于规划问题的动态属性与其位数相关联，若再出现许多发电机节点，寻找到最优的网络布置方案将更加困难。分布式电源并入后将大大增加原有配电网的节点数，同时还要考虑分布式电源的其他目标以及约束条件，使得新的配电网规划更加复杂。

（3）增加管理难度。对于在配电网安装分布式电源的用户或独立的投资商，其与维护电网安全和供电质量的配电网公司之间存在一定的冲突。因为，大量的分布式电源接入后，将对配电网结构产生重大影响。一系列包括电压调整、无功平衡、继电保护在内的综合性问题将影响系统的运行。为了确保电网的安全与优质运行，必须添置电力电子设备，实施响应的控制策略与调节手段，将分布式电源集成到配电网系统。这不但需要改造现有的配电自动化系统，还需要将配电网由原有的被动管理转变为主动管理。

3.2.2 基于非支配排序遗传禁忌搜索的含分布式电源的区域电网分层多目标最优规划模型

3.2.2.1 分布式电源接入分析

在分布式能源接入电网后，配电网规划区别于传统常规规划模型，应该在规划目标中考虑以下几点因素：

（1）系统失负荷概率：指电力系统出现故障情况下，失去系统负荷的概率，该指标主要用来评价供电网络的负荷可靠性，公式如式（3-1）所示。

$$LOLP = \sum_{i \in S} p_i \tag{3-1}$$

式中：$LOLP$ 为系统失负荷概率；p_i 为系统处于状态 i 的概率；s 为给定时间区间内不能满足负荷需求的系统状态全集。

（2）功率不足期望：指电力系统受到发电或者电网网络本身的条件限制致使出现停电的期望，公式如式（3-2）所示。

$$EENS = \sum_{i \in S} C_i F_i D_i = \sum_{i \in S} C_i P_i T \tag{3-2}$$

式中：F_i 为系统处于状态 i 的频率；D_i 为状态 i 的持续时间，h；$EENS$ 为功率不足期望电量，MW·h/a。

（3）电压稳定裕度：指电网运行中电压平稳，并且可靠运行情况的裕度，是用来评价电网是否安全可靠运行的一个重要指标。在本章中，电压稳定裕度作为配电网规划的重要约束条件之一，必须要大于 0，公式如式（3-3）所示。

$$VSM_j = 1 - \frac{\sqrt{2(Z_{ij}S_j + P_j R_{ij} + Q_j X_{ij})}}{U_i} \tag{3-3}$$

式中：电流从 i 到 j，P_j 代表了 j 节点的有功出力，kW；Q_j 代表了 j 节点的无功出力，kvar；S_j 指代 j 点负荷的视在功率值，VA；Z_{ij}、X_{ij} 指代对应的线路阻抗值，Ω；U_i 表示 i 节点上的节点电压值，V；VSM_j 表示电压稳定裕度。

3.2.2.2 含分布式电源的配电网规划模型构建

在现阶段中，分布式电源接入配电网一般情况下都具有"安装即忘记"的特性，但是如果不对这些分布式电源进行有效管控，长时间运行时可能会导致分布式电源不能发挥其在电网运行过程中的优势，从而抑制其有效发展推广。

针对上述问题，主动管理模式应运而生，该理念的提出能有效克服被动管理过程中存在的问题。主动管理模式简单而言就是在配电网运行过程中，对其运行有关的参数进行精确测量，并且对配电设备进行优化控制。

在模型构建过程中，需要考虑如何能有效将分布式能源的注入容量增加，一方面要积极利用其带来的益处，另一方面要克服电压越限等可能带来的问题。本书主要提出以下三点主动管理方法。

（1）出力控制：通过对分布式电源的有功出力进行主动控制来控制电网运行状况。

（2）调节变压器抽头：通过对变压器的可变分接头进行调整，使配电网在安全状态下运行。

（3）无功补偿：通过在分布式电源的接入点安装无功补偿设备来对电压水平进行控制。

通过上述分析，可以概括为最优潮流方面的优化问题，即在满足配电网运行约束条件下最小化有功出力的切除量。因此，本章中对新能源分布式能源接入的配电网规划模型可以看作是一个双层规划模型，在该模型中，上层模型求解得到的方案传递到下层模型进行继续求解。下层的规划分析的目标实际上是求解概率最优潮流的最优化分析过程，通过随机抽样，对分布式电源中的光伏等电源的负荷波动进行统计分析，计算得到在上层规划方案下分布式能源的最小切除量的期望值，同时，将该期望值又向上层进行反馈分析。如此不断迭代计算，最终可以得到配电网规划问题的最优方案。

（1）上层规划模型。本章的主要工作是将分布式能源对电网的影响因素作为配电网规划的考虑点，提出基于分布式能源接入的配电网规划模型。电力规划部门对配电网进行规划分析的最终目标是在满足地区电力用户需求的条件下，考虑线路节点用户对电量的需求水平，在此基础上对未来一段时间的电量需求进行预判，在系统可承受的风险下，平衡网损、线路投资、购电成本、碳排放成本以及政策性补贴之间的关系，最优化投资成本，目标函数如式（3-4）所示。

$$\min F = F_{loss} + F_L + F_{EN} + F_C - F_U$$

$$\begin{cases} F_{loss} = E_{loss}\alpha \\ F_L = \left(\sum_{i=1}^{n_i} L_i C_{li}\right)\dfrac{r(r+1)^m}{(r+1)^m - 1} \\ F_C = \sum_{y=1}^{Y_{Line}}(C_y^{Line} + \varphi_y \lambda_y^{Line}) \\ C_y^{Line} = \dfrac{\varepsilon(1+\varepsilon)^{Y_{Line}-y}}{(1+\varepsilon)^{Y_{Line}} - 1}Q \\ \lambda_y^{Line} = (\lambda_{LCCE} - \lambda_{CEO})/Y_{Line} \\ F_U = \beta \cdot E \end{cases} \quad (3\text{-}4)$$

式中：F_{loss} 为网络运行中的损耗成本，万元；α 为电网运行损耗出现的平均经济损失，万元；r 为贴现率；F_L 为电网建设成本，万元；m 为线路运行的规划周期，年；n_i 为规划增加的线路，C_{li} 为第 i 条线路建设成本，万元；F_{EN} 为向上级电网购电的成本，万元；β 为失去单位负荷使得平均成本损失的大小；F_C 为电网在生命周期内的碳排放成本，万元；Y_{Line} 为电网线路的投资生命年限，C_y^{Line} 为电网线路的投资等年值，万元；φ_y 为第 y 年的碳排放价格，元/tce；λ_y^{Line} 为线路在第 y 年的 CO_2 排量，t；F_U 为分布式电源产生的社会效益，万元；E 为清洁能源的年发电功率，kW。

电网规划问题主要有以下几个约束条件：

1）系统可靠性约束。通过上一节中对分布式电源接入系统的分析可以发现，分布式电源的加入使得传统的可靠性约束不再适用，综合上述分布式能源接入的三点影响因素，在本书中，采用了供电不足的期望值 E_r 作为求解模型的可靠性约束，并且应满足：

$$E_r < E_{r\max} \tag{3-5}$$

$$E_r = \sum_{j=1}^{m} P_j \sum_{i=1}^{W} E_{ij}^l \tag{3-6}$$

式中：E_{ij}^l 为在线路 j 发生故障的情况下，统计 i 节点的供电功率不足量，kW；P_j 为线路 j 每年的故障率。

2）节点电压约束。每个节点电压值都必须在可允许的范围内，即最小电压与最大电压之间。

$$\begin{aligned} & U_{i,\min} \leqslant U_i \leqslant U_{i,\max} \quad i=1,2,\cdots,n \\ & U_{B,y} \leqslant U_{B,\max} \quad y=1,2,\cdots,Y-1 \\ & U_{B,y}(i) = U_{B,y}(j) \quad y=1,2,\cdots,Y \\ & \sum_{y=1}^{Y} U_{B,y}(i) > \sum_{y=1}^{Y} U_{B,y}(j) \\ & U_{B,y}(i) + U_{B,y}(j) \leqslant 1, \quad y=1,2,\cdots,Y \end{aligned} \tag{3-7}$$

式中：U_i 为线路 i 的电压值，V；$U_{i,\min}$、$U_{i,\max}$ 分别为线路 i 的最小、最大电压值，V；$U_{B,y}$ 为线路 B 的第 y 个节电的电压值，V；$U_{B,\max}$ 为线路 B 的最大电压值，V。

式（3-7）中条件为电网线路在投入使用后的几个约束条件，其中后三个约束条件分别为线路 i 与 j 在同时建设、不同时建设、互斥情况下建设的约束条件。

3）线路容量约束。不同型号的线路容量有所差别，因此，馈线型号所允许的容量一定是大于经过支路的电流大小。

$$I_{ik,\min} \leqslant I_{ik} \leqslant I_{ik,\max} \quad i,k=1,2,\cdots,n_i. \ i \neq k \tag{3-8}$$

$$I_{i,\min} \leqslant \sum_{j=1}^{m} I_j \leqslant I_{i,\max} \quad i=1,2,\cdots,n_p \tag{3-9}$$

式中：I_{ik} 为馈线容量，A；$I_{ik,\min}$ 与 $I_{ik,\max}$ 分别为馈线容量的最小与最大值，A；$I_{i,\min}$ 与 $I_{i,\max}$ 分别为负荷节点容量的最小与最大值，A；n_i 和 n_p 分别为总馈线数和总负荷点数。

4）网络潮流约束。

$$\begin{cases} P_j + P_{DG,j} - P_{L,j} = U_j \sum_{k \in J} U_k (G_{j,k}\cos\delta_{jk} + B_{j,k}\sin\delta_{jk}) \\ Q_j - Q_{L,j} = U_j \sum_{k \in J} U_k (G_{j,k}\sin\delta_{jk} + B_{j,k}\cos\delta_{jk}) \end{cases} \tag{3-10}$$

式中：P_j 为 j 节点注入的有功功率，kW；Q_j 为 j 节点注入的无功功率，kvar；$P_{DG,j}$ 为 j 节点新能源电源有功功率注入值，kW；$P_{L,j}$ 为负荷 j 的有功功率，kW；$Q_{L,j}$ 为负荷 j 的无功功率值，kvar；$G_{j,k} + B_{j,k}$ 为 j-k 线路的导纳值，S（西门子）；U_j 为在 j 节点的节点电压，V。

5）电压稳定裕度约束。

$$0 < VSM_j = 1 - \frac{\sqrt{2(Z_{ij}S_j + P_j R_{ij} + Q_j X_{ij})}}{U_i} < 1 \tag{3-11}$$

6）各节点功率平衡约束。

$$A_B F_{B,s,y} + A_E B_E A_E^T \Theta_{s,y} + \sum_{i \in \{c,h,n,w\}} W_i P_{i,s,y} - (D_{s,y} - D_{s,y}^d) = 0 \tag{3-12}$$
$$y = 1, 2, \cdots, Y, \ s = 1, 2, \cdots, S_y$$

式中：A_E、A_B 分别为已建成的电网线路和待建线路的节点到支路的关联矩阵；B_E 为已建成线路的电抗所组成的对角矩阵；W_i 为机组到 i 节点的关联矩阵；$\Theta_{s,y}$ 为节点电压的相角列向量。

一般情况下，在各种约束条件下配电网规划相关指标可能不能同时达到最优，为了避免传统计算模型的局限性，本书中选用分层多目标最优化模型，在对电网线路规划进行选择时，在考虑到建设过程中各种约束条件下，对其中的各个指标按照层次优先顺序进行有次序的优化操作，以此构建一个具有针对性的分层多目标最优化规划模型。

本书建立的配电网规划的分层多目标最优化规划模型，在满足电力用户的电力需求的条件下，把节点电压约束、线路容量约束、网络潮流约束、电压稳定裕度约束、各节点功率平衡约束等作为约束条件，以最小化成本以及最大化可靠性作为优化指标，并且在优化这两个目标时，把它们按两种不同的优先层次来进行优化，采用多目标求解模型进行计算，对计算结果进行比较，分析各项目标函数值在不同的优先层次进行优化后对总的目标函数的影响。

（2）下层规划模型。在下层规划问题中，以最小化分布式能源的有功出力切除量的期望值作为求解目标，公式如式（3-13）所示。

$$\min \sum_{i=1}^{n} P_{cur,i}$$

$$\begin{cases} P_{is} = U_i \sum_{j \in i} U_i (G_{ij} \cos\theta_{ij} + B_{ij} \sin\theta_{ij}) \\ Q_{is} = U_i \sum_{j \in i} U_i (G_{ij} \sin\theta_{ij} - B_{ij} \cos\theta_{ij}) \\ S_{ij} \leqslant S_{ij}^{\max} \\ U_i^{\min} < U_i < U_i^{\max} \\ P_{cur,i}^{\min} < P_{cur,i} < P_{cur,i}^{\max} \\ Q_{Ci}^{\min} < Q_{Ci} < Q_{Ci}^{\max} \\ T_k^{\min} < T_k < T_k^{\max} \end{cases} \quad (3-13)$$

式中：P_{is} 为节点 i 的有功注入，kW；Q_{is} 为节点 i 的无功注入，kvar；G_{ij}、B_{ij} 分别为电导以及电纳，S（西门子）；θ_{ij} 为节点 i、j 电压间的相角差，rad（弧度）；Q_{Ci} 为节点 i 的无功输出量，kvar；T_k 为变压器的抽头所处位置；S_{ij} 为线路 ij 的潮流大小，MW；U_i 为节点 i 的电压幅值，V；$\min \sum_{i=1}^{n} P_{cur,i}$ 为下层的规划目标函数，即在满足配电网规划约束条件下使得有功出力切除量的期望值最小，目标函数下为各个约束条件。

（3）动态优化算法。

1）目标最优化理论。分层多目标最优化（Lexicographically Stratified Programming，LSP），公式如式（3-14）所示。

$$L - \min_{x \in X} [P_s F_s(x)]_{s=1}^{L} \quad (3-14)$$

式中：$F_s(x)(s=1,\cdots,L)$ 为目标函数；$P_s(s=1,\cdots,L)$ 标记了优先层次；

也就是说，目标函数 $F_s(x)(s=1,\cdots,L)$ 处在第 s 优先层次。

另外 P_s 之间还存在如下关系：$P_s \gg P_{s+1}$，$s=1, \cdots, L$（表示第 s 个层次优于 $s+1$ 层次）；$x \in X$ 表示有约束条件 X；$L - \min_{x \in X}$ 表示极小化条件，即依次按记号 $P_1, P_2, \cdots, P_L$ 的顺序逐层进行极小化分析计算。

分层多目标最优化模型最显著的特点就是，所构建的模型中各个目标在整个模型中并不具有同等的优先地位，而是具有针对性的优先层次，并且每一层次都只考虑其中的一个目标。因此，求解此类模型时，需要按照模型所约定的优先层次顺序求出每一层的最优解，接着把该层计算得到的最优解又作为下一层的约束条件代入下一层求解过程中,以此计算下去,整个目标函数的最优解就是最后一层做计算得到的最优解。

根据本书分析配电网规划的特点,结合宽容完全分层法来对分层多目标规划模型进行求解,其分析步骤如下。

a. 确定模型的初始可行域 X^1。首先取 $X^1=X$,设 $s=1$。

b. 最优化分析。在对第 k 优先层次的目标函数进行分析时,优化求解该层目标函数的最优解 $F_s(x)(s=1,\cdots,L)$,设在该层计算得到的最优解为 x^s,对应的最优函数值为 $F_s(x^s)$。

c. 迭代次数。若上述计算 $s=m$,输出 $\tilde{x}=x^m$,否则,转步骤 d。

d. 下一层次的可行域。设置第 s 优先层次的宽容量为 $\delta_s>0$,则可以得到第 $s+1$ 优先层次的宽容可行域为 $X^{s+1}=\{x\in X^s|F_s(x)\leqslant F_s(x^s)+\delta_s\}$,接着设 $k=k+1$,然后转步骤 b。

2) 配排序遗传禁忌搜索算法。1995 年,Srinivas 和 Deb 提出了非支配排序遗传算法(Non-dominated Sorting Genetic Algorithms,NSGA)。该遗传算法融合了最优概念,同时也是在所有的改进遗传算法中最能体现该理念的算法。与简单的遗传算法的主要区别在于该算法在选择算子执行之前根据个体之间的支配关系进行了分层。其选择算子、交叉算子和变异算子与简单遗传算法没有区别。虽然 NSGA 算法具有一定的应用价值,但 NSGA 算法也有以下几点缺陷:①在计算非支配排序时较为困难。当在种群较大的条件下,计算非支配排序变得非常复杂,特别是非支配排序过程在每一代都需要进行。②缺少精英策略。通过实验可以发现,采用精英策略可以在一定程度上使得遗传算法计算更加快捷。并且如果找到满意解,改策略能够有限保留这些满意解。③需要指定共享参数 σ_{share}。在以往的理念中,为了将种群中的多样性保存下来,一般采用共享的思路。但该思想必须设置共享参数 σ_{share},虽然有一些学者提出了一些方法来设定共享参数,但是最根本的解决方法是找出一个不需要设定共享参数方法。

简单禁忌搜索算法的基本思想:首先需要设置参数以及邻域搜索的结构模型,同时寻找一个初始解来当作目前的最优解;然后从该解的邻域解集中选择部分候选解,同时计算这些候选解的适配值;若得到的适配值最优,那么对应的候选解就是最优候选解,并且其满足藐视准则,不考虑该解的禁忌属性,将上述的最优解进行替换,同时在禁忌表中加入对应的对象,然后将禁忌表内的各个对象的任期进行进一步的修改;否则,新解设置为候选解内的非禁忌的最佳状态,不再比较该解与当前解的好坏,同时在禁忌表中加入相应对象,然后对各禁忌对象的任期进行修改;按照上述过程进行迭代计算,在满足终止条件时停止搜索。与传统的优化算法相比,禁忌搜索算法的主要优点:①在搜索过程中可以接受劣解,因此具有较强的"爬山"能力;②新解不是在当前解的邻域中随机产生,而或是优于当前最优解的解,或是非禁忌的最佳解,因此选取到优良解的概率远远大于其他解。但禁忌搜索算法也存在一些不足:对初始解有较强的依赖性,好的初始解可使禁忌搜索在解空间中搜索到好的解,而较差的初始解则会降低禁忌搜索的收敛速度;迭代搜索过程是串行的,仅是单一状态的移动,而非并行搜索。为了进一步改善禁忌搜索的性能,一方面可以对禁忌搜索算法本身的操作和参数选取进行改进,另一方面则可以与模拟退火、遗传算法、神经网络以及基于问题信息的局部邻域搜索相结合。

非支配排序遗传算法(NSGA)和禁忌搜索算法(TS)是两种广泛应用于求解车间调度问题的元启发式算法,它们是基于自然启发的,在性能上具有互补的特点。NSGA 算法的基础理念是根据群体性的并行搜索,该算法的全局性相对较好,但同时局部的搜索能力又相对不好,在计算过程中容易出现早熟;而 TS 算法则是一种串行的搜索算法,该算法在每一次迭代计算过程中,都是从一个解变换到另一个解,因此该算法的局部搜索能力相对较好,但是又不能得到较好的全局搜索能力,搜索过程中可能出现陷入局部最优解的现象。因此,如果将 NSGA 算法和 TS 算法进行结合,采用各自算法的优点进行计算搜索,以此结合得到的组合模型(NSGA-TS)可以具有较好的全局搜索以及局部搜索能力。

由于 NSGA 算法是对传统遗传算法的改进,并且两者选择算子、变异算子以及交叉算子的方法一致。因此,该算法计算过程中只需要针对几个参数进行修改,并不需要对单个解进行分析。本书将 NSGA 算法融入到 TS 算法中的基本思路即:首先把 NSGA 算法进行交叉和变异操作,将得到的多个解当作 TS 算法中当前解 X_n 的邻域 $V(X_n)$,然后,遍历分析邻域 $V(X_n)$ 中的每个个体。本书的 NSGA-TS 组合算法可以在邻域 $V(X_n)$ 中选择到多个有效解,然后,根据 NSGA-TS 算法中禁忌表的规则筛选上述解,上述的分析过程充分证明了 NSGA 算法具有并行搜索性。

a. 个体以及适应度。每一种选择得到的结果都可以表示为各个个体,那么相应的适应度就是该结果融入 rank 函数的计算值。如果在预选择过后,该空间中还有 n 个资源,依次对这些资源进行编号,设置为 1 到 n。将上述的每个个体都设置为 n 维向量,当该维度上的值为 1 时,代表将相应编号的资源进行选择,如果该值为 0 就代表不选择该资源。在计算第一代种群时,采用等概率的思路设置每一个分量。基于资源中的 rank 数值进一步评价种群的优劣性。

b. 交换和突变。为计算简化,在论文中可以采取一种较简单的交换策略，在每个父体的不同位置截取一段基因，并且每一段等长，使得在每个基因都不重叠的情况下还都能取到。对这些基因序列进行组合，以此形成在一个新的个体。交换采用的是单点交换：设置整个串的长度为 L，然后进行交换操作，随机的情况下得到一个交换点，基于该交换点，对两边的子串进行交换，如此得到两个新的子串。交换后进行禁忌列表的查询和更新。而为了保证当前最优解是收敛的，可以将突变概率设置为 $p \in (0, 1)$，而交换概率设为 $p \in (0, 1]$。

c. 禁忌列表。NSGA-TS 混合算法采用了标识遗传的标号以及禁忌列表，即在个体编号后添加家族号和禁忌列表号。如果两个个体来自于同一父体，那么需要在禁忌列表中查看是否有自己的家族标识，如果有，那么在禁忌列表中添加该次交换，且成为不符合预期要求的个体。本书在分析过程中，将 $rank$ 函数的平均值设置为特赦准则，也就是说如果交换之后得到的 $rank$ 函数值大于准则，那么此次的操作是被允许的。NSGA-TS 混合算法具体流程如图 3-1 所示。

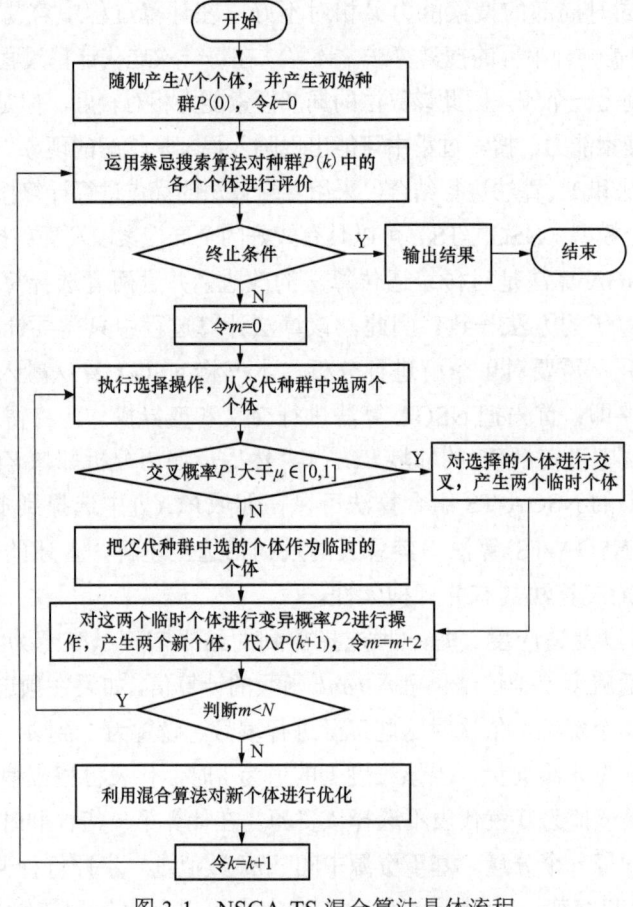

图 3-1 NSGA-TS 混合算法具体流程

3.3 实 例 分 析

为进一步证明本书所提模型和方法的合理性和有效性，结合 IEEE Garver-6 系统线路规划问题进行分析，IEEE Garver-6 系统线路如图 3-2 所示。选取国内某区域在典型负荷曲线各节点的负荷变化情况，结合第 2 章得到的区域电网电力负荷需求预测结果，本章进行含有新能源分布式电源的复杂配电网规划研究。

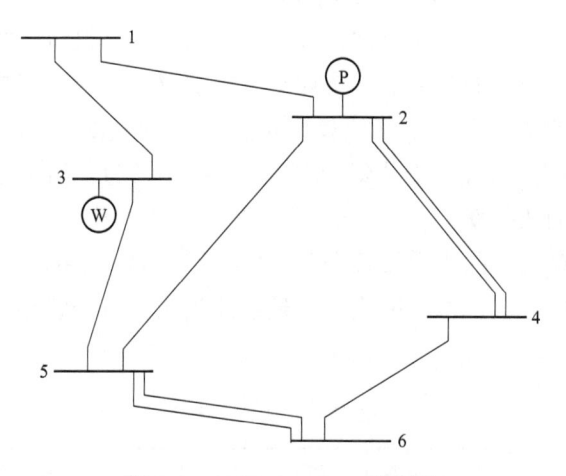

图 3-2　IEEE Garver-6 系统图

相关参数设定：当前系统的碳排放价格为 100 元/（tCO_2）；向上级电网购电电价设置为 0.4 元/kWh。为了说明分布式能源接入对配电网规划的影响，在 2、3 号节点分别接入水电机组与光伏机组。光伏场的规模为 50×1.5MW，风机的切入风速、额定风速和切出风速分别为 3、10、25m/s，光伏机组的配备装机容量为 100MW，光照的年利用小时数设置为 1500h；其他节点的能源型式主要是传统燃气轮机，分布在 1、5 号节点上，风机、光伏、燃气轮机的单位年投资分别设置为 70、80、86 万元/MW，其机组的运行维护费用分别设置为 0.2 元/kWh、0.27 元/kWh、0.3 元/kWh，电源参数见表 3-1。

表 3-1　　　　　　　　IEEE Garver-6 电源数据

机组所在节点	机组容量（MW）	机组类型	碳排放强度 [$tCO_2 \cdot (MWh)^{-1}$]
1	300	燃煤	0.650
2	100	光伏	0

续表

机组所在节点	机组容量（MW）	机组类型	碳排放强度 $[tCO_2 \cdot (MWh)^{-1}]$
3	75	光伏	0
5	500	燃煤	0.800

网损电价为 0.35 元/kWh，另外，新规划的输电线路的经济寿命设置为 20 年，模型中考虑污染物排放成本，主要以碳排放为例，设定不同类型的发电机组具有对应的不同的碳排放强度，具体的指标值见表 3-1。根据相关资料，清洁能源的政策性环保补贴设置为 0.4 元/kWh。机组的发电成本（包括各类初期投资在当期的分摊值）具体参见文献《基于改进碳排放流理论的电力系统动态低碳调度方法》，其他参数取值为：设置电网负荷小于总负荷量的概率值为 4×10^{-5}，馈线发生故障的概率是 0.045（为了简化运算，认为所有线路具有相同的故障率）。

为满足负荷增长的需求及各个节点电力用户对电量的需求，电力规划部门在现有网络的基础上拟在网络中新建线路走廊，每个线路走廊和新建线路走廊参数见表 3-2。

表 3-2　　　　　　　　6 节点的系统线路参数

线路号	两端节点	线路最大容量（MW）	现有线路数	待选线路数	电阻（km/Ω）	电抗（km/Ω）
1	1-2	80	1	2	0.10	0.40
2	1-3	100	1	3	0.08	0.35
3	3-5	100	1	2	0.08	0.60
4	2-4	80	2	0	0.15	0.40
5	2-5	70	1	1	0.09	0.30
6	5-6	100	2	1	0.10	0.31
7	4-6	100	1	2	0.10	0.55
8	1-5	85	0	2	0.09	0.40
9	1-6	90	0	3	0.10	0.20
10	2-6	100	0	2	0.15	0.60
11	4-5	100	0	1	0.10	0.35
12	3-4	80	0	1	0.09	0.30
13	1-4	100	0	3	0.10	0.45
14	3-6	70	0	1	0.15	0.50

其中NSGA算法中的参数分别为：种群大小50、交叉率0.9、变异率0.01、迭代次数为100；TS算法参数分别为：禁忌表长度取9，迭代过程中最优值连续不提高的次数取10，NSGA-TS算法的最大迭代步数采用动态设置的方法，最大迭代步数初始设置为100。在混合算法运行早期，NSGA算法提供的初始解质量较低，TS算法很难找到较好解，所以在混合算法初期，为了节省算法寻优的搜索时间，TS算法设置较短的迭代步数，而到了算法的晚期，NSGA算法逐渐趋于收敛，TS算法同时得到了较高质量的初始解，此时，如加大TS算法的最大迭代步数，那么能在很大程度上提高找到较高质量解的概率。

为了展示本书所提出的NSGA-TS混合算法的正确性与合理性，本书将NSGA算法与NSGA-TS算法进行对比分析，得到两种算法的适应度函数曲线图，如图3-3所示。

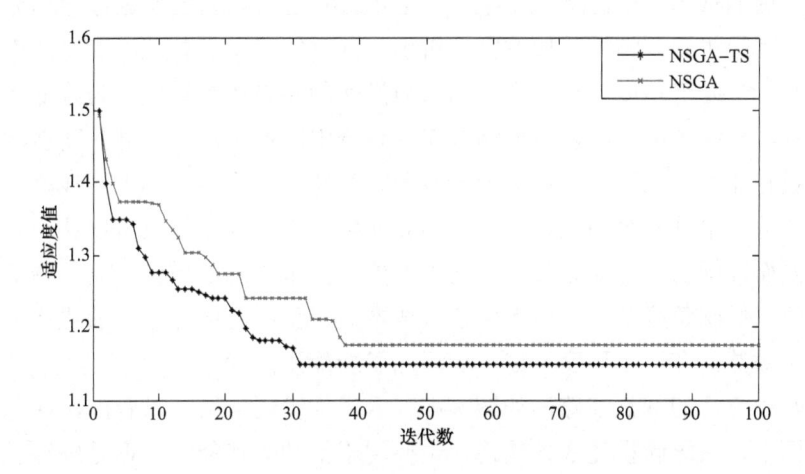

图3-3 混合算法与GA模型适应度函数曲线对比图

观察可得NSGA-TS混合算法迭代到30代左右时就已经趋于平稳。相较而言，NSGA模型优化过程中波动较大，在40代之后才趋于平稳，得到最优适应度值。另外，由图3-3可知，NSGA-TS混合算法所得到的最优适应度小于NSGA运行结果。综合可见，从模型的寻优运行效率以及优化的结果进行比较，NSGA-TS混合算法明显优于NSGA算法。

配电网规划的计算结果见表3-3，在混合模型最优解下的配电网规划如方案1所示，方案2～4为满足目标规划的其他解。

表 3-3　　　　　　　　　配 电 网 规 划 结 果

指标	方案 1	方案 2	方案 3	方案 4
增加线路	3-4，2-6，3-6	3-5，2-6，3-6	1-5，3-4，1-4	4-5（2），2-6，3-4
损耗成本（万元）	10.34	14.52	15.35	12.42
年投资费用（万元）	36.24	38.25	33.13	40.53
上级购电成本（万元）	331.46	351.45	348.25	356.45
碳排放成本（万元）	69.04	71.72	94.15	95.94
政策性补贴（万元）	55.24	51.32	50.76	47.54
年综合费用（万元）	502.32	527.26	541.64	552.58

本书提出的分布式能源接入配电网的规划模型，通过考虑污染物碳排放量，将碳排放成本整合至优化目标函数中。为分析碳排放对配电网规划的影响，采用 NSGA-TS 混合算法对上文建立的配电网规划模型进行计算分析，运行得到最优规划结果，如方案 1 所示，同时给出了另外三种满足约束的规划方案。从经济角度分析，由于光伏与光伏的发电成本较低，为降低系统运行成本，系统会尽可能多地消纳分布式系统中的新能源。另外，新能源发电厂一般建在偏远地区，导致消纳新能源时需要建设一定量的电网线路，从而增加了整个电网系统的建设成本，因此配电网规划优化结果可以认为是接入新能源而降低的运行成本与反之增加的建设成本之间的博弈。而从降低污染物排放、低碳角度分析，引入碳排放成本后，新能源的零碳排放优势所带来的减排效益又在一定程度上进一步增加了新能源的竞争力。

四种方案的规划线路图如图 3-4 所示。从优化结果可以看出，在综合最优目标下，系统新投建 3 条线路，主要用于消纳光伏能源，但是线路长度有所增加；若以碳排放总量较低为优化目标的方案，系统新投建 3 条线路，此时在运行模拟场景中，新规划线路容量能完全满足负荷的需要，但分析可得该情况下运行成本过高，导致方案在经济性上是不可行的。方案 3 与方案 4 同样是增加了燃煤机组的使用，但是碳排放成本大幅增加，导致总的综合成本呈现上涨趋势，只有在运行建设成本与碳排放成本之间达到一定的平衡点，才能达到整个电网最优的目标解，即方案 1 下的运行结果。

此外，分层多目标最优化算法在开始阶段（即上层规划）将可靠性约束作为首要考虑因素，基于第一优先层的解空间，在此基础上增加设定的宽容度，再去追求经济性上的最优，因此这样所得到的解即是本书上述所构建的分层意义上的最优解。由上述的运算结果可得，本书的规划模型在保障可靠性的前提下，还考虑了建设运行成本以及碳排放成本两方面因素，计算结果得到的综合成本为理想化的最优解，在实际电网规划建设过程中具有可观的社会效益。

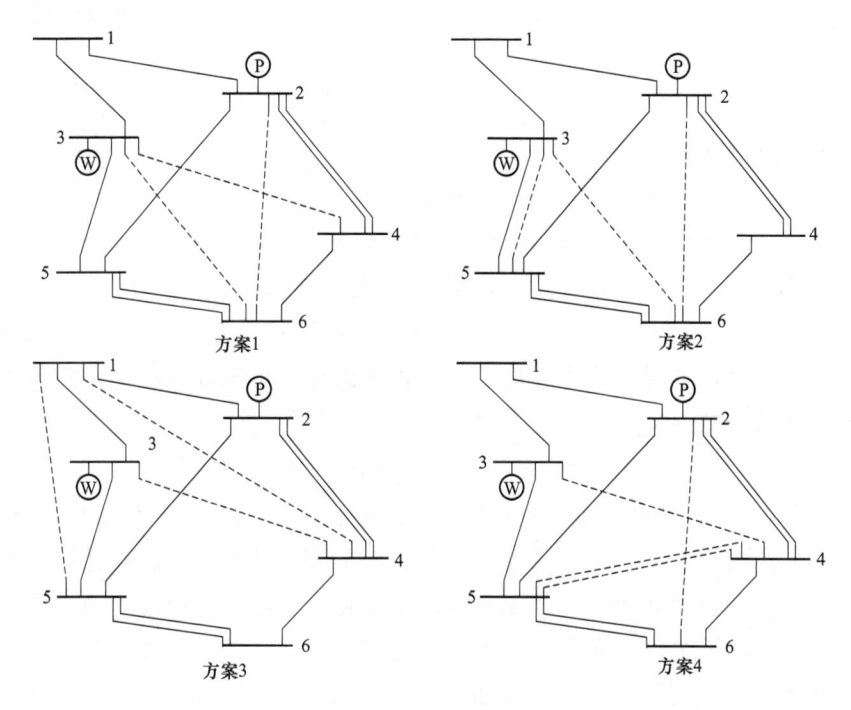

图 3-4 配电网规划线路图

上述构建的配电网规划模型是在主动管理模式的基础下，综合考虑了平衡网损、线路投资、配电网运行可靠性以及碳排放成本之间的关系，并采用了 NSGA-TS 优化找到最小值。为分析模型构建的有效性，本节分别对不考虑主动管理模式、不考虑分布式能源接入、不考虑碳排放成本目标三种情况下的优化结果进行分析。

（1）不考虑主动管理模式。为了直观分析主动管理模式对配电网规划结果的影响，在不考虑主动管理模式下，只对上层规划模型进行优化求解，基于上述参数进行模拟分析。

（2）不考虑分布式能源接入。本节在计算中暂不考虑分布式能源接入系统的情况下的配电网规划进行分析，同样基于上述 IEEE Garver-6 系统，采用本书提出的 NSGA-TS 混合算法进行传统的配电网规划，并与上述的规划结果进行对比分析，以进一步分析分布式能源对系统规划的影响。

模型的参数与上述一致，为满足区域内用电负荷的需求，将 2、3 节点替换为同规模下的燃煤机组。对比各个节点下的电源数据，见表3-4。

表3-4　　　　　　　　　不含分布式能源的电源数据

机组所在节点	机组容量（MW）	机组类型	碳排放强度 [tCO$_2$·(MWh)$^{-1}$]
1	300	燃煤	0.650
2	100	燃煤	0.612
3	75	燃煤	0.574
5	500	燃煤	0.800

考虑传统电网规划情况下，模型的目标函数更改为式（3-15）。

$$\min F = F_{loss} + F_L + F_{EN} + F_C - F_U \tag{3-15}$$

（3）不考虑碳排放成本目标。当不再考虑运行可靠性情况下，模型的目标函数更改为式（3-16）。

$$\min F = F_{loss} + F_L + F_{EN} - F_U \tag{3-16}$$

同样，设置NSGA算法中的参数为：种群大小50、交叉率0.9、变异率0.01、迭代次数为100；TS算法参数为：禁忌表长度取9，迭代过程中最优值连续不提高的次数取10，NSGA-TS算法的最大迭代步数采用动态设置的方法，最大迭代次数设置为100。将NSGA-TS算法在同样条件下对模型进行优化求解，并与各种情况下的最优解进行对比分析。计算结果见表3-5，不同场景下的配电网规划结果如图3-5所示。

表3-5　　　　　　　　　不同目标下的配电网规划结果

方案	模型类别	增加线路	成本（万元）
1	原模型	3-4，2-6，3-6	502.32
2	不考虑主动管理模式	3-5，2-6，1-6（2）	557.25
3	无分布式能源	3-4，3-5，1-6	595.73
4	不考虑碳排放成本	2-6，3-5，3-4	530.45

从目标函数的最优规划结果看，各个方案下的最优配电网规划成本为原方案＜方案4＜方案2＜方案3。在满足当地需求负荷的条件下，最优的方案为基于主动管理模式，系统接入一定比例的分布式能源，并且在成本中将碳排放成本考虑其中。原模型中主动管理模式在电网投资方面可以起到有效的延缓作用，同时显著改善电网运行状况，有效降低网损。另外，由于分布式系统中新能源的低污染、零碳排放特点，在平衡运行成本与碳排放成本下，

最优的综合成本为 502.32 万元，小于其他情况下的规划成本。另外，无分布式能源接入情况下的最优成本为 595.73 万元，在三种方案中成本最大，可见，当同等条件下，适当接入分布式能源对整体降低配电网规划成本具有一定促进作用。而方案 4 不考虑电网运行碳排放成本的情况，导致电网的建设运行成本增加较多，最终也使得规划成本在一定程度上有所上涨。

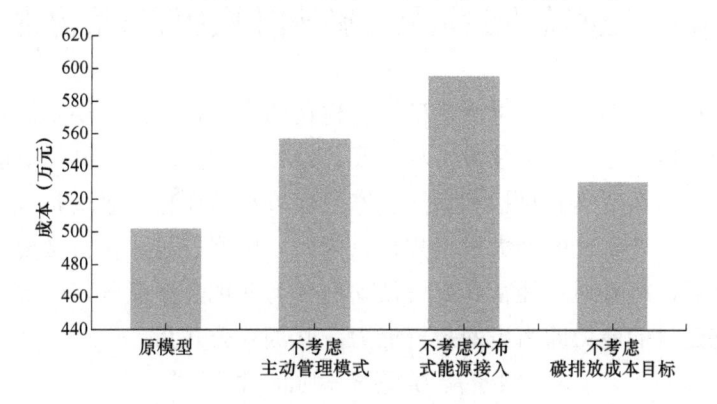

图 3-5　不同场景下的配电网规划结果

综上分析可得，在环保压力进一步增加的情况下，面对传统的燃煤机组，分布式能源规划方案在发电市场上具有较强的竞争力。另外，配电网规划是复杂的多目标优化问题，针对以往只考虑单一目标的缺陷，本书综合考虑碳排放成本及可靠性，对配电网规划提出了一种新的思路，在保证了系统运行可靠的条件下，追求规划成本的最小，既满足了电网需求，又综合考虑了经济性。

第 4 章 区域电网投资能力影响因素识别与分析

4.1 电网企业投资能力影响因素指标体系构建

电网投资指的是针对电网基础设施建设的资金投入,主要涵盖各种电压级别的送变电工程、基础建设工程以及其他特定项目。而电网投资能力,则是指电网公司在明确其目标利润、资产负债率和预期售电量增长等关键指标的前提下,所能实现的最大投资规模。因此,电网公司在保留必要的资金安全储备之后,将其通过经营和筹资活动所获得的现金净流入,全部用于电网基础设施建设的能力即为电网投资能力,其测算公式为

$$投资能力=融资+利润+折旧 \tag{4-1}$$

本章围绕投资能力测算的直接构成因素和调整系数因素挖掘投资能力影响因素,并构建影响因素指标体系。从式(4-1)可以看出,投资能力主要由财务指标构成,因此在分析电网公司的投资能力影响因素时,关键在于深入挖掘和提炼财务报表中的核心要素,识别出对投资能力具有高度敏感性的因素。值得注意的是,投资能力不仅受制于内部的财务条件,还受到外部经济环境、政策变动等多重因素的影响。这些外部因素通过间接作用于公司的融资状况、利润水平和折旧额度,对投资能力的评估产生实质性影响。在构建投资能力模型时,这些外部因素被视作调整系数,用于对财务指标进行相应的修正。因此,必须深入探究那些能够影响财务指标的外部因素。本着全面性原则,通过专家访谈、实地调研等工作,本书从内部因素和外部因素两个方面来构建电网投资能力影响因素指标体系,得到的投资能力影响因素鱼骨图,如图 4-1 所示。

4.1.1 内部因素

内部因素分为经营状况和管理水平,经营状况对应直接影响投资能力测算的财务因素,而管理水平则作为投资能力的调整系数影响投资能力。其中,经营状态对应投资能力的直接构成因素,管理水平对应投资能力的调整系数因素。

(1)经营状况。企业经营状况是指企业的产品在商品市场上进行销售和服务的发展现状。企业的经营状况主要由财务指标来反映,投资能力是表示年末这一时点的指标,因此从资产负债表和利润表中归纳影响因素,可由资

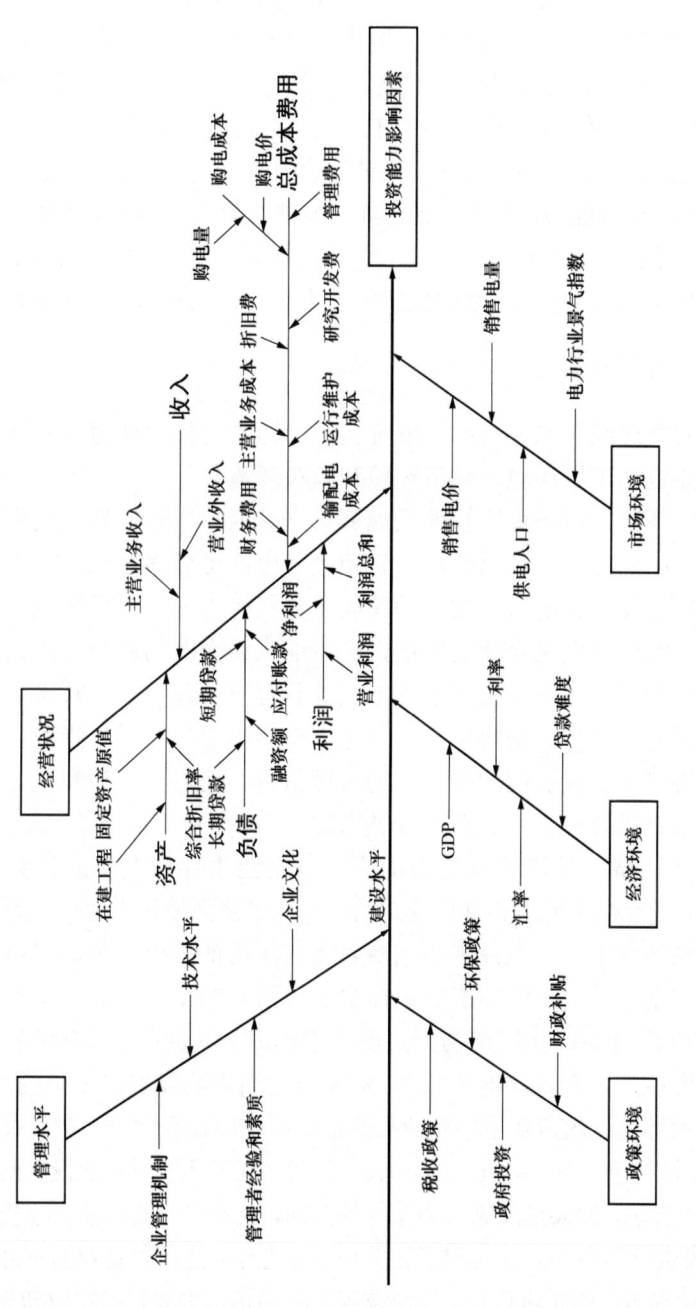

第4章 区域电网投资能力影响因素识别与分析

图 4-1 电网投资能力影响因素鱼骨图

产、负债、收入、成本和利润等五方面的指标来表示。资产和负债关系到投资能力中折旧及融资额度的多少；收入、成本则是利润的直接构成。企业的投资能力与经营状况呈正向相关性，因为企业的经营状况代表着企业的经济效益，经营状况越好，说明经济效益越好，此时，企业的投资能力也就越强。

（2）管理水平。管理水平是企业的软实力，投资过程中资金的筹集和使用、投资决策的制定、投资周期的安排、人员的分配及调度都与管理息息相关，管理水平对企业的投资能力产生正向的影响。反映管理水平的指标主要包括企业管理机制、管理者经验和素质、技术水平、企业文化建设水平，指标数据可通过专家打分得到，这些因素关系到投资能力中折旧、利润的调整系数的设计。

4.1.2 外部因素

本书从宏微观经济和政治的角度分析外部因素对投资能力的间接影响，外部因素主要包括市场环境、经济环境和政策环境。

（1）市场环境。市场环境指的是能够对产品的生产和销售产生影响的外部因素，这些因素与电网营销活动密切相关。电网可以根据这些因素来分析市场需求，从而开展售电量预测、销售收入分析等工作。市场环境的变化具有两面性，它既可以促进企业的发展，也可能成为企业的威胁。因此，开展全面的市场环境分析对电网投资能力的测算具有重要作用。反映市场环境的指标主要包括销售电价、销售电量、供电人口和电力行业景气指数。其中销售电价和销售电量是投资能力中利润的关键指标，而供电人口和电力行业景气指数则关系到投资能力中利润的调整系数。

（2）经济环境。经济环境是指构成电网企业生存和发展的社会经济状况，是影响消费者购买能力和支出模式的因素。经济环境可以较好地反映地区收入水平及经济水平，可以反映出消费者支出水平的变化，是电网投资能力重要的影响因素。反映经济环境的指标主要包括GDP、利率、汇率和贷款难度。其中GDP通过间接作用影响投资能力中形成利润的收入；利率和汇率间接作用于投资能力中形成利润的成本；贷款难度则影响投资能力中的融资额。

（3）政策环境。政策环境指企业投资活动面临的社会体制、政治文化、相关产业政策、法律条文和国家出台的相关文件等。政策环境对企业投资活动具有直接且重要的影响，如果是国家大力扶持的方向，企业在投资时就会享受一定的优惠，如果投资过程中违反或触犯了相关规定，就有可能增加企业的额外投资成本甚至阻碍投资活动的正常进行。反映政策环境的指标主要包括税收政策、环保政策、政府投资和财政补贴。政策类指标关系到投资能力调整系数的设计。

根据以上分析，得到投资能力影响因素指标体系，如图4-2所示。

第4章 区域电网投资能力影响因素识别与分析

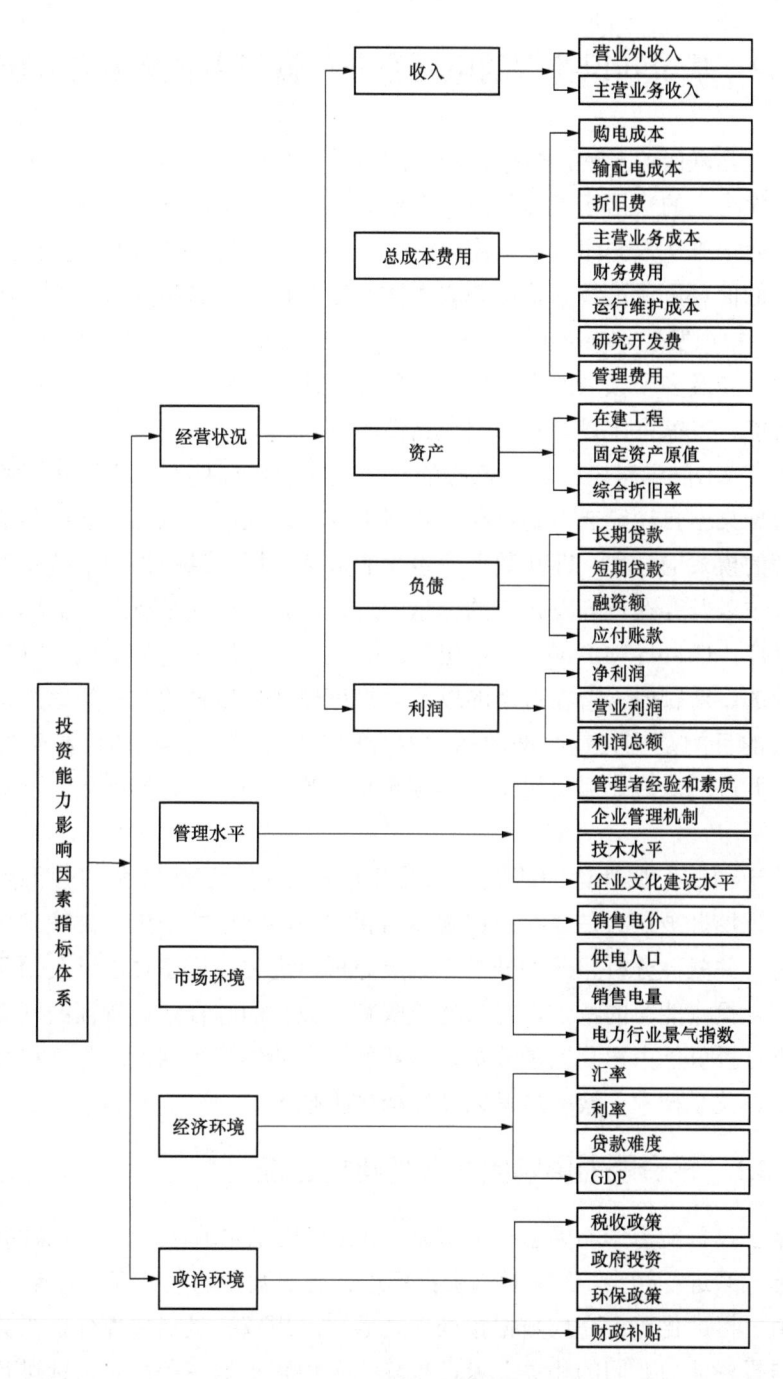

```
投资能力影响因素指标体系
├── 经营状况
│   ├── 收入
│   │   ├── 营业外收入
│   │   └── 主营业务收入
│   ├── 总成本费用
│   │   ├── 购电成本
│   │   ├── 输配电成本
│   │   ├── 折旧费
│   │   ├── 主营业务成本
│   │   ├── 财务费用
│   │   ├── 运行维护成本
│   │   ├── 研究开发费
│   │   └── 管理费用
│   ├── 资产
│   │   ├── 在建工程
│   │   ├── 固定资产原值
│   │   └── 综合折旧率
│   ├── 负债
│   │   ├── 长期贷款
│   │   ├── 短期贷款
│   │   ├── 融资额
│   │   └── 应付账款
│   └── 利润
│       ├── 净利润
│       ├── 营业利润
│       └── 利润总额
├── 管理水平
│   ├── 管理者经验和素质
│   ├── 企业管理机制
│   ├── 技术水平
│   └── 企业文化建设水平
├── 市场环境
│   ├── 销售电价
│   ├── 供电人口
│   ├── 销售电量
│   └── 电力行业景气指数
├── 经济环境
│   ├── 汇率
│   ├── 利率
│   ├── 贷款难度
│   └── GDP
└── 政治环境
    ├── 税收政策
    ├── 政府投资
    ├── 环保政策
    └── 财政补贴
```

图 4-2 投资能力影响因素指标体系

77

4.2 基于知识挖掘的电网企业投资能力影响因素分析

随着互联网的发展，数据在网上的传播从页面之间的文件传播转向以利用数据库为主的数据库管理传播。在数据库里的数据信息越来越多的同时，人们反而很难从数据库里获取需要的信息，我们应当从庞杂的数据信息里提取需要的信息，通过数据筛选获取数据库里的精华信息和真实信息。在这种情况下，知识发现（Knowledge Discovery in Databases，KDD）学科应运而生。这个学科涉及多个领域的交叉协同，包括统计学、机器学习、数据可视化、人工智能、专家系统等，是一门交叉性的学科。

而在 KDD 学科中，最为核心的技术是知识挖掘技术。所谓知识挖掘是指从数据集中自动筛选得到隐藏在数据中的有效规则、概念、规律和最终能够理解的模式的过程，即从数据库包含的繁杂数据信息中得到未被发现、未被了解过以及存在待开发价值的信息的过程。知识挖掘是所谓的数据挖掘的一种推广，Usama M.Fayyyad 给出了的定义：知识挖掘是从知识资料集中识别有效的、新颖的、潜在有用的以及最终可理解的模式的高级处理过程。知识挖掘的目的是将大量数据和知识融合成有序的、分层次的、易于理解的信息，并进一步转化成可用于干预预测和决策的知识，是智能化、自动化的过程。

关于知识挖掘理论的研究，从前几年开始具备了研究条件并得到了重视，知识挖掘被认为是寻找内在规律的新方向，常用的知识挖掘技术包括序列分析、关联性分析、分类分析、聚类分析、进化式程序算法以及预测分析等。结合投资能力的特点，对自动获取有相似性的综合知识特征的同类历史数据进行投资能力影响因素分析，本章所采用的知识挖掘技术包括相关性分析技术、关联技术、聚类技术以及结构分析技术。

4.2.1 投资能力影响因素分析建模过程

结合投资能力影响因素指标体系，首先运用德尔菲法，结合专家的经验，对指标体系进行初步筛选；对剩余指标进行历史数据的预处理，包括缺失值、异常值、标准化等；完成数据预处理之后，运用双变量相关性分析，分析各指标与投资能力之间的相关关系，剔除相关性较小的变量；对指标进行灰色关联聚类分析，提炼出关键影响因素；对关键影响因素进行通径分析，挖掘影响因素与投资能力之间的影响路径和影响效应。具体的建模过程如下。

步骤 1：投资能力影响因素初步筛选。基于德尔菲法，进行影响因素的第一轮筛选；针对指标体系征求该领域多个专家的意见，按照指标的重要性进行筛选，剔除掉重要性较小或具有包含关系的指标。综合各专家的建议，实现投资能力影响因素的初步筛选。

步骤 2：数据预处理，包括替换缺失值、修正异常值、标准化、无量纲化。

（1）替换缺失值。对于初步筛选得到的影响因素，由于部分年份的个别指标值缺失，为了不影响统计分析，进行数据预处理。运用 SPSS 软件，采用临近点均值、线性插值法和点处的线性趋势三种方法来填充缺失值，结合数据实际，选择拟合效果最好的方法完成缺失值的增补。

1）临近点均值。临近点均值是选取与缺失值相邻的点的数值，并计算得到这些相邻点数值的平均值，实际选用的相邻点个数根据附近点的跨度进行设置。

2）线性插值法。采用线性插值法补全缺失值则是根据缺失值点前一点的数值与后一点的数值形成一条插值直线，得到线性插值函数。缺失值即为根据线性插值函数得到的缺失点函数值。

3）点处的线性趋势。点处的线性趋势法通过缺失点所处的序列得到一个线性回归方程，根据该线性回归方程对缺失点的数值进行预测，得到的该点预测值即为缺失值。

（2）修正异常值。在散点图中，假设某一点和其他点表现的趋势不一致，那么该点就存在是异常点的可能性，有时又被叫作离群点。由于需要挖掘不同指标间的关联性，则每个指标都要保证存在一定的回归规律，这些回归规律往往能够反映实际问题随着时间发生的变化。异常值的存在可能会影响到回归规律的挖掘，以致掩盖某些指标的关联以及聚类结果。

若异常值为错误数据，产生这种错误的原因可能是记录错误，此时需要改正这一异常值，从而取得较好的回归效果。若是因为不合理的模型假设条件，导致标准化残差较大，需要采用其他形式模型开展研究。若是因为随机因素产生的异常数据，则不能修正也不能剔除这一数据，而是要保留下来。在对某一异常数据进行处理时，如果该异常数据为有效观测值，那么对于这一异常数据应当慎重考虑是否进行修正或剔除。

（3）标准化处理。根据统计学原理，如果比较对象的量纲不一致，那么首先应当开展数据标准化处理工作，用标准化后的数据开展进一步的分析。数据标准化处理方法主要有数据同趋化处理、无量纲化处理两种。数据同趋化的处理对象为性质不一样的数据,由于性质不同的指标简单相加得到的结果难以科学体现不同作用力的综合影响,所以应当通过改变逆指标数据性质这一步骤,将全部指标的作用力同趋化,之后再进行加总,最终方可获取到科学合理的结果。数据无量纲化处理的目标则是使数据之间能够相互比较。常见的数据标准化处理方法主要为最小—最大标准化方法、Z-score 标准化方法和按小数定标标准化方法等。在数据标准化处理之后,原始数据全部转变为无量纲化数据。本书选择 Z-score 标准化方法并运用 SPSS 软件进行数据标准化处理,具体步骤如下。

1)经过计算得到各个变量(指标)的算术平均值(数学期望)$\bar{x}$ 和标准差 s_i。

2)进行标准化处理,即

$$z_{ij} = \frac{x_{ij} - \bar{x}}{s_i} \tag{4-2}$$

式中:z_{ij} 为标准化后的变量值;x_{ij} 为实际变量值。

步骤 3:影响因素双变量相关性分析,分析指标变量和投资能力因变量的相关性有无与强弱关系,剔除无相关性以及相关性较弱的因素。

科学研究的首要目的就是能够确定变量间的关系。这种关系可以简单划分为有关与无关两种。根据统计学知识,我们会用这样的思维方式来判断变量的关系:当某个变量的取值发生变化时,如果另一个变量的取值也随之发生相应的变化,那么,我们就认为这两个变量是有关的。反之,若一个变量的变化不会引起另一个变量的变化,那我们就称这两个变量无关。相关性分析是用于描述两个变量间联系的密切程度的。

双变量相关分析用于两个或多个变量之间的相关性分析,如果分析的变量多于两个,分析结果则会给出某两个变量之间的相关性。双变量相关分析的前提是散点图,其用来初步确定两个变量间是否存在相关趋势的类型,以及判断是否存在异常点等。否则,可能会增加分析的工作量,得到错误的结论。相关系数的计算方式有以下几种:

Pearson:皮尔逊相关,计算连续变量或是等间距测度的变量间的相关分析。

Kendall:肯德尔相关,计算等级变量间的秩相关。

Spearman:斯皮尔曼相关,计算斯皮尔曼秩相关。

在得到相关系数后,双变量相关分析需要进行显著性检验,检验的假设为相关系数为 0。如果事先不知道是正相关还是负相关,可以选择进行双尾检验；否则，可以使用单尾检验。

步骤4：影响因素的灰色关联聚类分析，结合灰色关联度模型进行聚类分析。将关联度大于设定临界值的指标聚为同一类，从每一类中选取关键的指标，更科学地精简指标，提炼主要影响的代表性指标。

20世纪80年代，我国学者邓聚龙教授于《系统与控制通讯》期刊上发表了著名英文文章"灰色系统的控制问题"，灰色系统理论被首次提出。同期，邓聚龙教授于《华中工学院学报》期刊发表了中文文章"灰色控制系统"，以上文章代表了灰色系统学科的正式产生。灰色系统理论的研究问题是概率论、数理统计和模糊数学等方法不易解决的不确定性问题，这类问题往往样本信息较少，研究对象则具有"外延明确和内涵不明确"的特征。在经过三十多年的研究发展之后，灰色系统学科已经形成了较为完整科学的研究框架结构，其具体理论大致包含灰色代数系统理论、灰色方程工具和灰色矩阵工具等，该学科的构建基础和应用依托则为灰色序列生成和灰色关联空间。该学科相关理论构建模型的关键为灰色模型，其技术体系则由系统分析、评估、构建模型、预测分析、决策分析、控制系统以及系统优化等构成。

灰色关联聚类分析是灰色系统理论中极其重要的构成部分，分析原理是按照序列曲线几何形状相似程度的强弱来评判其关系的紧密性。曲线的相似程度越强，与之对应的序列间的关联性便越大；而曲线的相似程度越弱，与之对应的序列间的关联性便越小。

按照聚类对象来划分，灰色聚类主要包含灰色关联聚类与灰色白化权函数聚类。当需要归类合并同一类别因素时，应当采用灰色关联聚类方法，该方法能够简化复杂系统，便于开展研究。该方法的核心原理是，对所有因素进行识别，发掘出相关性强的一些因素，并对所有因素进行分类，对不同类别的因素采用综合平均指标或者是同类因素中某个因素代表这一类因素，这种方法不仅将简化了研究过程而且保证了信息含义的完整性。灰色白化权函数聚类方法则是提前设定各个类别的划分标准，并根据这些标准对观测客体进行划分。

设有 n 个观测对象，每个对象观测 m 个特征数据，得到序列如下。

$$X_i = [x_i(1), x_i(2), \cdots, x_i(n)], \quad X_j = [x_j(1), x_j(2), \cdots, x_j(n)], \quad i, j \in (1, m)$$

而由 X_i、X_j 产生的始点零化像 X_i^0、X_j^0 为

$$X_i^0 = [x_i^0(1), x_i^0(2), \cdots, x_i^0(n)], \quad X_j^0 = [x_j^0(1), x_j^0(2), \cdots, x_j^0(n)]$$

式中：$x_i^0(k) = x_i(k) - x_i(1)$，$x_j^0(k) = x_j(k) - x_j(1)$，$k = 1, 2, \cdots, m$。

令 $|s_i|=\left|\sum_{k=2}^{n-1}x_i^0(k)+\frac{1}{2}x_i^0(n)\right|$，$|s_j|=\left|\sum_{k=2}^{n-1}x_j^0(k)+\frac{1}{2}x_j^0(n)\right|$ 及

$$|s_i-s_j|=\left|\sum_{k=2}^{n-1}[x_i^0(k)-x_j^0(k)]+\frac{1}{2}[x_i^0(n)-x_j^0(n)]\right| \quad (4\text{-}3)$$

则 X_i 与 X_j 的灰色绝对关联度模型为

$$\varepsilon_{ij}=\frac{1+|s_i|+|s_j|}{1+|s_i|+|s_j|+|s_i-s_j|} \quad (4\text{-}4)$$

从而得到上三角矩阵 A。

$$A=\begin{bmatrix} \varepsilon_{11} & \varepsilon_{12} & \cdots & \varepsilon_{1m} \\ & \varepsilon_{22} & \cdots & \varepsilon_{2m} \\ & & \ddots & \vdots \\ & & & \varepsilon_{mm} \end{bmatrix} \quad (4\text{-}5)$$

式中：$\varepsilon_{ii}=1$，$i=1,2,\cdots,m$。

临界值 $\tau(0<\tau\leq 1)$ 的大小可按照实际情况进行制定，通常条件下 $\tau>0.5$。τ 越接近于 1，那么分类就会越细，每一类别的特征便会越少；τ 值越小，那么分类就会越粗，每一类中的特征便会越多。当 $\varepsilon_{ij}\geq\tau$ 时，则视 X_i 与 X_j 在水平 τ 下为同类特征。这样就得到特征 $X_1, X_2, \cdots, X_n$ 在水平 τ 下的一个分类。

由于当 X_i 与 X_j 呈现正相关关系时，与之对应的 S 值正负号一致，若 $|S_i-S_j|$ 较小，则 X_i 与 X_j 的关联度较大；当 X_i 与 X_j 呈现负相关关系时，与之对应的 S 值正负号相反，即若 $|S_i-S_j|$ 较大，则 X_i 与 X_j 的关联度较小。因此，X_i 与 X_j 在水平 τ 下为同类特征时可认为二者呈正相关。

步骤 5：对选取的关键指标进行通径分析，挖掘影响因素及投资能力间的相互影响关系，得到投资能力关键指标通径图。

数量遗传学领域著名专家 Sewall Wright 在 20 世纪 20 年代首次提出的通径分析技术是一种非常典型的多元统计技术，亦称路径分析技术。通径分析技术以简单相关分析技术为研究基础，对多元回归的相关系数进行分解，用分解后的直接通径系数、间接通径系数和总通径系数代表各个自变量对因变量的直接作用效果，以及通过其他变量对因变量的间接作用效果和综合作用效果。

通径分析的基本模型如式（4-6）所示。

$$P_{1Y} \times r_{11} + P_{2Y} \times r_{12} + P_{3Y} \times r_{13} + \cdots + P_{iY} \times r_{1j} = r_{1Y}$$
$$P_{1Y} \times r_{21} + P_{2Y} \times r_{22} + P_{3Y} \times r_{23} + \cdots + P_{iY} \times r_{2j} = r_{2Y} \quad (4\text{-}6)$$
$$\cdots$$
$$P_{1Y} \times r_{i1} + P_{2Y} \times r_{i2} + P_{3Y} \times r_{i3} + \cdots + P_{iY} \times r_{ij} = r_{iY}$$

式中：r_{ij} 为 x_i 与 x_j 的简单相关系数；r_{iY} 为 x_i 与 Y 的简单相关系数；P_{iY} 为直接通径，即 x_i 与 Y 标准化后的偏相关系数，表示 x_i 对 Y 的直接影响效应；$r_{ij} \times P_{jY}$ 为间接通径，表示 x_i 通过 X_j 对因变量 Y 的间接影响效应。

上述方程组的基本意义是，将每一个自变量 x_i 与因变量 Y 的简单相关系数 r_{iY} 分解为 P_{iY} （直接通径效果部分）和 $\sum_{i \neq j} r_{ij} P_{jY}$ （总间接效果部分）。

因为经济状况之间存在彼此作用，关系较为复杂，导致对于经济状况的了解存在局限，在构建相应模型时势必不会把对因变量产生作用的所有因素都包含进去，因此，需要再开展遗漏变量和误差项对因变量 Y 的通径效应系数的相关计算，得到剩余效应，计算公式如式（4-7）所示。

$$P_{uY} = \sqrt{1 - (P_{1Y} \times r_{1Y} + P_{2Y} \times r_{2Y} + \cdots + P_{kY} \times r_{kY})} \quad (4\text{-}7)$$

如果剩余效应非常小（通常不大于 0.05），则表明通径分析技术对于主要变量已经掌握；如果剩余效应较大，则表明通径分析技术未掌握全部主要变量，应当再对其他因素开展研究。

通径分析包括描绘通径图、写出相关系数并进行效应分解三部分，通径图如图 4-3 所示。一般而言，根据理论建立初步通径模型后，借助 AMOS 软

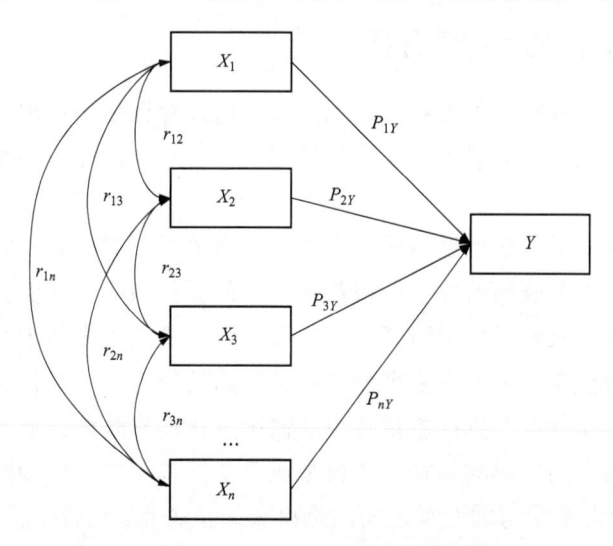

图 4-3 自变量与因变量的通径图

件可以自动进行数据拟合，从而迅速获取直接通径系数、间接通径系数和总通径系数，而无需分解相关系数为直接效应部分和间接效应部分。

根据上述分析，得到的具体流程图如图4-4所示。

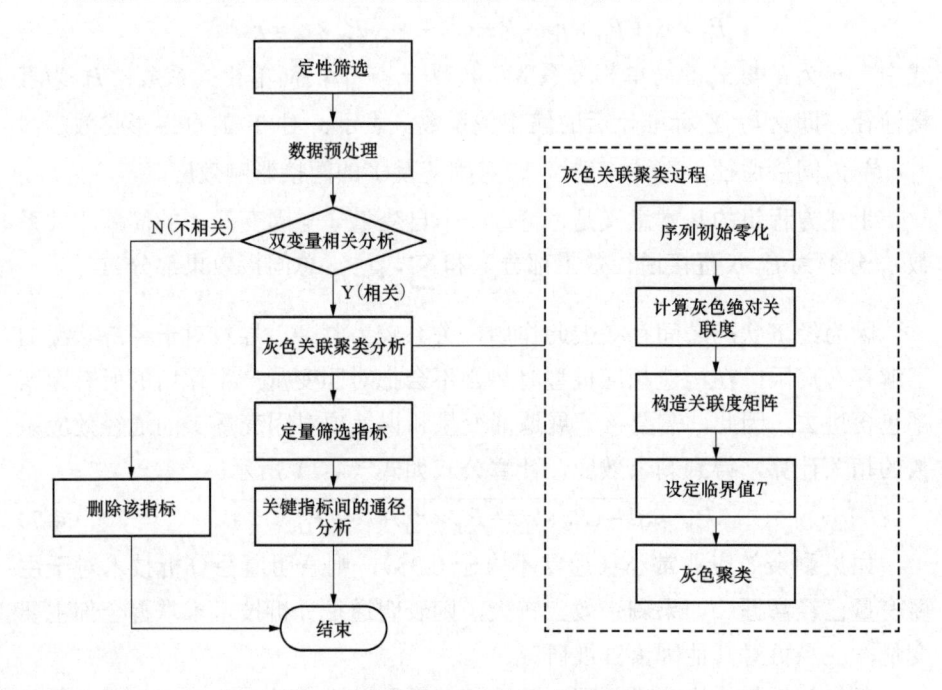

图4-4 投资能力影响因素相关性分析建模过程

4.2.2 方法的可行性分析

双变量相关分析简单易用，适用性强。通过对评估指标进行识别观察，得到可以代表重复指标或者关系紧密指标的综合平均指标或同类指标体系中的某一指标。

灰色关联聚类方法通过将同一类别的因素进行归类合并，能够在保证指标信息尽量完整准确的前提下获得数量较少的评估指标，既保证了指标体系的科学合理性又减轻了相关研究的工作量，使得复杂工作易于开展。

通径分析模型具有处理多个变量相关问题的能力，对数据的正态分布没有严格要求，即使在数据样本量较少的情况下仍能有效估计通径系数，并清晰描绘各因素之间的影响路径。该模型避免了简单相关分析和回归分析的缺陷，能够展示自变量与因变量之间的直接和间接关系。相较于传统回归分析，通径分析模型的优势在于能够处理包含多个因变量和中间变量的问题，同时也能处理变量间相互因果关系的非递归模型。在多变量研究中，与相关分析方法相比，通径分析方法更为全面。此外，通径系数的应用能够辨别对结果产生影响的是直接因素还是间接因素，从而全面系统地体现不同原因对结果相对重要性的差异。

电网公司的投资在资金运作中的比重远高于其他行业，在分析投资能力时需要考虑的影响因素较多，只有对投资能力的影响因素体系及其影响系数进行合理清晰的分析判断，才能得到较为准确的企业投资能力，为公司投资策略提供决策参考。但目前电网公司缺少投资能力简化体系，导致影响因素体系的实用性大大降低；并且对电网公司投资能力的因素影响机制研究少有其他论文探讨，亟须理论依据充分、实用性较强的方法将投资能力指标体系化繁为简。而以上方法过去在农业和医学等领域有较为广泛的运用基础，并与电网公司精简投资能力影响体系，提取关键因素的分析过程相似，因此考虑使用双变量相关性分析、灰色关联聚类和通径分析方法。

（1）双变量相关性分析和灰色关联聚类可行性分析。投资能力影响因素研究应该以完整的影响因素体系为起点，通过数理方法逐步筛选，最终提炼出影响系数较大的关键因素。双变量相关性分析方法能够快捷有效地初步判断影响因素与投资能力的关系，进行首次筛选。而灰色关联聚类则解决了多相关因素存在的高度共线性问题，令提取的关键因素具有代表性，减少关键因素相互间的共线性，使得通径分析时计算关键因素与投资能力的直接影响系数能够反映客观事实。因此，通过双变量相关性分析和灰色关联聚类分析，可以更加合理地筛选出投资能力关键影响因素。

（2）通径分析方法可行性分析。对研究投资能力的影响因素，不仅要得知关键因素，更有必要了解因素之间直接和间接的影响，为建立各因素和投资能力之间的回归方程奠定基础。通径分析能够在取得数据样本量较少的条件下，为研究影响因素之间的相关关系以及对投资能力的影响关系提供科学化、合理化的研究方法。

4.3　实　证　分　析

投资能力影响因素分析的主要目的就是筛选、识别主要影响因素，为投资能力测算模型奠定指标基础。通过定性与定量相结合的方法，识别投资能力的主要影响因素。首先，通过专家咨询法对影响因素进行一轮定性的筛选；其次，采用双变量相关性分析法计算所剩因素与历史投资能力之间的相关系数，筛选出与历史投资能力显著相关的因素，采用改进后的灰色聚类分析法对影响因素进行聚类，形成因素群，从每类因素群中分别选取一个具有较强代表性的因素，实现影响因素的第二轮筛选；最后对选出来的关键指标进行通径分析，深入挖掘各指标以及投资能力间的相互影响关系和影响程度，得到投资能力关键指标通径图。

（1）基于德尔菲法的指标初步筛选。通过对某省电网的实地调研，选取包括财务部、规划中心等相关部门进行访谈。通过德尔菲法，汇总各专家的打分和建议。在此基础上，进行第一轮的因素定性筛选，剔除重要程度较小和具有包含关系的影响因素，包括主营业务成本、管理水平、电力行业景气指数、利率、贷款难度、汇率、财政补贴、政府投资、税收政策和环保政策。

1）主营业务成本。主营业务成本与输配电成本、运行维护成本等指标存在包含关系，本报告将用输配电成本、运行维护成本等细化指标来代替主营业务成本。

2）管理水平。在访谈过程中，专家们指出由于某省电网公司的行业特性，管理水平对投资能力的影响比较间接，影响程度比较小。因此，在本书的研究中，可以不用考虑管理水平因素。

3）电力行业景气指数。电力行业景气指数反映了电力行业发展的景气状况，一方面，该指数可由利润总额、税金总额、从业人员、电力和热力的生产和供应、工业品出厂价格指数和发电量等指标来反映；另一方面，该指数只有全国范围的统计口径。综合考虑，剔除电力行业景气指数这一因素。

4）利率。利息支出是财务费用的最大构成部分，利率通过财务费用来影响投资能力，进而对投资能力产生影响。因此，可用财务费用来代替利率这一影响因素。

5）贷款难度。该电网公司经营效益较好，收益稳定，银行贷款难度低。因此，在测算投资能力时，可以不考虑贷款难度这一因素。

6）汇率。该电网公司融资渠道只有银行贷款，渠道较狭窄。贷款币种都是本币，不涉及外币融资，因此，汇率对投资能力基本无影响，可剔除汇率。

7）财政补贴。通过调研访谈发现，某省电网公司基本没有受到财政补贴，无需考虑财政补贴这一因素。

8）政府投资。未收集到有关政府投资的统计数据，因此，不考虑该因素对投资能力的影响。

9）税收政策。目前，某省电网公司未受到税收减免政策。因此，剔除该因素。

10）环保政策。环保政策主要指的是《水土保持法》等法律法规的出台和完善对投资能力产生的影响，经访谈发现，用于水土保持的资金占工程总投资的比例较小。《水土保持法》的完善使工程总投资额的增加幅度比较小，对某省电网公司的实际投资能力影响程度较小，因此可不考虑环保政策这一因素。

（2）数据预处理。

1）缺失值的填充。通过收集某省电网公司近9年的利润表、资产负债表、损益表等相关数据，我们发现，现有的数据存在部分缺失，运用建模过程中提到的临近点的均值、线性插值法和点处的线性趋势三种方法来填充缺失值，并选择拟合效果最好的方法进行缺失值的填充。最终缺失值的填充结果见表4-1，其中没有数值的部分不存在缺失值，有数值的部分为缺失值的填充结果。

表4-1　　　　　　　　　缺失值填充后结果

指标	第1年	第2年	第3年	第4年	第5年	第6年	第7年	第8年	第9年
x_1				85.79					
x_6			968.59		1281.71				
x_{10}									3.73
x_{11}									0.51
x_{12}				1.54					
x_{13}				1058.11					
x_{14}				799.05					
x_{15}	28.15			162.56	196.60	230.65			
x_{16}				1.41					
x_{18}	1.71	2.69	3.67	4.65					
x_{19}							9.14	9.85	10.55
x_{20}									103.76
x_{22}				10.55					
x_{23}	61.61								

注　指标x_1、x_6、x_{12}、x_{13}、x_{14}、x_{15}、x_{18}、x_{19}的单位为亿元；指标x_{10}、x_{11}的单位为万元；指标x_{20}、x_{23}的单位为元。

2）异常值的修正。通过观察各变量历年数据变化曲线图可以发现，变量x_7、x_8、x_{12}、x_{16}、x_{19}历年数据存在异常值。变量x_7、x_8、x_{12}历年数据变化及异常值修正情况如图4-5～图4-7所示，变量x_{16}、x_{19}历年数据变化及异常值修正情况如图4-8、图4-9所示。

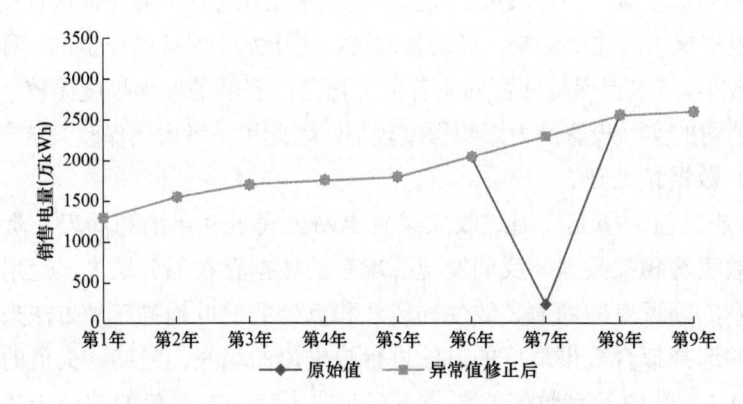

图4-5 变量x_7历年数据变化及异常值修正曲线图

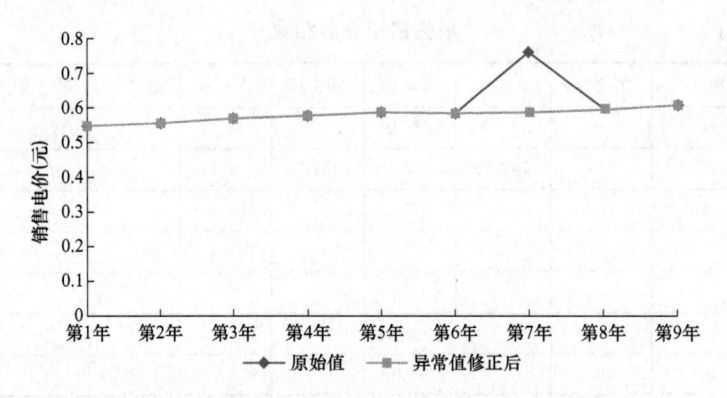

图4-6 变量x_8历年数据变化及异常值修正曲线图

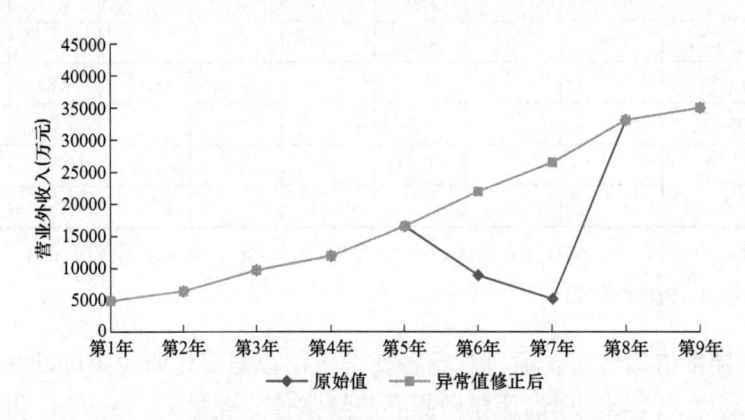

图4-7 变量x_{12}历年数据变化及异常值修正曲线图

第 4 章　区域电网投资能力影响因素识别与分析

通过观察图 4-5~图 4-7 可以发现，x_7 变量第 7 年的数据、x_8 变量第 7 年的数据、x_{12} 变量第 6 年和第 7 年的数据为异常值。变量 x_7、x_8 均出现某 1 年数值突变，虽然第 3 年和第 4 年调整过销售电价，然而这 2 年数值变化不大，因而认为第 5 年的突变为异常值。x_{12} 中排除第 6 年和第 7 年的数值，可观察到营业外收入呈逐年递增趋势，第 7 年值在第 6 年下降的基础上继续下降，而第 8 年又反弹到较高水平，应识别第 6 年和第 7 年为异常值。

通过观察图 4-8、图 4-9 可以发现，x_{16} 变量在第 7 年的数据为异常值，x_{19} 变量在第 7、8、9 年的数据为异常值。x_{16} 在第 7 年的数值高于其他年的平均水平，因而识别为异常值；x_{19} 最后 3 年数值突降，并与前几年递增趋势相反，识别为异常值。针对上述变量历年数据出现的异常值，本书将其作为缺失值进行相应的处理。

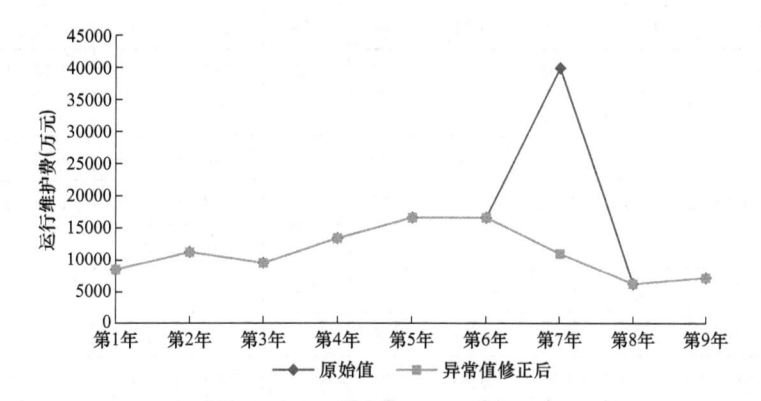

图 4-8　变量 x_{16} 历年数据变化及异常值修正曲线图

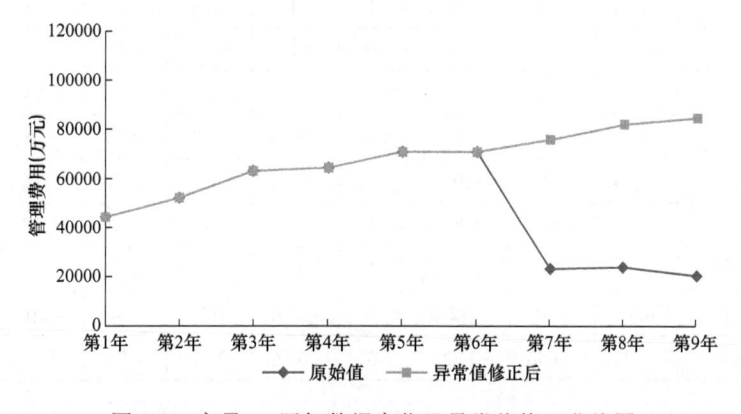

图 4-9　变量 x_{19} 历年数据变化及异常值修正曲线图

3）数据的标准化。选取 Z-score 标准化方法，运用 SPSS 软件进行数据标准化处理，标准化处理后的结果见表 4-2。

表 4-2 数 据 标 准 化 结 果

指标	第1年	第2年	第3年	第4年	第5年	第6年	第7年	第8年	第9年
折旧费	−1.25	−0.99	−0.99	−0.40	0.19	0.19	0.39	1.39	1.48
固定资产原值	−1.11	−0.83	−0.88	−0.47	−0.15	0.01	0.31	1.31	1.81
综合折旧率	−0.33	−0.33	−0.33	1.17	1.17	1.17	−0.33	−0.33	−1.83
在建工程	−0.23	−0.73	−0.75	−0.35	−0.23	−0.62	−0.36	1.00	2.27
营业收入	−1.32	−1.02	−0.72	−0.52	0.00	0.20	0.51	1.30	1.57
主营业务收入	−1.32	−1.02	−0.72	−0.52	0.00	0.20	0.51	1.30	1.57
销售电量	−1.47	−1.09	−0.65	−0.38	−0.13	0.44	0.73	1.10	1.45
销售电价	−1.45	−1.05	−0.93	−0.49	0.29	0.58	0.72	1.03	1.30
GDP	−1.35	−1.08	−0.72	−0.41	−0.23	0.33	0.87	1.14	1.45
供电人口	−1.27	−1.18	1.38	0.54	0.44	1.23	−0.74	−0.68	0.28
营业外收入	−1.31	−1.09	−0.78	−0.45	−0.13	0.36	0.73	1.24	1.43
总成本费用	−1.30	−0.94	−0.67	−0.27	−0.20	−0.20	0.59	1.34	1.64
购电成本	−1.35	−1.04	−0.67	−0.37	−0.06	0.81	1.18	1.56	
输配电成本	−1.29	−0.76	−0.65	−0.44	−0.22	−0.01	0.21	1.54	1.63
运行维护费	−1.05	−0.04	−0.53	0.48	1.50	1.50	0.00	−1.17	−0.70
财务费用	−1.58	−1.12	−0.70	0.27	0.37	0.02	0.10	1.23	1.42
研究开发费	−1.35	−1.01	−0.68	−0.34	−0.05	−0.05	0.98	1.75	0.75
管理费用	−1.60	−1.15	−0.40	−0.37	0.11	0.16	0.72	1.08	1.44
CPI	−1.34	−1.47	0.56	1.08	0.00	0.30	1.35	−0.75	0.27
购电电价	−0.40	−0.24	−0.05	0.02	0.42	0.53	−2.30	0.91	1.10
购电电量	−1.41	−1.07	−0.73	−0.39	−0.16	0.37	0.86	1.08	1.45
净利润	−0.99	−0.59	−0.01	−0.66	−1.31	0.03	0.65	1.36	
融资额	−1.01	−0.22	0.06	−1.22	−1.26	0.47	1.40	1.08	0.70
短期借款	−0.86	−0.71	−0.47	−0.22	−0.63	−0.22	−0.05	0.87	2.30
长期借款	0.58	0.44	0.72	0.58	1.19	−0.77	−1.88	−1.01	0.17
投资能力	−1.27	−0.50	−0.22	−1.02	−0.86	0.35	1.05	1.33	1.14

（3）双变量相关性分析结果。运用 SPSS 软件，计算第一轮筛选后剩余的各影响因素与历史投资能力间的相关系数。若 Pearson 系数大于 0.8，则说

明在 0.01 的置信水平条件下，双变量之间呈显著相关关系，即两者存在强相关关系。将 Pearson 系数大于 0.8 的因素列于表 4-3 中。由此可知，表中的因素与投资能力的相关程度较大，这表明其对投资能力的影响程度较大。因此，保留并将这些因素作为灰色聚类的指标输入。

（4）灰色关联聚类知识挖掘技术的定量筛选。计算表 4-3 中的 16 个因素的灰色关联度，依次计算 $|S|$ 值、$1+|S_i|+|S_j|$ 值、$|S_i-S_j|$ 值和灰色关联度。灰色关联度的计算结果见表 4-4。

表 4-3　　　　　　　各因素与历史投资能力间的相关系数

因素		投资能力	因素		投资能力
折旧费	Pearson 相关性	0.817	总成本费用	Pearson 相关性	0.863
	显著性（双侧）	0.007		显著性（双侧）	0.003
	N	9		N	9
固定资产原值	Pearson 相关性	0.843	购电成本	Pearson 相关性	0.875
	显著性（双侧）	0.004		显著性（双侧）	0.002
	N	9		N	9
营业收入	Pearson 相关性	0.873	输配电成本	Pearson 相关性	0.866
	显著性（双侧）	0.002		显著性（双侧）	0.003
	N	9		N	9
主营业务收入	Pearson 相关性	0.873	研究开发费	Pearson 相关性	0.867
	显著性（双侧）	0.002		显著性（双侧）	0.002
	N	9		N	9
销售电量	Pearson 相关性	0.888	管理费用	Pearson 相关性	0.859
	显著性（双侧）	0.001		显著性（双侧）	0.003
	N	9		N	9
销售电价	Pearson 相关性	0.828	购电电量	Pearson 相关性	0.893
	显著性（双侧）	0.006		显著性（双侧）	0.001
	N	9		N	9
GDP	Pearson 相关性	0.903	净利润	Pearson 相关性	0.947
	显著性（双侧）	0.001		显著性（双侧）	0.000
	N	9		N	9
营业外收入	Pearson 相关性	0.892	融资额	Pearson 相关性	0.949
	显著性（双侧）	0.001		显著性（双侧）	0.000
	N	9		N	9

注　N 表示样本数，共使用 9 年数据。

取临界值0.9，关联度大于等于0.9的指标归为同一类，经综合分析可将16项指标分为6类，结果见表4-5。

根据灰色聚类结果，结合各因素与投资能力的相关性以及风险发生的可能性，最终选出以下7个因素作为下节通径分析的输入：折旧费、销售电量、GDP、购电成本、销售电价、净利润和融资额，见表4-5。

表4-4　　　　　　　　　　灰色关联度计算结果

	x_1	x_2	x_4	x_5	x_7	x_8	x_9	x_{10}	x_{12}	x_{13}	x_{14}	x_{15}	x_{19}	x_{21}	x_{22}	x_{23}
x_1	1.00															
x_2	0.93	1.00														
x_4	0.98	0.91	1.00													
x_5	0.98	0.91	1.00	1.00												
x_7	0.92	0.87	0.95	0.95	1.00											
x_8	0.93	0.87	0.95	0.95	1.00	1.00										
x_9	0.96	0.90	0.99	0.99	0.96	0.96	1.00									
x_{10}	0.97	0.91	1.00	1.00	0.95	0.95	0.99	1.00								
x_{12}	0.99	0.92	0.99	0.99	0.94	0.94	0.98	0.99	1.00							
x_{13}	0.96	0.90	0.99	0.99	0.96	0.96	1.00	0.99	0.98	1.00						
x_{14}	0.99	0.92	0.99	0.99	0.93	0.94	0.97	0.99	1.00	0.98	1.00					
x_{15}	0.95	0.89	0.97	0.97	0.97	0.98	0.98	0.97	0.96	0.98	0.96	1.00				
x_{19}	0.89	0.84	0.91	0.91	0.96	0.95	0.92	0.91	0.90	0.92	0.90	0.94	1.00			
x_{21}	0.94	0.88	0.96	0.96	0.98	0.98	0.97	0.96	0.95	0.99	0.94	1.00				
x_{22}	0.89	0.95	0.87	0.87	0.83	0.84	0.86	0.87	0.88	0.86	0.88	0.85	0.81	0.85	1.00	
x_{23}	0.92	0.99	0.90	0.90	0.86	0.86	0.89	0.90	0.91	0.89	0.91	0.88	0.83	0.87	0.97	1.00

表4-5　　　　　　　　　　灰　色　聚　类　结　果

类别	指标
1	折旧费、固定资产原值、营业收入、主营业务收入
2	销售电量、输配电成本、研究开发费
3	GDP、营业外收入、总成本费用、购电成本
4	销售电价、管理费用、购电电量
5	净利润
6	融资额

(5)关键指标间的通径分析知识挖掘。

1)对因变量 y 实施正态性检验。使用 SPSS 统计分析工具,选择"分析→描述统计→探索"命令,将因变量 y(投资能力)选入因变量列表,选择"绘制"按钮,选择"正态图及检验",对因变量进行正态性检验,输出结果见表 4-6。

表 4-6 正态性检验输出结果

检验方法	Kolmogorov-Smirnova			Shapiro-Wilk		
	统计量	df	Sig.	统计量	df	Sig.
因变量 y(投资能力)	0.187	9	0.200	0.905	9	0.286

SPSS 对一组数据进行正态性检验有两种方法,Kolmogorov-Smirnova Test 和 Shapiro-Wilk Test。Kolmogorov-Smirnova Test 检验结果较精确,适用于大样本的检测,而 Shapiro-Wilk Test 适用于小样本的检测。投资能力选择 2007—2015 年共 9 年的数据,属于小样本,因此对因变量 y 进行正态性检验后,得到 Shapiro-Wilk Test 的输出结果。Shapiro-Wilk Test 的统计量为 0.905,显著水平 Sig.=0.286>0.05,所以因变量 y 服从正态分布,即 y 是正态变量可以进行回归分析。

2)构建通径图。根据投资能力主要由利润、融资和折旧费三个部分组成,并受到外部因素造成的干扰,认为净利润、融资额和折旧费对投资能力产生直接影响,销售电价、GDP、销售电量和购电成本通过净利润对投资能力产生间接影响,GDP 还会通过销售电量影响净利润,而销售电量会通过购电成本影响净利润。利用通径分析工具 SPSS Amos,再经过模型修正,最终获得投资能力模型通径图。自变量和因变量选取情况见表 4-7。

表 4-7 自变量和因变量选取

自变量	因变量
折旧费	投资能力
购电成本	
销售电价	
销售电量	
净利润	
融资额	
GDP	

图 4-10 所示为投资能力关键指标的通径图，方框表示观察变量，小圆圈表示残差变量。单箭头方向通径系数为标准化回归系数，也就是直接效果值，如"净利润"对"投资能力"的直接通径系数为 0.22，且为正向影响。内因变量右上角的数值为多元相关系数的平方，为预测变量对效标变量的联合解释变异量，如"折旧费""净利润""融资额"三个变量可以联合解释"投资能力"变量 100%的变异量。

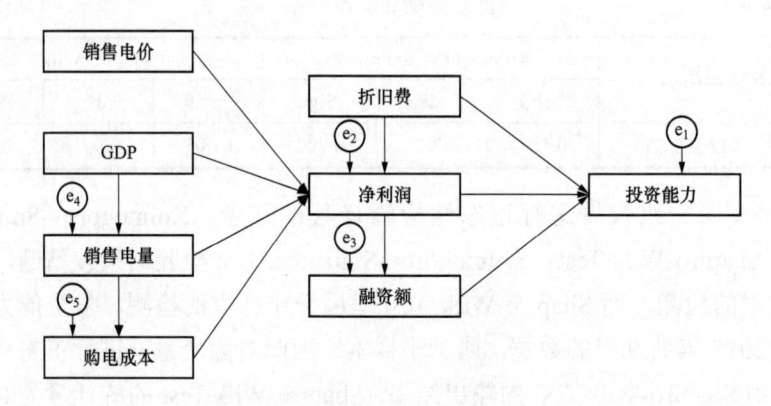

图 4-10　投资能力关键指标通径图

检查模型通径显著性，使用非标准化回归系数的估计及其显著性检验。打开 View Text，点击 estimates-scalars-regression weights，将会看到非标准化回归系数的估计及其显著性检验。表格中呈现的参数从左到右依次是非标准化回归系数、标准化回归系数、标准误差 SE、临界比率 CR 和显著性概率 P。由于采用极大似然法估计各通径系数数值，因此非标准化回归系数是否有意义主要是看 P 值是否显著，见表 4-8；销售电量到净利润、净利润到投资能力的回归系数显著性检验 P 值分别为 0.002、0.004，小于 0.01，基本达到显著；而"***"表明该通径显著性检验 P 值小于 0.001，说明极为显著；其中 GDP 对净利润的显著性概率 P 为 0.064，表示该直接通径系数不显著，参考 GDP 为宏观经济指标，而净利润为微观指标，推测 GDP 对净利润的影响效果较为间接。总体上认为修正模型通径通过检验。

表 4-8　回归系数的估计及其显著性检验

变量	非标准化回归系数	标准化回归系数	标准误差 SE	临界比率 CR	P
销售电量⟶GDP	0.068	0.997	0.002	36.921	***
购电成本⟶销售电量	0.492	0.982	0.034	14.597	***

续表

变量	非标准化回归系数	标准化回归系数	标准误差 SE	临界比率 CR	P
净利润——➤销售电量	3766200.958	0.312	1200516.823	3.137	0.002
净利润——➤购电成本	−336221.243	−0.014	1073680.708	−0.313	***
净利润——➤销售电价	66616000673.084	0.449	4355692228.578	15.294	***
净利润——➤GDP	161622.211	0.197	87128.763	1.855	0.064
净利润——➤折旧费	−1.446	−0.744	0.091	−15.952	***
融资额——➤净利润	0.000	0.993	0.000	5.211	***
投资能力——➤折旧费	0.000	0.109	0.000	11.048	***
投资能力——➤融资额	1.125	0.860	0.071	15.890	***
投资能力——➤净利润	0.000	0.219	0.000	2.846	0.004

由表4-8可知，在对"投资能力"的三个直接影响因素"净利润""融资额"和"折旧费"中，"融资额"对"投资能力"的直接影响最大，达到0.860；"净利润"的影响其次，为0.219，"净利润"最低。"净利润"通过"融资额"对"投资能力"的间接通径系数为0.993×0.860=0.854，说明"净利润"间接影响"投资能力"较大，"净利润"对"投资能力"的间接通径系数为0.854，加上直接通径系数0.219为总效果值1.073。"折旧费"通过"净利润"对"投资能力"的间接影响为−0.163，直接影响为0.109，说明"折旧费"对"投资能力"具有较低比例的影响重要性。"净利润"受"销售电价"的正向直接影响较大，直接通径系数为0.449。"销售电量"的直接影响系数为0.312。"购电成本"对"净利润"的负向影响比较大，达到−0.834。具体各个变量的路径系数见表4-9。

表4-9   投资能力通径分析效果值表

变量	直接效果	间接效果	总效果值
GDP——➤销售电量	0.997	—	0.997
销售电量——➤购电成本	0.982	—	0.982
销售电量——➤净利润	0.312	−0.820	−0.508
购电成本——➤净利润	−0.834	—	−0.834
销售电价——➤净利润	0.449	—	0.449
GDP——➤净利润	0.197	0.311	0.508
折旧费——➤净利润	−0.744	—	−0.744

续表

变量	直接效果	间接效果	总效果值
净利润⟶融资额	0.993	—	0.993
折旧费⟶投资能力	0.109	−0.163	−0.054
融资额⟶投资能力	0.860	—	0.860
净利润⟶投资能力	0.219	0.854	1.073

下面将通径分析图分为两层进行分别讨论。

a. 投资能力层。直接影响"投资能力"的观测变量"折旧费""净利润"和"融资额"和"投资能力"构成一级通径图，如图4-11所示。

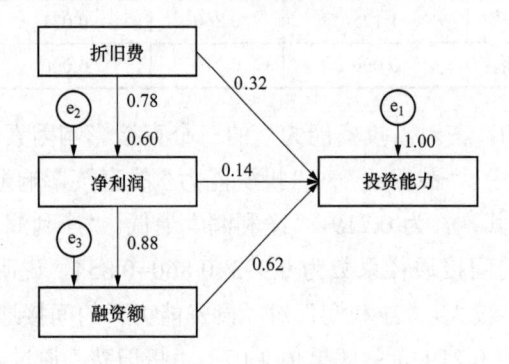

图4-11 投资能力层通径图

观察 P 值判断通径是否通过显著性检验，见表4-10，所有通径均通过检验。

表4-10　非标准回归系数的估计及其显著性检验

变量	非标准回归系数	标准误差 SE	临界比率 CR	显著性概率 P
净利润⟶折旧费	0.322	0.093	3.471	***
融资额⟶净利润	0.000	0.000	5.211	***
投资能力⟶折旧费	0.000	0.000	11.048	***
投资能力⟶融资额	1.125	0.071	15.890	***
投资能力⟶净利润	0.000	0.000	2.846	0.004

对"投资能力"直接影响程度由大到小为"融资额""折旧费""净利润"，直接通径系数分别为0.62、0.32、0.14，"融资额"对"投资能力"的直接影响程度依旧最大，所以必须重视"融资额"对"投资能力"的影响力。"折旧费"是通过"净利润"对"投资能力"的间接通径系数等于0.78×0.14=0.11，

总效果值为 0.32+0.11=0.43，"折旧费"的间接影响效果较小；同时，"折旧费"可以解释"净利润"变量60%的变异量，说明"净利润"确实需要更多变量进行解释。"净利润"经过"融资额"对"投资能力"的间接通径系数为0.55，属于中度间接影响效果。

b. 净利润层。"净利润"受到众多观测变量的影响，因此将其分离单独进行通径分析，如图 4-12 所示。

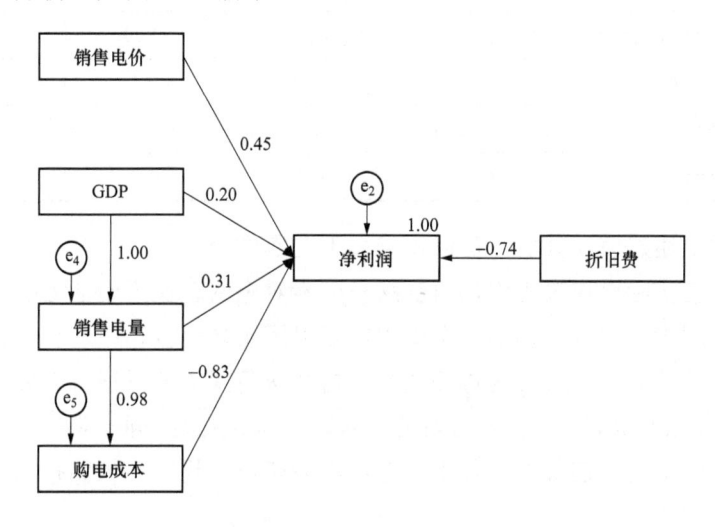

图 4-12　净利润层通径图

"销售电价""GDP""销售电量""购电成本""折旧费"等 5 个观测变量同时直接影响"净利润"，同时"GDP"还通过"销售电量"，"销售电量"通过"购电成本"间接影响净利润。同样，通过表 4-11 判断所有通径基本通过检验，但注意"GDP"到"净利润"的显著性概率值较大。

对"净利润"的正向直接通径有"销售电价""销售电量""GDP"，其中"销售电价"的通径系数最大，为 0.45；其次是"销售电量"，直接通径系数为 0.31，说明"销售电价"和"销售电量"都是影响"净利润"的重要变量；"GDP"作为外部经济环境因素对"净利润"的影响程度也不容忽视。

对"净利润"的负向直接通径有"购电成本"和"折旧费"，系数为-0.83和-0.74，影响"净利润"的程度均较大。

"GDP"对"净利润"的间接通径系数 0.31 大于直接通径系数 0.20，"GDP"的间接影响力更大，这也间接证明了显著性检验中"GDP"到"净利润"的 P 值较大。"购电成本"对"净利润"的通径系数为负向，"销售电量"通过"购电成本"对"净利润"的影响也为负向。

表 4-11　　　　非标准回归系数的估计及其显著性检验

变量	非标准回归系数	标准误差 SE	临界比率 CR	显著性概率 P
销售电量⟶GDP	0.07	0.0018	36.92	***
购电成本⟶销售电量	0.49	0.03	14.59	***
净利润⟶销售电量	3766200.96	1200516.77	3.14	0.0017
净利润⟶销售电价	66616000675.90	4355691817.23	15.29	***
净利润⟶折旧费	−1.45	0.09	−15.95	***
净利润⟶GDP	161622.21	87128.76	1.86	0.0636
净利润⟶购电成本	−336221.24	1073680.70	−0.31	***

根据上述建模和分析，可以得到以下几点结论。

（1）在实际运作过程中，内部财务因素对电网企业投资能力的影响作用大于外部因素。同时，影响投资能力的众多因素之间也存在着交叉、替代等关系，因此，对因素进行变量相关性分析和灰色聚类分析很有必要。本书通过分析，最终保留的 16 项影响因素可综合分为 6 大类，同一类指标之间存在相似的影响机理，在各类指标中，选出与投资能力相关性大的指标作为该类别的指标的代表。

最终得到电网企业投资能力的关键影响因素为融资额、折旧费、净利润、销售电价、销售电量、购电成本、GDP，这 7 个关键因素对投资能力的影响最大、敏感性最强。因此，当电网公司的投资能力发生下降或增长放缓时，可重点关注这 7 个关键因素的变动率，找到投资能力发生变化的主要原因，从而对症下药，采取措施提高投资能力，保证投资活动不受影响。

（2）通过通径分析可以知道，折旧费、净利润和融资额是影响投资能力最直接和有效的因素，折旧费和净利润构成了电网企业的自有可支配资金，其中融资额对投资能力的影响最大。在电网企业投资能力分析中融资额与资产负债率关系密切，正确处理融资额与资产负债率的关系，才能维持电网企业的健康发展，亦可在短期内应对投资需求突然增大的特殊情况。如 2012 年开始各大电网扩大投资用于建设特高压输变电工程，周期为 3～5 年，在投资需求短期增大的情况下，电网需要提高投资能力，则首先需要考虑提高融资额。因此，电网企业可以通过借助国家电网有限公司总部来提高借贷的信用评级，从而顺利完成融资用于建设特高压。另外，需利用减少成本费用来控制资产负债率的过度增大，减少风险。

从电网企业资产负债率的长期变化趋势来看，其资产负债率较高，2008年已经接近临界线75%，过高的资产负债率会加大企业的运营和投资风险，同时也暴露了企业融资渠道的单一性。因此，电网企业在今后的发展和管理中，应加强资金管理，降低企业资产负债率，提高企业自有资金的比例，同时要多样化融资渠道，使得企业的资金链更加强劲、稳定。

（3）各因素对投资能力影响的总效果应为直接通径系数和间接通径系数之和，只考虑某一方面通径系数得到的影响大小是不全面的，如"GDP"对"净利润"的间接通径系数0.31大于直接通径系数0.20，若只考虑其直接通径系数，并传导至投资能力得到的影响结果可能较小，但考虑了两个途径的影响后，可以知道GDP对投资能力的间接影响也不容忽视。因此，尽管外部因素对投资能力的影响小于内部因素，但在分析投资能力建模和分析的过程中，为了使结果更加合理可靠，不仅要考虑企业的内部财务状况，还需要考虑外部宏观因素的影响，即投资能力建模应由内部财务指标和外部因素修正系数两部分组成。

第 5 章 区域电网投资能力测算及敏感性分析

5.1 输配电价改革论述

输配电价改革是实现电力市场化交易的前提，对于还原电力商品属性、规范电网企业运营具有重大意义。《关于推进输配电价改革的实施意见》明确指出，新一轮电力体制改革的主要方向是"管住中间、放开两头"，而核定输配电价是"管住中间"的前提。国家启动新一轮电力体制改革，旨在充分发挥市场在资源配置中的决定性作用，促进发电端成本向用电端传导，以降低企业和社会用电成本；持续加强电网公平开放，规范电力交易秩序监管，激发电力企业活力，改善服务，降本增效。

外国的输配电价改革起步早，发展成熟，管理模式丰富多样。英国通过合约电力交易制度等手段促进垄断经营、集中配送的电力市场走向市场公平竞争，吸引外部投资，最终成功实现厂网分离，独立输电、配电等多个环节，保障了用户在供电选择时的充分自由。美国通过颁布渐进式法案逐步引导输配电改革，但由于不同州的用电需求差异大，用电高峰期时有供电不足的情况发生；并且不完备的政府管制措施导致发电商与售电商相互勾结，使得部分地区输配电投资缺乏动力，最终美国的输配电改革陷入僵局。探索欧美国家的输配电价体系，可以为我国深化输配电价改革提供借鉴，从而提升中国输配电价改革形成机制与制定机制的完备性。

中国的输配电价改革始于 2002 年电力体制改革，先后发布了一系列的改革文件。经过近 20 年的一系列改革实践历程，输配电价产生了功能变化，现阶段的输配电价主要体现了市场竞争机制与资源配置功能，进一步引导电力市场良性竞争，对电网企业的生产经营具有深远影响。中国输配电价改革历程见表 5-1。

表 5-1　　中国输配电价改革历程

年份	文件	内容
2002	《关于印发电力体制改革方案的通知》（国发〔2002〕5 号）	明确了输配电价的制定主体、核定原则和电价类型

续表

年份	文件	内容
2003	《关于印发电价改革方案的通知》（国办发〔2003〕62号）	由政府价格主管部门按"合理成本、合理盈利、依法计税、公平负担"原则制定输配电价
2005	《输配电价管理暂行办法》（发改价格〔2005〕514号）	输配电价由电网平均销售电价扣除平均购电价和输配电损耗后确定
2009	《关于完善电力用户与发电企业直接交易试点工作有关问题的通知》（电监市场〔2009〕20号）	输配电价实行两部制，按电网企业平均输配电价扣减电压等级差价后的标准执行
2013	《关于当前开展电力用户与发电企业直接交易有关事项的通知》（国能综监管〔2013〕258号）	已批复核准输配电价的省份，按标准执行；尚未核批输配电价的省份加快推进输配电价测算核准工作
2014	《关于深圳市开展输配电价改革试点的通知》（发改价格〔2014〕2379号）	选择深圳作为试点城市，建立独立、完整的输配电价体系，促进电力市场化改革；为其他地区输配电价改革积累经验
2015	《关于进一步深化电力体制改革的若干意见》（中发〔2015〕9号） 《输配电定价成本监审办法（试行）》（发改价格〔2015〕1347号） 《关于推进售电侧改革的实施意见》（发改经体〔2015〕2752号）《关于推进输配电价改革的实施意见》	输配电价改革试点扩大到5省区。 输配电价由政府核定。输配电价逐步过渡到按"准许成本加合理收益"原则，分电压等级核定。 加强输配电成本核定与监管，提高价格透明度、科学性与合理性
2016	《关于全面推进输配电价改革试点有关事项的通知》（发改价格〔2016〕2018号） 《有序放开配电网业务管理办法》（发改经体〔2016〕2120号） 《省级电网输配电价定价方法（试行）》（发改价格〔2016〕2711号）	输配电价改革试点扩大至18省区。 按"准许成本加合理收益"的办法核定输配电价，以严格的成本监审为基础，弥补电网企业准许成本获得合理收益。 稳定推进改革，有序向社会资本开放配售电业务。建立约束与激励机制，引导电网企业降本提质增效
2017	《跨省跨区专项工程输电价格定价办法（试行）》（发改价格规〔2017〕2269号） 《区域电网输电价格定价办法（试行）》（发改价格规〔2017〕2269号）	开启区域电网与跨省跨区工程输配电价核定工作，建立定期评估机制。规定了区域电网、地方电网和增量配网的输配电价格与结算机制
2018	《关于核定区域电网2018—2019年输电价格的通知》（发改价格〔2018〕224号）	规定区域电网首个监管周期两部制输电价格水平
2019	《输配电定价成本审核办法》（发改价格规〔2019〕897号）	进一步规范输配电价改革，提高价格制定的合理性、科学性、透明度，完善监管机制，规范定价成本监审行为
2020	《区域电网输电价格定价办法》（发改价格规〔2020〕100号） 《省级电网输配电定价办法》（发改价格规〔2020〕101号） 《关于核定2020—2022年省级电网输配电价	输配电价改革已进入第二监管周期。持续推进电价改革，进一步提升输配电价核定的规范性、合理性，完善输配电价定价机制

续表

年份	文件	内容
2020	的通知》（发改价格规〔2020〕1508号） 《关于核定2020—2022年区域电网输电价格的通知》（发改价格规〔2020〕1441号）	
2021	《跨省跨区专项工程输电价格定价办法》（发改价格规〔2021〕1455号）	建立事前核定、定期校核的价格机制，增加成本监审相关内容
2022	国家发展改革委价格司会议	国家发展改革委部署开展第三监管周期电网输配电定价成本监审
2023	《关于第三监管周期省级电网输配电价及有关事项的通知》（发改价格〔2023〕526号） 《关于第三监管周期区域电网输电价格及有关事项的通知》（发改价格〔2023〕532号）	输配电价改革已进入第三监管周期，在多方面对输配电价监管制度和水平进行了改革和优化，在按照"准许成本加合理收益"直接核定省级电网输配电价、优化输配电价结构上进一步实现了突破

自2015年以来，按照中共中央、国务院《关于深化电力体制改革的若干意见》和《关于推进价格机制改革的若干意见要求》，国家发展改革委坚持"放开两头、管住中间"总体思路，持续深化输配电价改革，以三年为一个核价监管周期，在开展成本监审基础上核定电网输配电价。

2017年完成第一监管周期（2015—2017年）输配电价改革，制定出台了《省级电网输配电价定价办法》，明确了输配电价定价原则和方法，初步建立起具有中国特色的、以"准许成本+合理收益"为核心的输配电价监管体系。一方面，对于电网企业进行严格的成本监审，剔除不相关的资产和不应该进入定价成本的费用和支出；另一方面，区分权益资本和债务资本，一般性有效资产和政策性有效资产，分别规定了准许收益率和合理收益。

2020年进一步核定第二监管周期（2020—2022年）输配电价，完善输配电价监管体系，巩固改革成果。第二监管周期在第一监管周期的基础上进一步完善了监管机制和参数，监管广度和深度进一步提升，实现了对所有省级电网和区域电网输配电价核定的一次性全覆盖，并且核定了分电压等级理论输配电价，全面提升监审的科学化、规范化水平。

2023年，第三监管周期在核定省级电网输配电价、优化输配电价结构上实现了突破。根据国家发展改革委印发的《关于第三监管周期省级电网输配电价及有关事项的通知》，第三监管周期与前两个监管周期相比，简化了用户分类，将现行的一般工商业用户和大工业用户逐步归并为工商业用户；全面实现了分电压等级核定容量电价，形成更加合理的分电压等级价差；要求上网环节线损费用在输配电价外单列，利于后续更加准确地开展电网准许收入监管与清算。在2021年国家全面取消工商业目录销售电价的背景下，第三监管周期真正按照"准许成本+合理收益"原则核定输配电价，实现了持续深化电力体制机制改革的一大突破。

5.2 输配电价改革对电网企业的投资影响

输配电价改革建立"先核价、再投资"的模式，由监管机构核定电网投资规模。同时，实际完成的投资要与电量增长、用户增长相匹配，并规定了诸多不纳入核价范围的投资类型。

企业的投资能力决定了企业的发展基础。广义上，投资能力是指能够扩大生产能力和增加新的生产设备的能力，包括投资可行性研究和工程项目的实施。投资能力分析一般包括收入水平分析、融资能力分析、投资效率分析等。分析的主要工作是针对技术经济等问题和目标进行调查和研究，收集技术、经济、财务、成本、环境、社会条件和状态等资料，总结过去、分析现状、预测未来。

随着输配电市场逐步放开，售电侧引入竞争机制，各区域电网的收入将受到较大的影响，电网企业的利润空间受到较大的压缩，投资能力将受到较大的制约。输配电价改革引入现代激励性监管的理念，建立约束机制和利益分享机制，激励电网企业压缩投资，减少投资冲动。随着输配电价改革进入第三监管周期，一方面，输配电价真正落实了按"准许成本+合理收益"直接核定，彻底结束电网企业的传统"购销价差"经营模式，推动电网企业将购售电业务和输配电业务分开，聚焦输配电主业。电网企业的收入将根据其收益来源的逐步理清而更加明晰，进而推动明确其功能定位和运营模式、精准投资，实现资源优化配置。另一方面，第三监管周期将容需量电费首次分电压等级核定，真实反映不同电压等级的容量成本差异的同时，为增量配电网、微电网、售电公司发展腾出了合理的价差盈利空间；线损成本单列，促进电网企业精益管理、增效降损，利于后续更加准确开展电网准许收入监管与清算。

第三监管周期输配电价改革能够强化电网企业监管，更好地发挥价格在优化电力资源配置中的作用，更好地服务电力市场建设。因此，在第三监管周期输配电价改革下，随着投资规模增大、供电裕度出现以及伴随的企业经营压力的加大，电网企业不能仅以供电能力和供电可靠性作为确定投资规模的依据，必须同时在适应新的监管政策的基础上兼顾企业投资能力。电网企业迫切需要提高投资和资产管理的科学性和精益化，强化投资能力，以尽快适应监管要求的变化。

电网是国民经济建设的基础之一，在支持工业生产、保障居民生活、维持社会稳定发展方面都具有极为重要的意义。电网企业在基础建设、维修维护等过程中，必然会涉及大量资金的运作，其建设投资巨大，成本回收和盈利周期长等特性也存在较大的不确定性和风险性。电网投资作为电网企业运营与发展的核心内容，关系到电网企业发展的规模、质量与投入产出效率。在输配电价改革的大环境下，电网企业盈利模式的改变使其利润空间进一步压缩，这将直接影响电网企业未来的投资能力。为提高投资精准度，明确未来企业经营状况及盈利能力，需要对电网公司进行基于输配电价改革的投资能力预测研究。

5.3 区域电网投资能力系统动力学预测模型

本章对电网企业投资能力的研究重点考察企业所能拥有的投资能力的上限，即最大投资能力，是指在保证满足多种约束条件以及资金链不断的前提下，企业所能用来投资的上限。运用系统动力学原理，并结合影响因素分析结果，把整个预测系统划分为三个子系统，分别为融资子系统、利润子系统、折旧子系统。与此同时，引入多方面的约束条件，通过子系统之间各因素的因果关系动态传导机制，实现各个输出、输入变量之间的相互制约、相互影响、相互作用，共同完成最大投资能力多因素分析的特定功能。

5.3.1 模型基础及基本假设

构建系统动力学模型的基本关键是确定系统的边界、要素以及功能，进而建立与系统功能相关的要素之间的连接。建模步骤包括系统结构分析和系统模型构建。

5.3.1.1 系统结构分析

系统结构分析是指在分析系统功能和系统边界的基础上绘制反映系统整体结构的因果反馈回路，从而形成对系统清晰的认识。反馈是系统动态学的一个核心概念。一张因果回路图通常包括多个变量，各个变量之间通过箭头连接，以此标出它们之间的关系。下面以销售过程的因果回路图为例进行说明，销售过程有两个反馈回路，如图 5-1 所示。

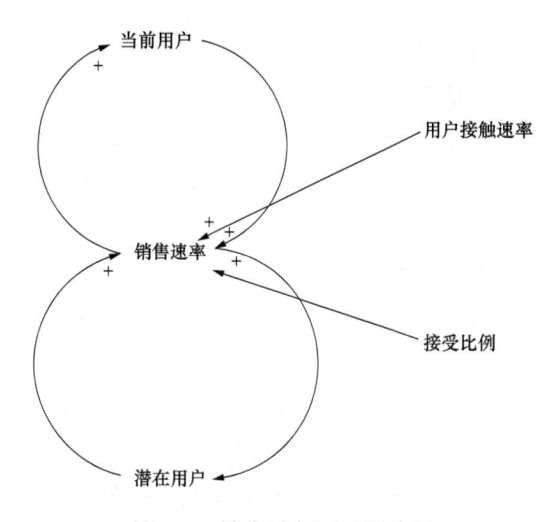

图 5-1 销售过程因果回路图

图 5-1 中上半部分的回路：如果当前用户的数量增加，他们将有更多机会接触潜在用户，销售速率就会增加，而销售速率的增加又会使当前用户的数量进一步加大。这是一个正反馈加强回路，它能使销售速率快速增长。图中下半部分的回路：随着当前用户数量的增加，销售速率就会增加，越来越多潜在用户转化为当前用户，市场中的潜在用户的数量就会逐渐减少。然而，一旦潜在用户的数量减少了，当前用户接触到潜在用户的机会就变少了，进而使得销售速率下降。这是一个负反馈平衡型回路，它控制了销售速率不会超过一定的量。

5.3.1.2 系统模型构建

系统模型构建是指在因果反馈回路的基础上，将系统的各种要素和连接进行抽象化和细致化，主要包括流图的构建和连接公式的设计，以销售过程为例，其存量流量如图 5-2 所示。

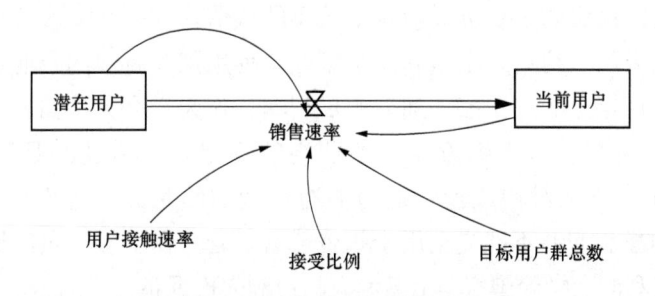

图 5-2 销售过程存量流量图

流图中包含存量、流量、辅助变量以及箭头连接等；公式嵌套在模型内部，具体反映模型各种要素之间的因果关系。

5.3.1.3 模型基本假设

为了简化最大投资能力预测模型，本章所建模型基于如下假设：

（1）资产负债率上限可每年分别设定，目前设定为 55%，融资后的资产负债率不得超过此设定。

（2）固定资产折旧采用直线折旧。

（3）所有当年完成的建设项目当年全部形成固定资产。

5.3.1.4 约束条件

电网企业的投资能力会受到很多条件的约束，比如资产负债率、资本保障率、上缴利润等，这也是本章研究对象。

（1）资产负债率约束。资产负债率是指期末负债总额除以资产总额的百分比，表示的是资产总额和负债总额之间的一种比例关系。该条件主要是对构成投资能力的融资额的约束，即企业的融资额是有上限的，一旦融资额的数额较大，使得资产负债率超过了一定的比例，公司的财务状况将被审查，情节严重的将会受到一定的处罚。根据调研结果可以得知，国家电网有限公司的资产负债率的红色预警线一般设定为 75%。但是，国家电网有限公司通常会把资产负债率保持在 70%以下，以便更好地管控。

（2）资本保障率约束。该指标反映的是企业自有可支配资金在全部资金中所占的比重。一般而言，资本保障率越高，说明企业的安全性越高，继续获得贷款的可能性越大。因此，该条件也是对融资额的约束。企业在融资的时候，并不能只考虑资产负债率这一单一的指标，还需要同时兼顾资本保障率的约束。而且，通过调研可知，就电网企业而言，在进行融资的时候，对资本保障率的最低要求是 25%，不同的单位根据自身的实际情况制定相应的措施，一般来说要求更严格。因此，融资额同时受到资产负债率以及资本保障率的约束，最终的融资额取两者中较小的数值。

（3）上缴利润约束。上缴利润是指经营使用国有资产的企业，按照一定比例或合同规定上缴给国家一部分税后利润。作为一个大型国有企业，国家电网有限公司在利润上缴方面有着严格的规定。上缴利润是针对税后利润，该条件主要是对构成投资能力的净利润的约束。对于电网企业来说，企业所得的净利润并不能完全用于投资或者运营，需要按一定的比例或者规定作为上缴利润上缴给国家。上缴利润的份额需根据各公司的运营水平或现状而定。

5.3.2 基于系统动力学的区域电网投资能力预测建模

为了定量分析输配电价改革下区域电网的投资能力,本书采用系统动力学方法构建了区域电网投资能力预测模型。系统动力学作为结构性模型,能够根据系统结构与有限的数据进行推算分析,并且定性与定量结合处理模型问题,适合需要考虑政策、市场等宏观因素以及电网企业财务数据的投资能力预测分析。基于此,本书充分考虑输配电价改革后区域电网投资能力的特点,根据投资能力资金来源要素,将系统分为利润子系统、折旧子系统与融资子系统三个子系统。这三个子系统通过相互间的输入、输出变量来相互影响、相互制约和相互作用,共同完成投资能力预测系统的特定功能。系统构成如式(5-1)所示。

$$I_{(t)} = P_{(t)} + D_{(t)} + F_{(t)} \tag{5-1}$$

式中:$I_{(t)}$为输配电价改革下电网企业第t年的投资能力;$P_{(t)}$为电网企业第t年可分配利润;$D_{(t)}$为电网企业第t年折旧额;$F_{(t)}$为电网企业第t年融资额,单位均为万元。

其中,利润子系统中主要考虑财务利润表中收入和成本费用,测算依据为可分配利润,即净利润扣除上缴利润;折旧系统中考虑可计提固定资产原值与定价折旧率对折旧的影响;融资系统中为最大融资额,同时受到资产负债率约束与自有资金比例约束。基于系统动力学的投资能力预测模型总体结构如图5-3所示,在验证模型有效性后,可有针对性地改变系统条件,从而进行相应仿真计算以达到预测效果。

5.3.2.1 利润子系统

利润子系统主要通过电网企业的总收入和总成本来进行计算。以自然年为周期,通过总收入减去总成本,可以得到电网企业的利润总额。在此基础之上,根据国家规定的企业所得税上缴比例,再减去企业上缴的所得税额,得到净利润。净利润总额并不能完全用于投资,部分净利润需要上缴集团总部。因此在利润的测算中,需要按照每年的实际情况扣除上缴利润,得到扣除上缴利润部分的净利润,即可分配利润。

综上所述,利润子系统测算指标为扣除上缴利润部分的净利润,其测算方式如式(5-2)所示。

$$P_{(t)} = T_{R(t)} - T_{C(t)} - IT_{(t)} - P_{sj(t)} \tag{5-2}$$

式中:$P_{(t)}$为电网企业第t年的可分配利润,即扣除上缴利润部分的净利润;$T_{R(t)}$为第t年的总收入;$T_{C(t)}$为第t年的总费用成本;$IT_{(t)}$为第t年上缴的企业所得税;$P_{sj(t)}$为第t年的电网企业上缴利润,单位均为万元。

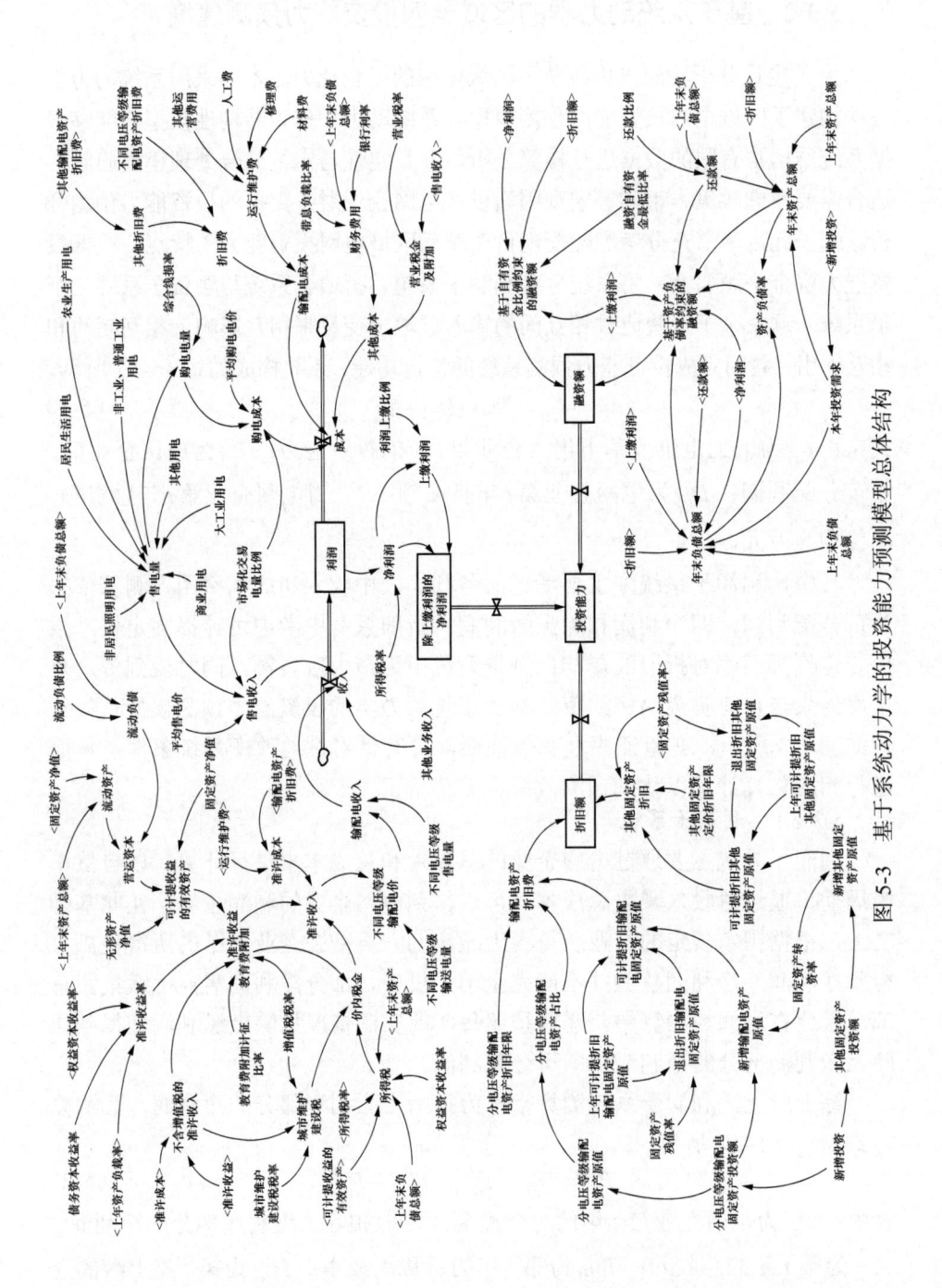

图 5-3 基于系统动力学的投资能力预测模型总体结构

第 5 章 区域电网投资能力测算及敏感性分析

随着输配电价改革的推进，为科学合理核定省级电网企业输配电价，健全输配电定价制度，电网企业盈利模式发生较大的改变。经历三个周期的输配电价改革，电网企业的盈利模式由传统的"购售电价差"经营模式逐渐转变为按照科学核定的输配电价作为收益来源。尤其是《关于第三监管周期省级电网输配电价及有关事项的通知》印发后，真正按照"准许成本+合理收益"直接核定输配电价，电网企业的售电业务将完全被输配电业务替代，电网企业收入的测算方式大幅改变。但由于电网企业收入情况的测算周期较长，期间经历的政策变化较大，本书仍考虑将售电作为电网企业的重要业务，与电网企业输配电准许收入共同构成总收入部分，并考虑到不同年份的具体政策情况不同，按照实际情况设定市场交易电量比例，市场交易电量部分按照"过路费"方式计算输配电收入。第三监管周期之后，市场交易电量比例设定为 1。综上所述，总收入测算方式如式（5-3）~式（5-5）所示。

$$T_{R(t)} = R_{es(t)} + R_{ptd(t)} \quad (5-3)$$

$$R_{es(t)} = (1 - r_{mt(t)}) \times \sum_{l=1}^{u}(P_{es,l(t)} \times Q_{es,l(t)}) \quad (5-4)$$

$$R_{ptd(t)} = \sum(P_{ptd,m(t)} \times Q_{es,m(t)}) \quad (5-5)$$

式中：$R_{es(t)}$ 为第 t 年的售电收入，万元；$R_{ptd(t)}$ 为第 t 年的输配电收入，万元；$r_{mt(t)}$ 为第 t 年的市场交易电量比例；$P_{es,l(t)}$ 为第 t 年第 l 类用户的售电量（按照大工业用户，非工业、普通工业用户，居民用户，商业用户，农业生产用户等进行分类），kWh；$Q_{es,l(t)}$ 为第 t 年的第 l 类用户的售电价格，元/kWh；u 表示用户类别数量，个；$P_{ptd,m(t)}$ 为第 t 年 m 电压等级的输配电价，元/kWh；$Q_{es,m(t)}$ 为第 t 年 m 电压等级的售电量，kWh。

企业总成本部分由电网企业的购电成本、输配电成本、线损成本及其他成本构成。输配电价改革方案实施后，电网企业的核心业务是输配电，因此购电成本在电网企业成本费用中所占比重大大降低，与固定资产相关的折旧、检修运行等费用所占比重上升，成为电网企业成本管理的重点。此外，在第三监管周期的输配电价核定标准中，要求上网环节线损费用在输配电价外单列，因此在第三监管周期实施后还要考虑线损成本的测算。综上所述，总成本测算方式如式（5-6）~式（5-8）所示。

$$T_{C(t)} = C_{ep(t)} + C_{ptd(t)} + C_{ll(t)} + C_{other(t)} \quad (5-6)$$

$$C_{ep(t)} = (1-r_{mt(t)}) \times \frac{Q_{es(t)}}{1-r_{ll(t)}} \times P_{ap(t)} \tag{5-7}$$

$$C_{ptd(t)} = \sum C_{ptd,m(t)} \tag{5-8}$$

式中：$C_{ep(t)}$ 为第 t 年的购电成本，万元；$C_{ptd(t)}$ 为第 t 年的输配电成本，万元；$C_{ll(t)}$ 为第 t 年的线损成本（仅第三监管周期实施后考虑），万元；$C_{other(t)}$ 为第 t 年的其他成本，包含财务费用、营业税金及附加等，万元；$Q_{es(t)}$ 为第 t 年的售电量，kWh；$r_{ll(t)}$ 为第 t 年的综合线损率；$P_{ap(t)}$ 为第 t 年的平均售电价，元/kWh；$C_{ptd,m(t)}$ 为第 t 年 m 电压等级的输配电成本，万元。

综上，利润子系统结构如图 5-4 所示。

（1）分电压等级输配电成本核算模型。2019 年国家发展改革委、国家能源局发布《输配电定价成本监审办法》，完善对电网企业输配电成本的监管，规范输配电定价成本监审行为，促进电网企业加强成本管理。输配电定价成本，是指政府核定的电网企业提供输配电服务的合理费用支出。省级电网输配电定价成本，是指政府核定的省级电网企业为使用其经营范围内输配电设施的用户提供输配电服务的合理费用支出。区域电网输电定价成本，是指政府核定的区域电网经营者为使用其经营范围内跨省交流共用输电网络的用户提供输电服务的合理费用支出。按照现行的常见输配电线路电压等级，本书将电网企业输配电线路划分为 220kV、110kV、35kV、10kV、1kV 及以下 5 个电压等级，如式（5-9）所示。

$$C_{ptd,m} = F_{dep,m} + F_{om,m} \tag{5-9}$$

式中：$C_{ptd,m}$ 为 m 电压等级的输配电成本，万元；$F_{dep,m}$ 为 m 电压等级的输配电资产的折旧费，按照电压等级，输配电资产的规定折旧年限分别核定，万元；$F_{om,m}$ 为 m 电压等级的运行维护费，按照不同电压等级的分摊比例核定，分摊比例以各电压等级输配电固定资产的占比为依据设定，万元。

由于电网电量会由高电压等级电网线路向低电压等级电网线路逐级传输，如图 5-5 所示，因此部分高电压等级电网的输配电成本也需要分摊到低电压等级电网的输配电成本中。

按照电压传导机制，计算各电压等级分摊的输配电成本，测算各电压等级的分摊后输配电成本，如式（5-10）~式（5-12）所示。

$$C_{ptd,m}^{aa} = C_{ptd,m} + \sum_{l>m} C_{ptd,l-m} - \sum_{n<m} C_{ptd,m-n} \tag{5-10}$$

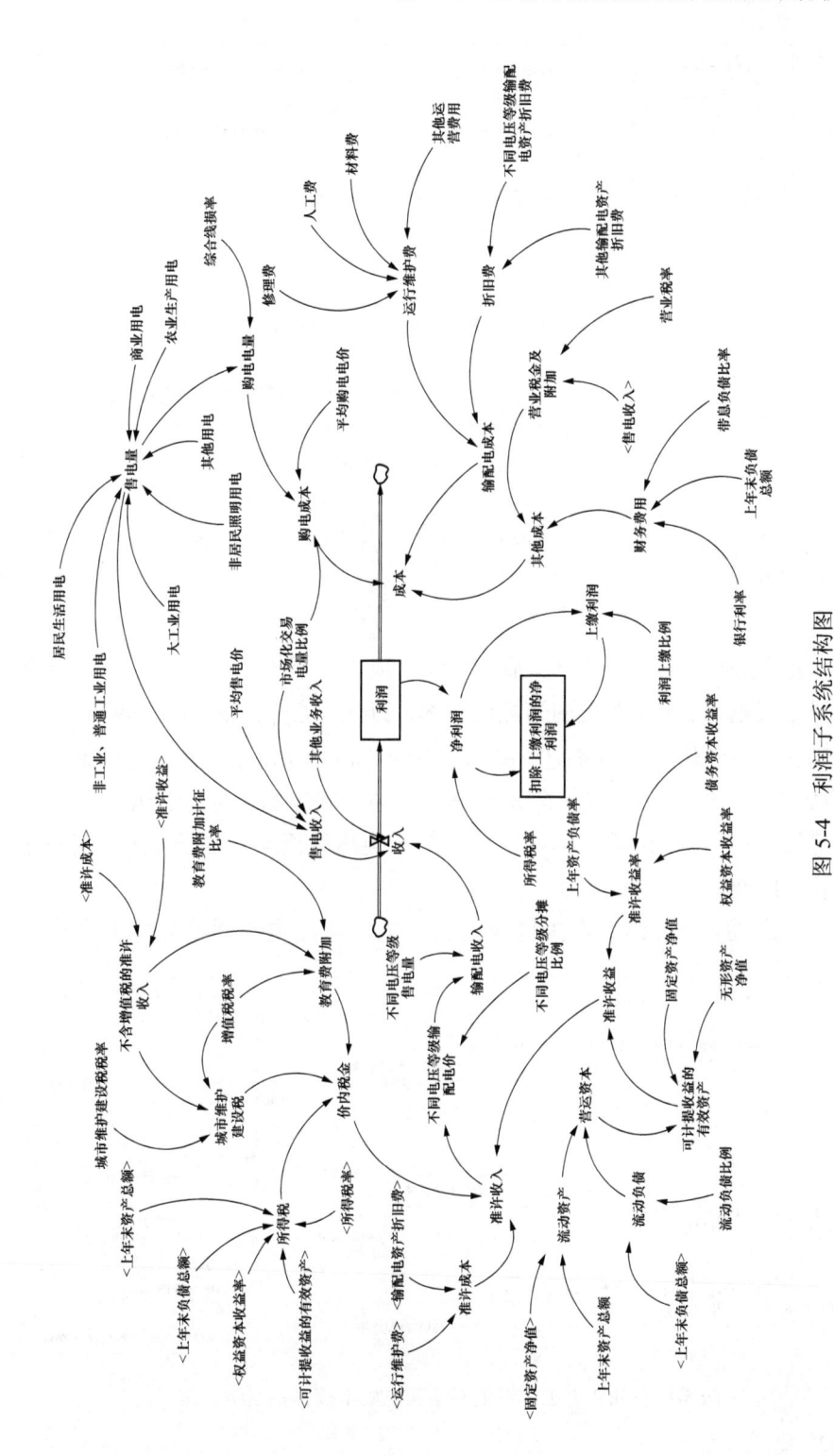

第5章 区域电网投资能力测算及敏感性分析

图 5-4 利润子系统结构图

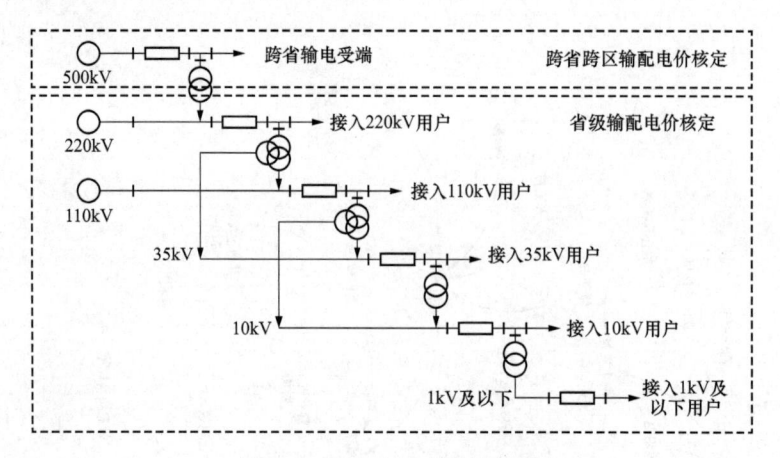

图 5-5 输配电成本分摊原理

$$C_{ptd,l-m} = C_{ptd,l} \times \frac{Q_{l-m}}{Q_l} \quad (5-11)$$

$$C_{ptd,m-n} = C_{ptd,n} \times \frac{Q_{m-n}}{Q_m} \quad (5-12)$$

式中：$C_{ptd,m}^{aa}$ 为 m 电压等级分摊后的输配电成本，万元；$C_{ptd,l-m}$ 为 m 电压等级分摊上级电网 l 电压等级的输配电成本，万元；$C_{ptd,m-n}$ 为 m 电压等级被下级电网 n 电压等级分摊的输配电成本，万元；Q_l 为 l 电压等级电网的输送电量，kWh；Q_{l-m} 为 l 电压等级向 m 电压等级电网输送的电量，kWh；Q_m 为 m 电压等级电网的输送电量，kWh；Q_{m-n} 为 m 电压等级向 n 电压等级电网输送的电量，kWh。

综上所述，以 35kV 电压等级为例，电网输配电成本核算模型结构如图 5-6 所示。

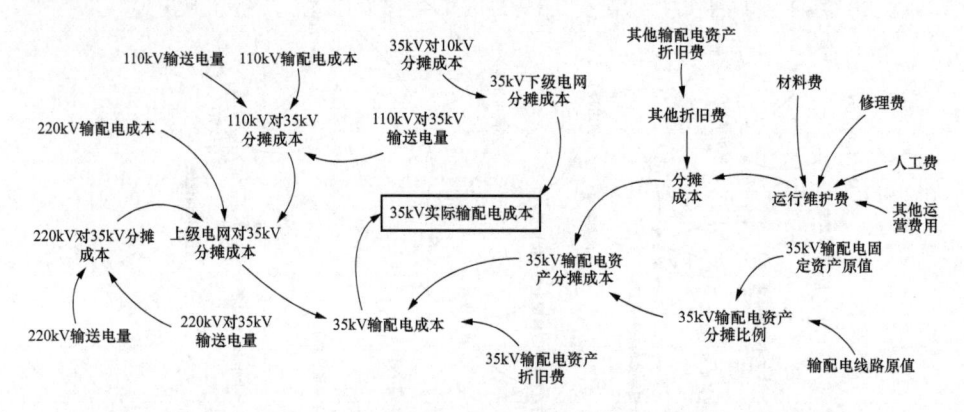

图 5-6　35kV 电压等级电网输配电成本核算模型结构图

(2) 分电压等级理论输配电价核定模型。省级电网输配电价改革与之前发布的《输配电定价成本监审办法》，共同构成了对电网企业的成本价格监管制度框架。结合省级电网输配电价改革的推进，明确了电网输配电准许收入由准许成本、准许收益和税金三部分构成。其中，准许成本由折旧费和运行维护费构成；准许收益由可计提收益的有效资产和准许收益率的乘积得到；税金是指除增值税外的其他税金，包括所得税、城市维护建设税、教育费附加等。

在此基础之上，结合不同电压等级的分摊比例，可以得到各电压等级的准许收入，如式（5-13）所示。

$$R_{zx,m} = C_{zx,m} + S_{zx,m} + T_{s,m} \tag{5-13}$$

式中：$R_{zx,m}$ 为 m 电压等级的准许收入，万元；$C_{zx,m}$ 为 m 电压等级的准许成本，万元；$S_{zx,m}$ 为 m 电压等级的准许收益，万元；$T_{s,m}$ 为 m 电压等级的税金，万元。

参考上文中输配电成本分摊原理，需要按照电压传导机制，重新核定各电压等级的准许收入，并在此基础上测算不考虑交叉补贴的各电压等级的理论输配电价，如式（5-14）～式（5-17）所示。

$$R_{zx,m}^{th} = R_{zx,m} + \sum_{l>m} R_{zx,l-m} - \sum_{n<m} R_{zx,m-n} \tag{5-14}$$

$$R_{zx,l-m} = R_{zx,l} \times \frac{Q_{l-m}}{Q_l} \tag{5-15}$$

$$R_{zx,m-n} = R_{zx,m} \times \frac{Q_{m-n}}{Q_m} \tag{5-16}$$

$$P_{td,m} = R_{zx,m}^{th} \times \left(Q_m - \sum_{n<m} Q_{m-n}\right) / Q_m \tag{5-17}$$

式中：$R_{zx,m}^{th}$ 为 m 电压等级的理论准许收入，万元；$R_{zx,l-m}$ 为 m 电压等级分摊上级电网 l 电压等级的准许收入，万元；$R_{zx,m-n}$ 为 m 电压等级被下级电网 n 电压等级分摊的准许收入，万元；$P_{td,m}$ 为 m 电压等级的输配电价，元/kWh；$\sum_{n<m} Q_{m-n}$ 为 m 电压等级向下级电网输送的总电量，kWh。

综上，以 110kV 电压等级为例，电网理论输配电价核定模型的整体结构如图 5-7 所示。

5.3.2.2 折旧子系统

折旧作为固定资产的转移价值，是投资在固定资产上的资金逐渐回收的

图 5-7 110kV电压等级电网理论输配电价核定模型整体结构图

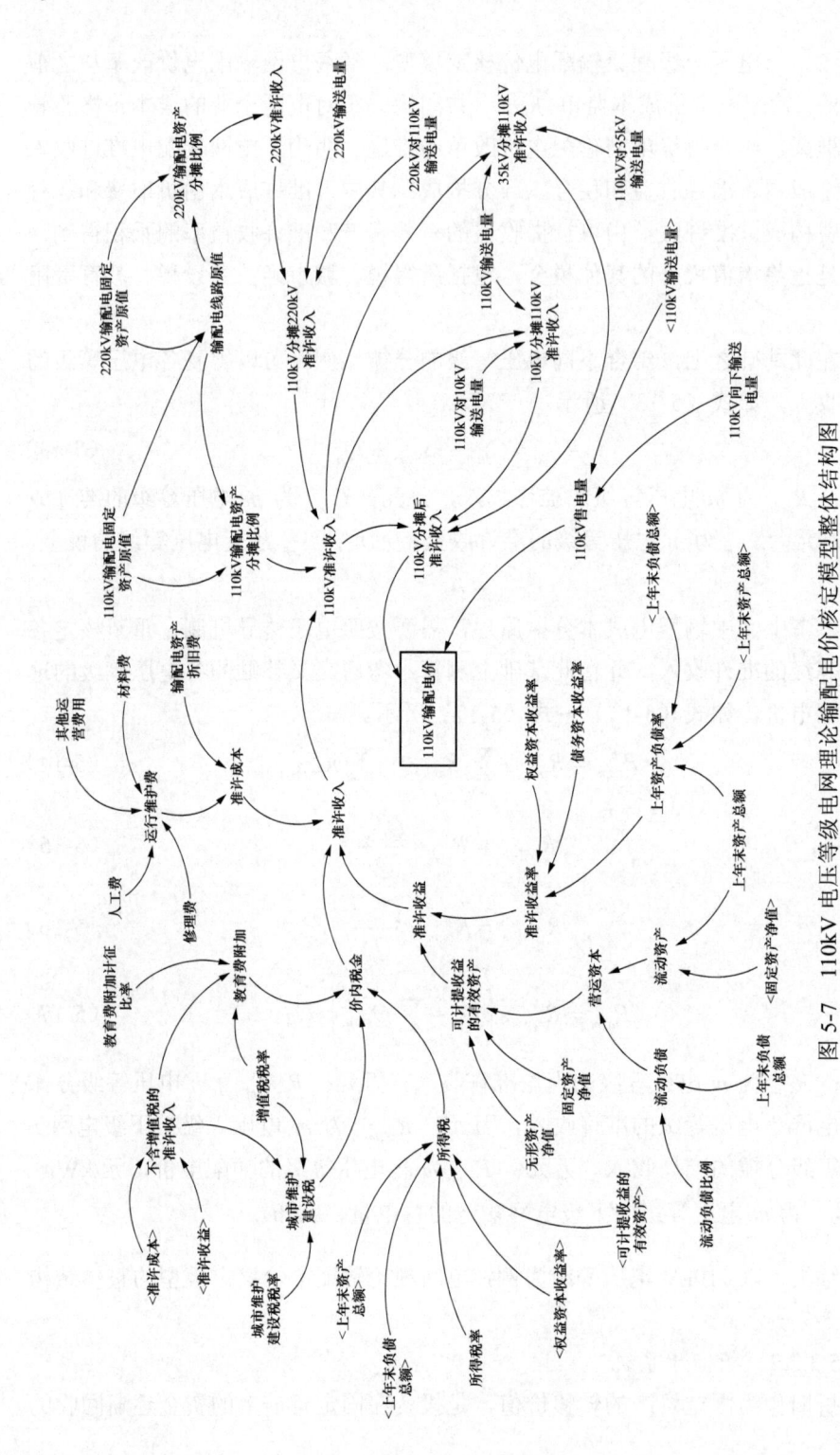

过程。正确地分析折旧子系统既是保证资产更新重置的重要措施，也是企业顺利再生产的关键。依据输配电定价成本核定，计入定价成本的折旧费，按照可计提折旧固定资产原值和规定的输配电固定资产分类定价折旧年限，采用年限平均法核定。

本书按照年限平均法参与投资能力折旧子系统的核算。由《输配电定价成本监审办法》，按照不同电压等级的输配电线路固定资产以及不同类别的固定资产设备类型，将固定资产划分为输配电固定资产和其他固定资产，输配电固定资产中又按照 220kV、110kV、35kV、10kV、1kV 及以下 5 种电压等级分类分别计算。年折旧额可以由规定的定价折旧率和固定资产原值的乘积得到，相关计算方式如式（5-18）～式（5-22）所示。

$$D = \sum_{i=1}^{v}(V_{ad,i} \times d_i) \quad (5\text{-}18)$$

$$d_i = \frac{1-r_{nr}}{L_{el,i}} \quad (5\text{-}19)$$

$$V_{ad,i} = V_{adp,i} + V_{nd,i} - V_{ed,i} \quad (5\text{-}20)$$

$$V_{nd,i} = I_{n,i} \times r_{fac} \quad (5\text{-}21)$$

$$V_{ed,i} = V_{adp,i} \times r_{rv} \quad (5\text{-}22)$$

式中：D 为电网企业的折旧额，万元；$V_{ad,i}$ 为第 i 类固定资产的可计提折旧固定资产原值，万元；d_i 为第 i 类固定资产的年折旧率，由年限平均法计算；v 为固定资产划分的总类别数，个；r_{nr} 为固定资产残值率；$L_{el,i}$ 为第 i 类固定资产的使用年限，年；$V_{adp,i}$ 为第 i 类固定资产的上年可计提折旧固定资产原值，万元；$V_{ed,i}$ 为第 i 类固定资产的退出折旧固定资产原值，万元；$V_{nd,i}$ 为第 i 类固定资产的新增固定资产原值，万元；$I_{n,i}$ 为第 i 类固定资产的新增投资，万元；r_{fac} 为固定资产转资率；r_{rv} 为固定资产残值率。折旧子系统的整体结构如图 5-8 所示，输配电资产折旧结构如图 5-9 所示。

5.3.2.3 融资子系统

电网企业融资是指以企业为主体融通资金，使企业及其内部各环节之间资金供求由不平衡到平衡的运动过程。企业通过融资得到的资金也是构成企业投资能力的重要部分，但融资活动会受到很多因素的限制，如融资时间、融资策略、盈利能力、资本结构等。电力企业的融资方式主要由中央的财政拨款，发展到商业银行贷款、国家开发银行贷款、政府性基金、证券融资、企业自有资金、民间投资、外资、国债等，其中银行贷款占比最大。由于电网企业自身盈利能力较强，是银行的优质贷款客户，一般都可以足额、低利息获取贷款，并且自有资金相对充足，故电网企业的投资能力主要还是依靠自有资金和银行贷款辅助一些融券的方式。

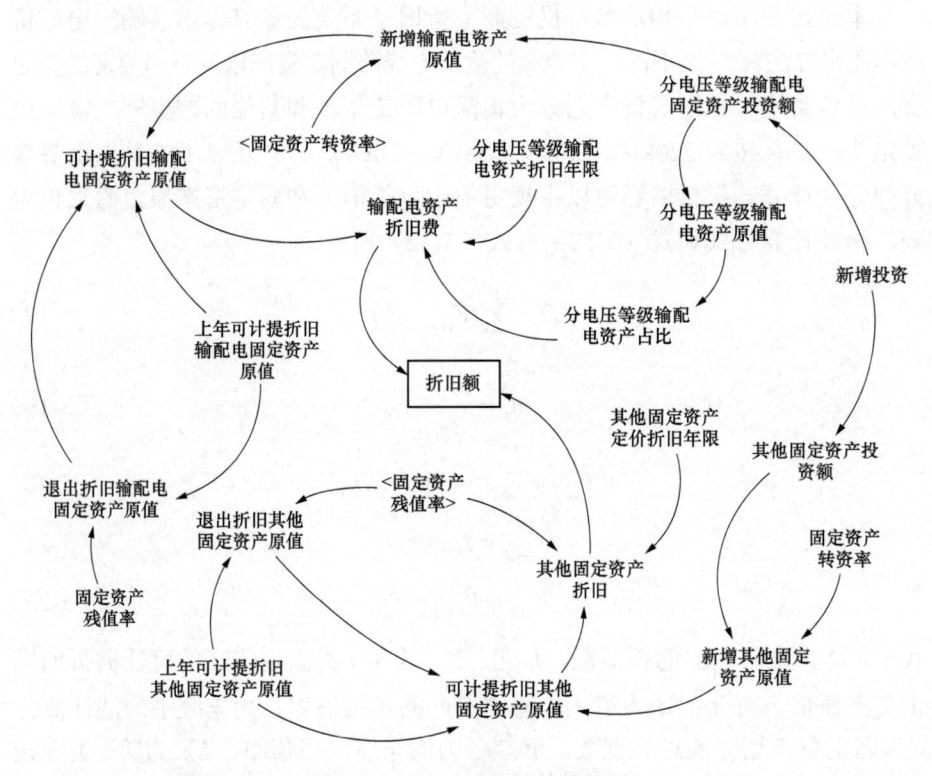

图 5-8 折旧子系统整体结构图

重点考虑企业内部因素对融资的限制作用，即通过对资产负债率和自有资金比例的约束，来控制电网企业融资额的大小，避免出现资产负债率过高的情况。其公式如式（5-23）所示。

$$F = \min(F_d, F_f) \tag{5-23}$$

式中：F 为融资额；F_d 代表基于资产负债率约束的融资额；F_f 代表基于自有资金比例约束的融资额，单位均为万元。

（1）基于资产负债率约束的融资额。资产负债率用以衡量企业利用债权人提供资金进行经营活动的能力，是反映债权人发放贷款的安全程度的指标。对于电网企业而言，资产负债率关系到投资能力中折旧及融资额度的多少，

图 5-9 输配电资产折旧结构图

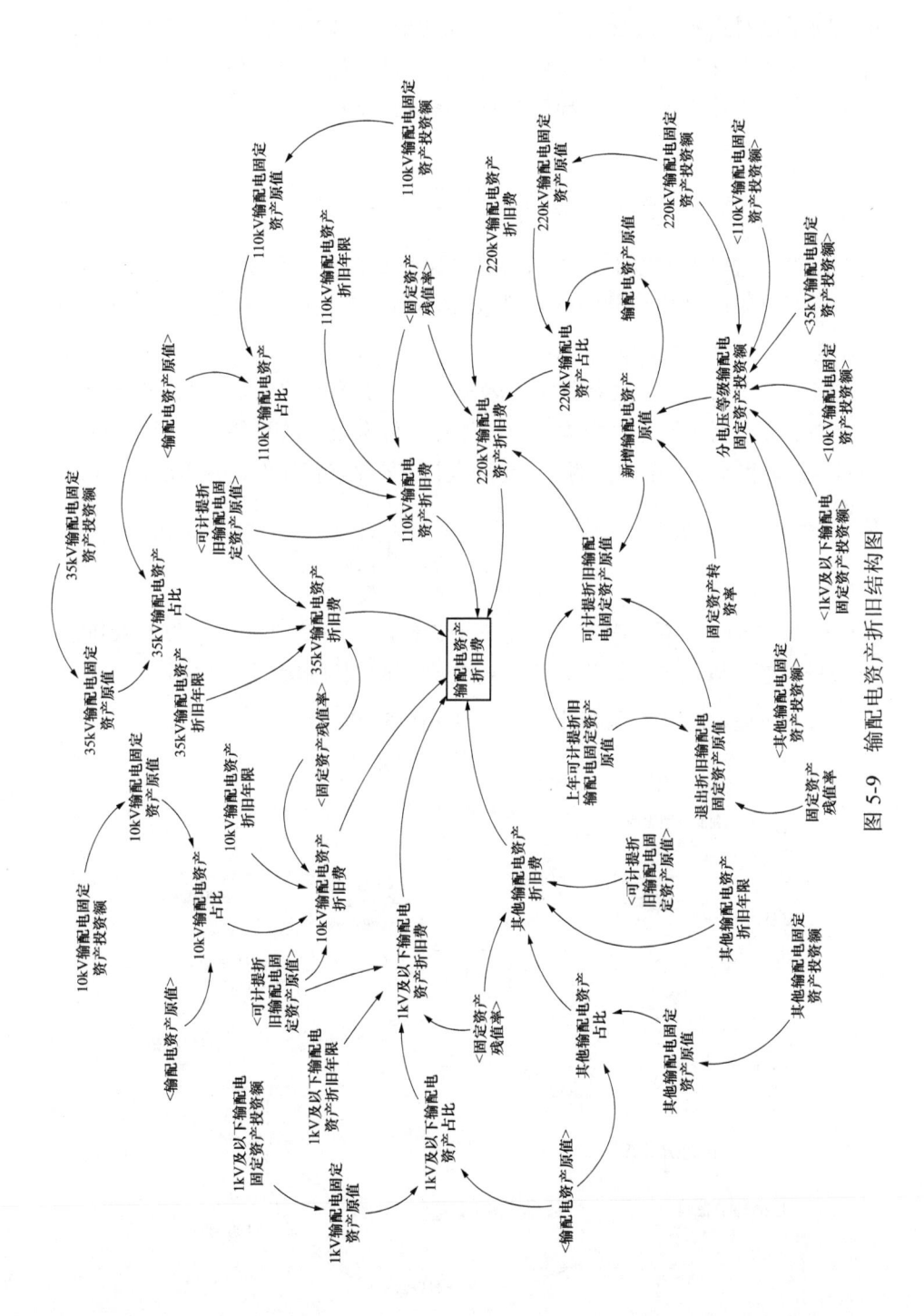

也反映了电网企业的偿债能力。电网企业的资产负债率受到总部集团的考核，若资产负债率过高，则会受到相关的管控，以避免产生较高的债务风险。依据资产负债率计算公式可推导资产负债率约束下最大融资额，如式（5-24）所示。

$$F_d = \frac{r_{al} \times (TA_l + P_n - P_{sj} - R_{pay}) - TL_l + R_{pay}}{1 - r_{al}} \quad (5\text{-}24)$$

式中：F_d 为基于资产负债率约束的融资额；r_{al} 为资产负债率约束；TA_l 为上年末资产总额；P_n 为净利润；P_{sj} 为上缴利润；R_{pay} 为还款额；TL_l 为上年末负债总额，以上单位均为万元。

（2）基于自有资金比例约束的融资额。自有资金比例反映企业自有资金在全部资金中所占比重。根据行业的特点、资金市场的形势，以及自有资金中固定资金和流动资金的比例，设定融资自有资金最低比例，并通过式（5-25）计算。

$$F_f = (P_n - P_{sj} + D) \times \frac{1 - r_{of}}{r_{of}} \quad (5\text{-}25)$$

式中：F_f 为基于自有资金比例约束的融资额；P_n 为净利润；P_{sj} 为上缴利润；D 为折旧额，以上单位均为万元；r_{of} 为设定的融资自有资金比例。

综上所述，融资子系统的整体结构如图 5-10 所示。

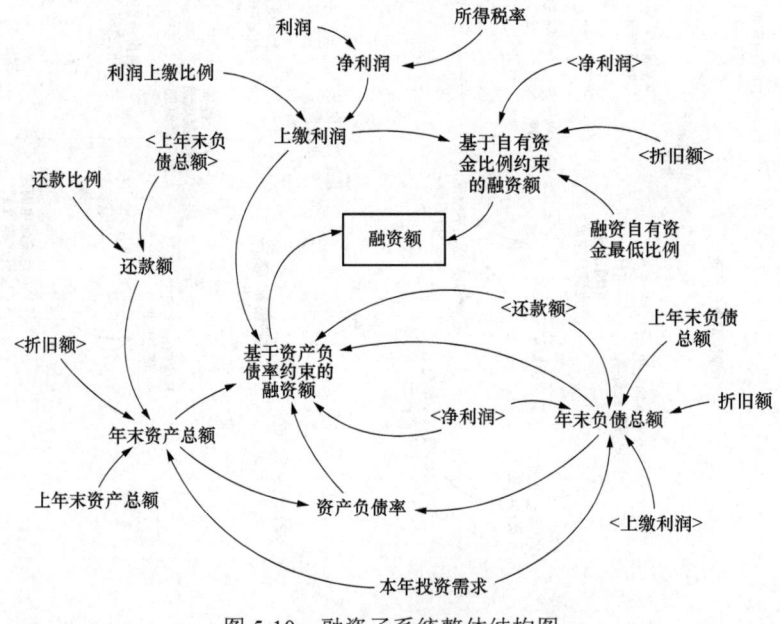

图 5-10 融资子系统整体结构图

5.4 实 证 分 析

以上述模型作为基础，通过调研及资料收集，本书以某省电力公司的实际数据进行实例分析，研究该省份投资能力及关键指标的发展趋势，数据来源为该公司的资产负债率表、现金流量表、利润表等。

5.4.1 基础数据

本书将该公司的实际数据代入模型中进行实证分析。所用的数据分为两类，第一类是基础的年度数据；第二类是设定的参数数据。基础的年度数据是指从该公司获得的年度数据，是完成投资能力测算的基础数据，在没有历史数据的年份，需要采取预测的方法对其发展趋势进行预测。灰色预测模型所需建模信息少，操作方便，且建模精度较高，适合本书数据的实际情况，因此部分关键指标在 2016—2022 年的历史数据基础之上，采取灰色预测的方法对这些指标 2023—2027 年的年度数据进行预测。其余计算指标如营运资本、财务费用、年末资产总额、年末负债总额等，与关键指标间存在相互作用与联动关系，通过关键指标间的计算关系得到，故在模型中输入 2015 年的历史数据，在此基础上通过模型中各指标间的作用关系计算得到 2016—2023 年的测算结果和 2023—2027 年的预测情况。指标历史数据的具体选取和其发展趋势预测所采用的预测方法见表 5-2。根据政策设定的参数数据依据政策文件或电网企业实际情况进行设定，其设定值及其设定依据见表 5-3。

表 5-2　　　　　　　历史数据及预测数据

指标名称	历史数据范围	预测数据范围	预测方法
不同用户类型售电量	2016—2022 年	2023—2027 年	灰色预测
平均售电价	2016—2022 年	2023—2027 年	灰色预测
其他业务收入	2016—2022 年	2023—2027 年	灰色预测
人工费	2016—2022 年	2023—2027 年	灰色预测
修理费	2016—2022 年	2023—2027 年	灰色预测
材料费	2016—2022 年	2023—2027 年	灰色预测
其他运营费用	2016—2022 年	2023—2027 年	灰色预测
购电电价	2016—2022 年	2023—2027 年	灰色预测

续表

指标名称	历史数据范围	预测数据范围	预测方法
不同电压等级输电线路输送电量	2016—2022 年	2023—2027 年	灰色预测
不同电压等级售电量	2016—2022 年	2023—2027 年	灰色预测
不同电压等级输配电资产新增投资	2016—2022 年	2023—2027 年	灰色预测
其他固定资产新增投资	2016—2022 年	2023—2027 年	灰色预测

表 5-3　　　　　　　　　　　设　定　参　数

参数	设定值	设定依据
所得税率	25%	《中华人民共和国企业所得税法》第四条规定，企业所得税的税率为 25%
固定资产残值率	5%	电网企业历史财务数据
固定资产转资率	75%	《省级电网输配电价定价办法》（发改价格规〔2020〕101 号）规定，预计新增投资计入的固定资产比率最高不得超过 75%
融资自有资金最低比例	30%	自有资金中固定资金和流动资金的比例，以及根据行业的特点和资金市场的形势确定
资产负债率上限	55%	参照电网企业资产负债率历史数据的平均值、电网企业历史经营情况、未来管理运营的目标以及控制资产负债率的压力设定
220kV 输配电资产折旧年限	31 年	
110kV 输配电资产折旧年限	29 年	
35kV 输配电资产折旧年限	24 年	《输配电定价成本监审办法》（发改价格规〔2019〕897 号）
10kV 输配电资产折旧年限	10 年	
1kV 及以下输配电资产折旧年限	10 年	
其他固定资产折旧年限	19 年	

5.4.2　输配电成本与理论输配电价预测结果

根据上文中的分电压等级输配电成本核算模型，得到系统仿真的 2016—2027 年各电压等级分摊后输配电成本对于各电压等级分摊后输配电成本，如图 5-11 所示。由图所示，不同电压等级的分摊后输配电成本均整体呈现增长趋势。其中，220kV 电压等级输电线路的分摊后输配电成本最低且曲线较为平稳，这是由于 220kV 电压等级输电线路的输送电量较大，同时向下级电网输送的电量比例较高，因此下级电网分摊的 220kV 电压等级输电线路的输配电成本较多。

110kV 电压等级输电线路和 35kV 电压等级输电线路分摊后输配电成本

数值较为相似，均在 2016—2019 年快速增长，2019—2023 年呈现出略微下降的趋势，又在 2023—2027 年之后缓慢上升，且由于 2023 年之后 35kV 电压等级输电线路的输配电资产投资逐年增加，其增幅大于 110kV 电压等级输电线路，导致 35kV 电压等级输电线路的分摊比例逐年上升，故 35kV 电压等级输电线路的分摊后输配电成本增幅超过 110kV 电压等级。

10kV 电压等级输电线路和 1kV 及以下电压等级输电线路的分摊后输配电成本呈现出较高的水平和较快的增幅，且均在 2017—2018 年增速最快，在其余时间呈现出较为稳定的快速增长的趋势。同时，10kV 电压等级输电线路的分摊成本与其增幅均大于 1kV 电压等级输电线路，这是由于在 2019 年之后，各电压等级的新增投资额趋于平稳，而 2019—2022 年 10kV 输配电固定资产的新增投资额远高于其他电压等级，导致 2019 年以后 10kV 输配电固定资产占比较高，进而导致 10kV 输配电线路的分摊比例较高。由于需要分摊上级电网的输配电成本，并且 1kV 及以下的输配电线路只从 10kV 输配电线路接收电量，故 1kV 及以下的输配电线路需要也仅需要分摊 10kV 输配电线路的输配电成本，因此，其输配电成本呈现出的趋势与 10kV 输配电线路相似，并具有较快的增速。

根据上文中的分电压等级理论输配电价模型，得到系统仿真的 2016—2027 年不考虑交叉补贴的各电压等级理论输配电价，如图 5-11 所示。通过观察图 5-11 和图 5-12 可以发现，不考虑交叉补贴的各电压等级理论输配电价曲线与分摊后输配电成本的仿真结果整体分布相似。

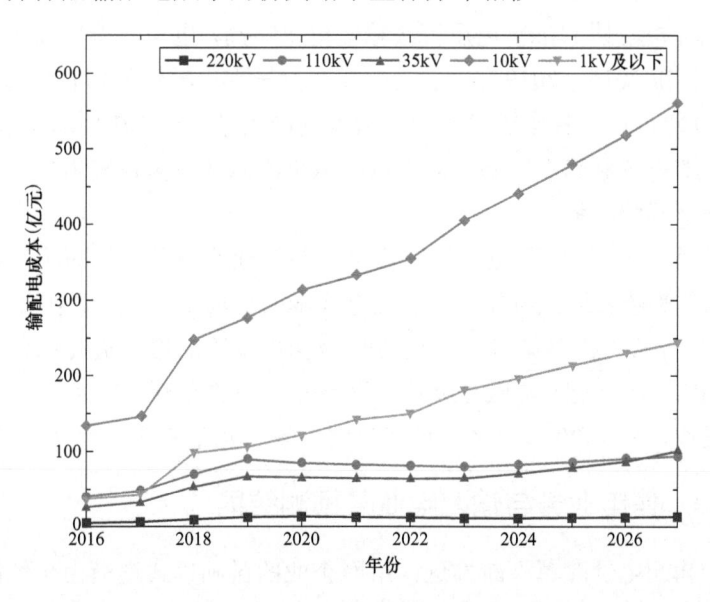

图 5-11　分电压等级分摊后输配电成本仿真分析结果

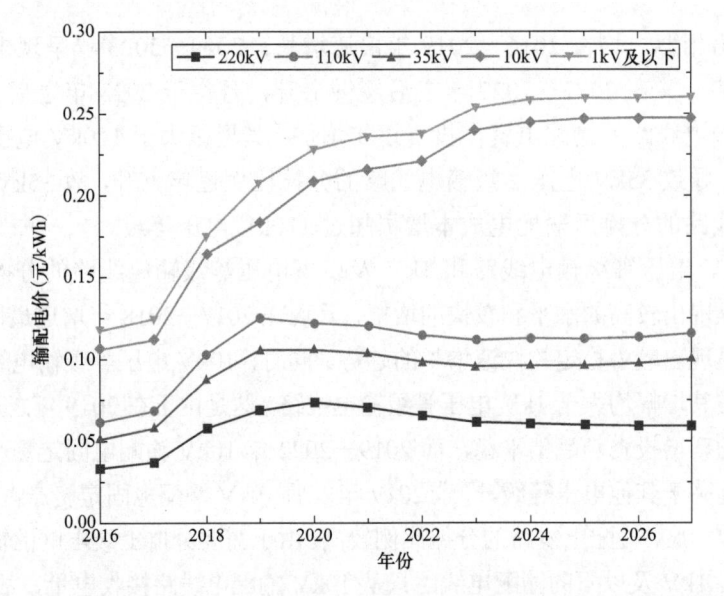

图 5-12 分电压等级输配电价仿真分析结果

220kV、110kV、35kV 电压等级输电线路的输配电价整体呈现出快速增长后缓慢下降的趋势，220kV 电压等级输配电价曲线最后呈现平稳下降的趋势，而 110kV、35kV 电压等级输配电价曲线最后呈现缓慢回升的趋势，与分摊后输配电成本曲线一致；同时，在理论输配电价仿真结果的数值方面，220kV 电压等级的输配电价最低，35kV 电压等级输配电价与 110kV 电压等级输配电价相近且 110kV 电压等级输配电价略高，也与分摊后输配电成本的结果一致。在 2016—2019 年，理论输配电价呈现出较快的增长趋势，这是由于在 2019 年以前，各电压等级的新增投资额较高；在 2019 年之后，各电压等级的新增投资额趋于平稳，理论输配电价的总体状态也较为平稳，甚至呈现出略微下降的趋势。

10kV 和 1kV 及以下电压等级输电线路的理论输配电价高于其他电压等级，且总体趋势相近，与分摊后输配电成本的仿真结果一致。在 2016—2027 年阶段中，10kV 和 1kV 及以下电压等级输电线路的理论输配电价始终呈现增长的趋势，且受到各电压等级新增投资额水平的影响，在 2017—2019 年期间增速最快，到了 2023 年之后增速放缓，增长几乎停滞。

5.4.3 售电业务与输配电业务预测结果

由于输配电价改革不断推进，电网企业的盈利模式逐渐由传统的购售电价差模式转为输配电盈利模式。第三监管周期实施后，更将真正按照"准许成本+合理收益"原则核定输配电价,全面取消电网企业传统的购售电价差模式。因此,在本书中,设定了不按照购售电价差模式计算电网企业收益的"市场化交易电量比例",并设定2017—2022年输配电改革开始后,市场化交易电量比例持续降低,2023年维持该下降趋势,2023年下半年至2027年第三监管周期实施后,市场化交易电量比例降为0,故2024—2027年电网企业的售电收入与购电成本均为0。

根据上述设定,得到电网企业售电及输配电业务的收入、成本和净利润仿真结果,如图5-13所示。在售电业务方面,购电收入、售电成本及净利润均呈现出先升后降的趋势。2016—2018年,售电业务主要受到售电量和购售电价差的影响,由于2018年的售电价格较高同时购电价格较低,售电业务的净利润在2018年到达了峰值。随后,在2019—2023年,由于市场化交易电量比例持续降低,净利润随之不断下降。在系统仿真设定中2024—2027年由于市场化交易电量比例降为零,故不存在售电业务的净利润。在输配电业务方面,2016—2027年输配电收入与输配电成本呈现出较为相似的稳定上升的趋势,同时输配电业务的净利润也呈现出较为稳定的不断增长的趋势,与上文中的分电压等级输配电价与输配电成本的趋势基本对应。

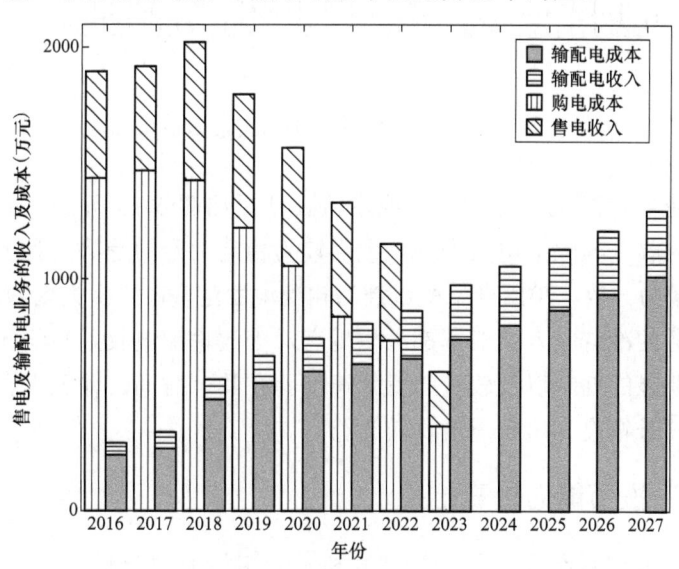

图5-13 电网企业收入及成本仿真结果

由于2024年以后电网企业传统的购售电价差模式完全转为输配电盈利模式,不涉及售电业务,故只考虑2016—2023年的电网企业售电业务收入及成本仿真结果,如图5-14所示。由图可以看出,在售电量、售电价格以及购电价格共同的作用下,购电收入与售电成本均呈现出先升后降的趋势,并分别在 2017 年和 2018 年到达了峰值。随后主要受到市场化交易电量比例的影响,购电收入与售电成本不断下降,且下降速度整体以较为稳定的趋势不断加快。并且由于 2023 年只考虑上半年存在售电业务,2023 年的下降幅度突然增加。

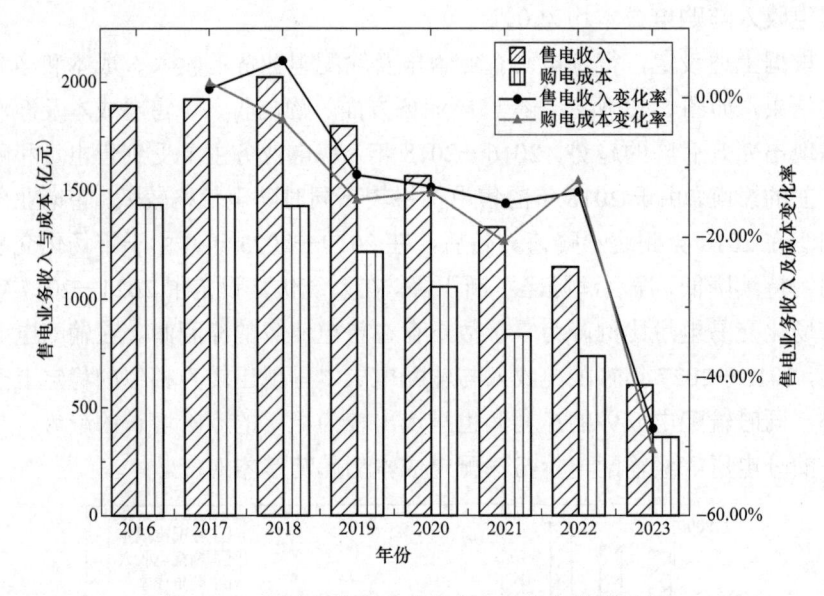

图 5-14 电网企业售电业务收入及成本仿真结果

电网企业输配电业务收入及成本仿真结果如图 5-15 所示。由图可以看出,输配电收入与输配电成本均呈现出较为稳定上升的趋势,且上升幅度与上升速度较为一致。2018 年,受到新增输配电固定资产投资大幅增加的影响,输配电业务的准许收入及成本都大幅提高,因此输配电收入与输配电成本呈现出较为明显的增幅以及较快的变化速度。在其余时间,输配电收入与输配电成本的增长幅度和增长速度均较为稳定。

5.4.4 投资能力仿真结果

根据模型仿真结果,可以得到净利润(扣除上缴利润)、折旧额、融资额三个子系统的测算结果,并计算出电网企业的投资能力,见表 5-4,如图 5-16 所示。可以看出,由于电网企业固定资产不断增加,折旧额呈现出稳定增加的趋势。由于受到第三监管周期的影响,自 2023 下半年开始,电网企业的利润大幅减少,融资额也受到较大的影响迅速下降。总体来讲,电网企的投资能力受到这三者的共同影响,在2018年至2022年达到较高的水平,又在2024年下降至谷值,随后缓慢上升。

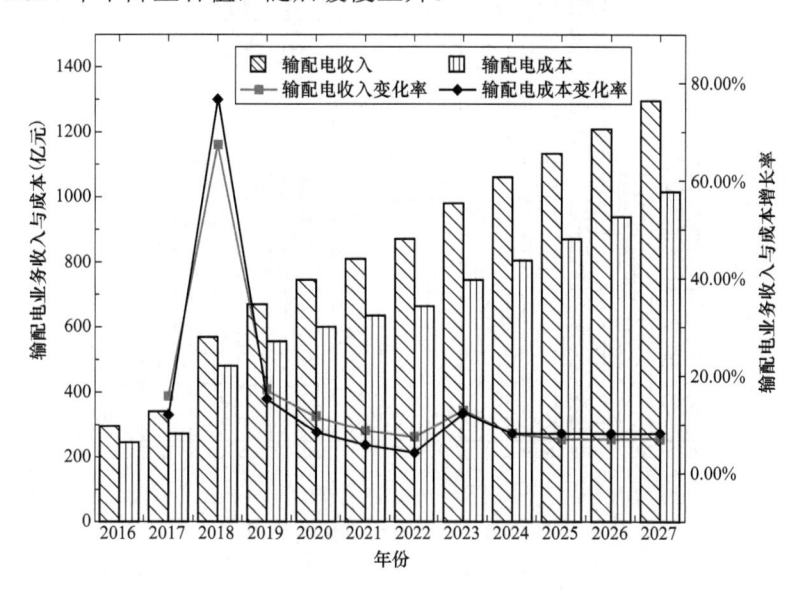

图 5-15 电网企业输配电业务收入及成本仿真结果

表 5-4　　　　　　　　　投资能力仿真结果　　　　　　　（单位：亿元）

年份	可分配利润	折旧额	融资额	投资能力
2016	267.358	75.3118	334.85	677.52
2017	274.349	82.1227	243.72	600.192
2018	379.461	123.334	493.669	996.464
2019	390.863	150.219	485.688	1026.77
2020	379.184	170.102	432.773	982.059
2021	395.644	185.787	398.726	980.158
2022	377.315	210.079	383.078	970.472
2023	246.81	228.228	293.632	768.671
2024	126.492	245.065	215.228	586.785
2025	125.231	263.011	226.046	614.288
2026	130.483	281.599	236.774	648.856
2027	137.753	303.946	245.102	686.801

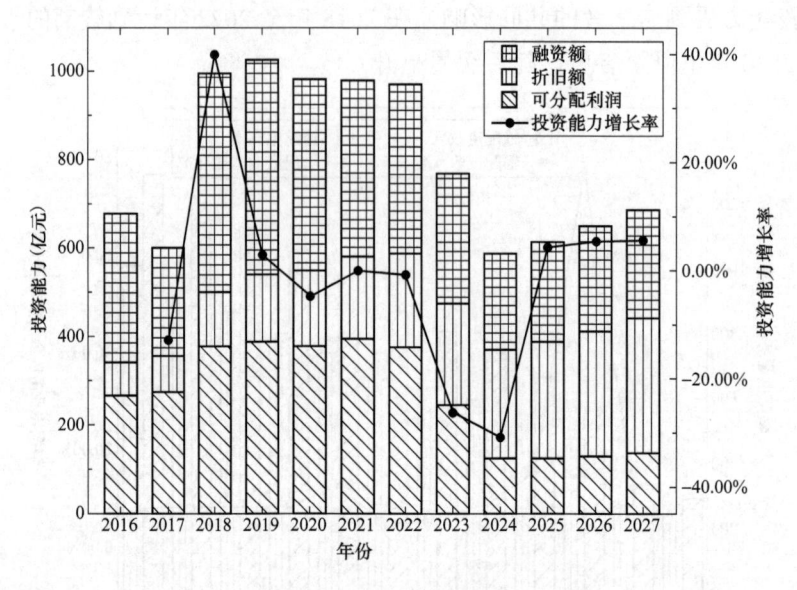

图 5-16 投资能力变化趋势图

从电网企业投资能力的变化趋势可以看出，电网企业的投资能力受到售电业务利润的影响较大。在购售电价差较高时，电网企业的售电部分盈利较高，电网企业的投资能力也表现出较高的水平；当售电业务的占比降低时，企业的投资能力也呈现出缓慢下降的趋势；受到第三监管周期的影响，完全取消电网企业的售电业务时，企业的投资能力迅速下降。与此同时，当电网企业的主营业务收入以输配电业务为主时，尽管电网企业盈利大幅降低，但输配电业务也足以支撑电网企业正常运营，使电网企业投资能力维持一个较为稳定的状态。尽管如此，此时电网企业的净利润还处在一个较低的水平，电网企业也应积极发展其他业务，以弥补因主营业务利润缩减造成的利润水平下降，增加企业的盈利，以谋求未来更好的发展。

5.5 敏感性分析

选取准许收益率、输配电成本、定价折旧年限为代表性指标，以2023年为基期，对于电网企业投资能力的敏感性进行分析，分析结果见表5-5、表5-6，如图5-17所示。

表 5-5　　　　投资能力敏感性分析结果（因素正向变动）

影响因素	变化率				
	1%	2%	3%	4%	5%
准许收益率	0.239%	0.478%	0.716%	0.955%	1.193%
输配电成本	−0.760%	−1.531%	−2.314%	−3.108%	−3.914%
定价折旧年限	−0.220%	−0.436%	−0.648%	−0.857%	−1.062%

表 5-6　　　　投资能力敏感性分析结果（因素负向变动）

影响因素	变化率				
	1%	2%	3%	4%	5%
准许收益率	−0.239%	−0.479%	−0.718%	−0.958%	−1.198%
输配电成本	0.749%	1.488%	2.217%	2.935%	3.644%
定价折旧年限	0.224%	0.453%	0.686%	0.923%	1.165%

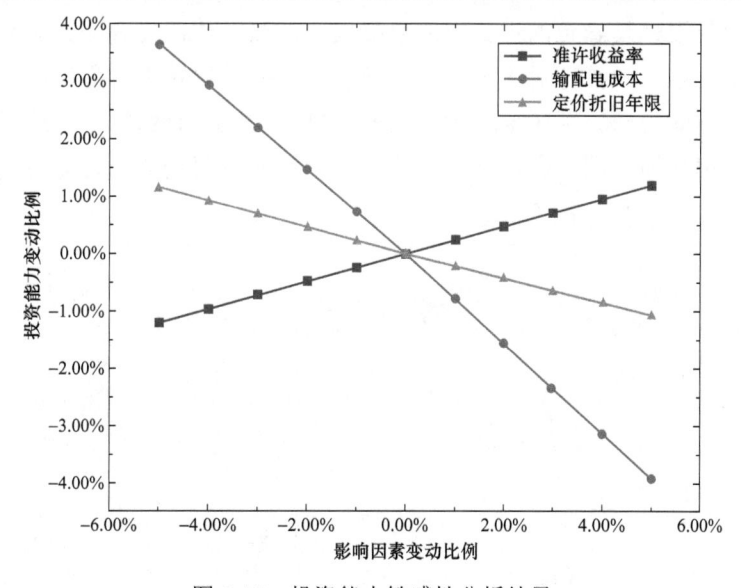

图 5-17　投资能力敏感性分析结果

由上述图表可以看出，3 项指标中输配电成本指标变动对电网企业投资能力的影响最大，且与投资能力呈负相关关系。这是由于作为电网企业的主要成本，输配电成本的增加使利润子系统的利润值降低，从而导致电网企业投资能力降低。而在 2023 年之后，输配电价改革进入第三监管周期，电网企业传统的"购售电价差"盈利方式被按照"准许成本+合理收益"核定的输配电业务盈利取代，输配电成本成为电网企业的主要成本，随着时间的推移，输配电成本占据电网企业成本的比例逐渐增加，其数值的变动对电网企业投资能力的影响也随之增大。

准许收益率指标与电网企业投资能力呈现正相关关系。准许收益率的增长，引起输配电价的小幅上涨，增加了电网企业的输配电收入，进而使利润子系统的利润值增加，对投资能力起到正向的影响。准许收益率由债务资本收益率和权益资本收益率按照资产负债比例加权得出，因此电网企业可通过合理运用财务杠杆调节投资能力。

定价折旧年限指标与电网企业投资能力呈现负相关关系，其影响程度水平与准许收益率指标相近，略小于准许收益率指标。根据输配电价定价办法的规定，定价折旧率是由差异化折旧年限决定的，因此定价折旧年限的选取可以影响到定价折旧率进而影响折旧子系统中折旧额的测算结果，最终对投资能力产生影响。因此，在不影响电网安全的前提下，电网企业应着重对投资结构进行优化，增加对配电网部分投资工程折旧年限较短的投资规模，从而解决由于定价折旧年限延长导致的定价折旧率降低的问题，使得投资能力最大化。

由于上述 3 项指标对于电网企业投资能力的影响较小，为保证可视化结果清晰，选取 –15%、–10%、–5%、0%、5%、10%、15% 共计 7 种影响因素指标变化率作为不同情景，得到 2016—2027 年的电网企业投资能力测算及预测结果，如图 5-18～图 5-20 所示。

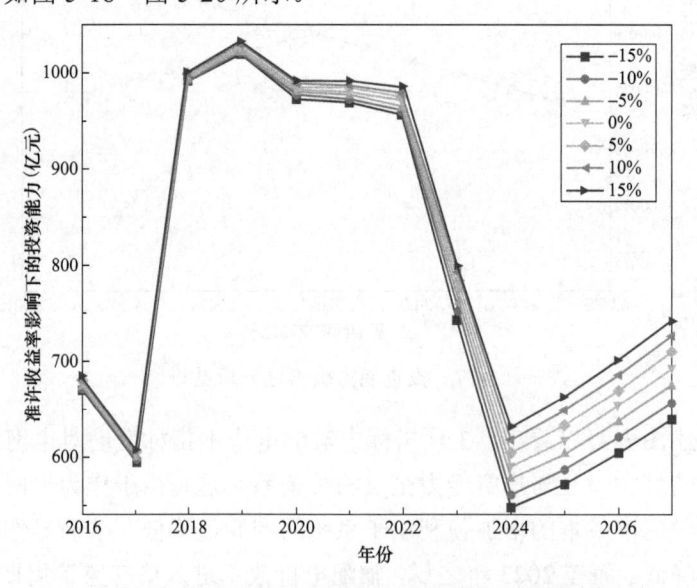

图 5-18　准许收益率变动情景下投资能力预测结果

由图 5-18 可以看出，准许收益率指标与电网企业投资能力整体呈现正相关关系，且在准许收益率指标变动的影响下，投资能力逐年的整体变化趋势没有明显改变。准许收益率指标主要通过影响输配电价对于输配电业务造成正向影响，2016—2022 年，电网企业的主要盈利业务为售电业务，输配电业务的盈利在电网企业的盈利中占比较小，因此准许收益率的不同变动幅度对于电网企业投资能力的影响都维持在一个较小的水平。而在 2023—2027 年即输配电价改革进入第三监管周期之后，输配电业务成为电网企业盈利最大的主营业务，准许收益率指标的变动对于电网企业投资能力的影响水平增大，且以较小的幅度逐年增加。

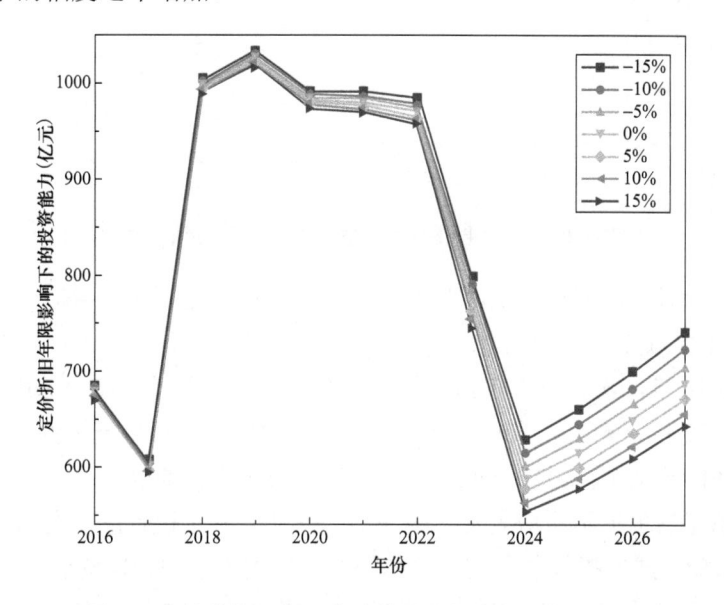

图 5-19 定价折旧年限变动情景下投资能力预测结果

定价折旧年限指标主要通过影响固定资产折旧的核定，对输配电成本、输配电收入、折旧子系统都造成一定程度的影响。由图 5-19 可以看出，定价折旧年限指标与电网企业投资能力整体呈现负相关关系。在定价折旧年限指标变动的影响下，投资能力逐年的整体变化趋势没有明显改变。2016—2022 年，定价折旧年限指标的变动对于电网企业投资能力的影响较小；2023—2027 年，定价折旧年限指标的变动对于电网企业投资能力的影响水平增大且逐年增加。通过对比图 5-18 和图 5-19 可以看出，定价折旧年限指标与准许收益率指标变动导致电网企业投资能力变化方向相反、变化幅度较为一致。

由图 5-20 可以看出，输配电成本指标与电网企业投资能力整体呈现负相关关系。这是由于输配电成本指标通过影响输配电业务的盈利对于输配电业

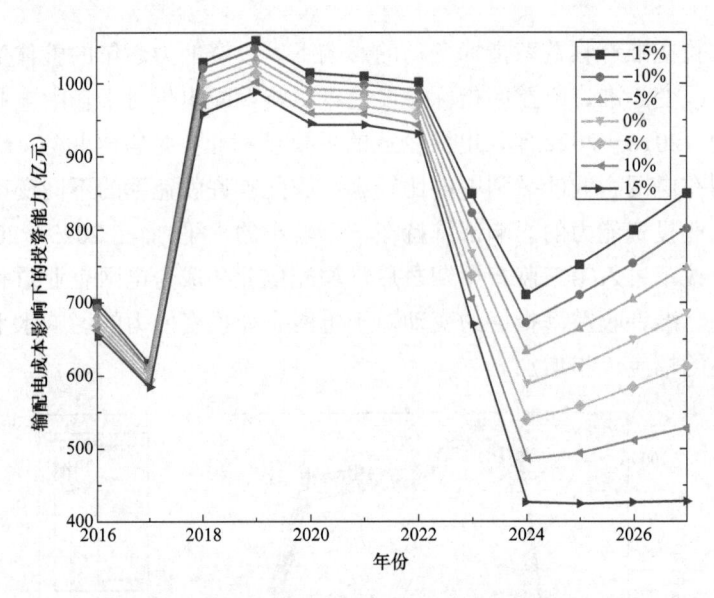

图 5-20　输配电成本变动情景下投资能力预测结果

务造成负向影响。相较于上面两项影响因素，在输配电成本指标变动的影响下，投资能力变化幅度增大，且逐年的整体变化趋势发生了一些改变。2016—2018 年，输配电成本指标的变动对于电网企业投资能力的影响较小；2018—2022 年，输配电成本指标的变动对于电网企业投资能力的影响增大，且维持在同一水平；2023—2027 年，输配电成本指标的变动对于电网企业投资能力的影响水平明显增大且逐年增加，并且改变了投资能力变动的整体趋势。在输配电成本指标从负向到正向不同程度的变动下，投资能力在 2024—2027 年的整体上升趋势由快速到缓慢。在输配电成本指标正向变动 15% 的情景下，2024—2027 年的投资能力甚至维持在最低的水平，没有呈现出上升趋势。因此，输配电成本的变动会对电网企业投资能力造成较大的影响，电网企业应加强对于输配电成本的管控。

综合图 5-18～图 5-20 可以看出，2016—2022 年，各项影响因素指标的变动对于电网企业投资能力的影响都维持在一个较小的水平；而在 2023—2027 年即输配电价改革进入第三监管周期之后，各项影响因素指标的变动对于电网企业投资能力的影响水平增大且逐年增加。这主要由两个因素导致：一是进入第三监管周期之后，电网企业由于盈利方式发生变化，利润大幅缩减，导致投资能力下降，投资能力的变动更为明显；二是电网企业由于盈利方式发生变化，其利润主要来自输配电业务，而选取的影响因素均直接或间接地对输配电业务的收入或成本产生影响，进而导致对电网企业投资能力的影响较为显著。

第6章
区域电网优化投资组合决策模型

6.1 基于模糊累积前景灰靶理论的随机多属性投资项目初步筛选综合评价模型

在电力负荷需求和电网规划方案的基础上，在不考虑约束条件的情况下，本章在投资项目筛选及优化中，以项目后评价反馈信息为参考，着重考虑电网发展、可靠性、经济性以及社会等方面的评价，并引入累积前景理论，综合决策者或专家的经验及风险偏好，得到投资项目的综合评分情况。

6.1.1 投资项目初步筛选指标体系

通过对区域电网规划的特点进行分析和研究，本着客观、全面的原则，将区域电网规划的决策属性分为四大类，即技术发展、经济性、环境效益以及社会影响（见表6-1）。同时认为，在投资期间各个方案的不同属性对应三种可能出现的风险状态，分别为高风险、中等风险和低风险。具体的决策属性分析如下。

表 6-1　　　　　　决策属性指标及其分类

决策属性	指标	指标类型	数据类型	分类
技术发展	技术创新度	定性	模糊型	效益型
	可靠性提升水平	定量	确定型	效益型
经济性	单位造价	定量	确定型	成本型
	投资回报率	定量	确定型	效益型
	净现值	定量	确定型	效益型
	内部收益率	定量	确定型	效益型
环境效益	低碳能源发展强度	定量	确定型	效益型
	植被破坏程度	定量	区间型	成本型
社会影响	公众满意度	定性	模糊型	效益型
	可持续发展水平	定性	区间型	效益型

(1) 技术发展属性。

1) 规划方案的技术性指标主要体现在项目的稳定性、可靠性、安全性、适应性等方面，一个好的建设项目必须要满足高可靠性和安全性的条件。本书用系统可靠性提升水平进行考察。

系统可靠性的提升可以用系统平均停电时间的变化值来表示，具体公式如式（6-1）所示。

$$\Delta SAIDI = \frac{\sum \Delta T_i N_i}{\sum N_i} \tag{6-1}$$

式中：$\Delta SAIDI$ 为系统平均停电时间的变化值，h；ΔT_i 为电网规划前后用户减少的年平均停电时间，h；i 为负荷点的用户数，人；N_i 为每次停电用户数，人。

2) 同样，对于投资的规划和决策，技术水平的创新性也是一个很重要的指标。技术水平的创新，不仅可以提高效率，节省人力物力，同时也是提高项目质量的重要因素。因此，我们在投资决策中，将技术创新度和系统可靠性提升水平作为技术发展属性的综合考察指标。

(2) 经济属性。由于电网企业的投资能力是有限的，因此，在构建优化投资决策项目时，项目的经济性也是重点考虑的因素之一。在满足电力需求和一定可靠性水平下，使得项目的成本最低。本书用单位造价、投资回报率、净现值、内部收益率等指标来反映项目的经济性。

1) 项目的单位造价可以通过与往期同类型或者是同规模的电网项目单位造价做比较。由于每个项目都有一定的特殊性，在进行比较时，不能一味地进行数字对比，需要将项目的特殊性考虑在内，进行基于实际情况的单位造价比较。单位造价的公式如式（6-2）所示。

$$AC = \frac{TC}{RC} \tag{6-2}$$

式中：AC 表示单位造价，万元/kW；TC 表示工程总造价，万元；RC 表示额定容量，MVA。

2) 投资回报率是指投资应得的价值，也就是说，企业投资一个项目后，能够从中得到的经济收益。它涵盖了企业的获利目标，反映了投资项目的综合盈利能力。一般来说，在满足其他条件下，盈利能力越强的项目，投资的价值越大。投资回报率的公式如式（6-3）所示。

$$ROI = \frac{AP}{TP} \times 100\% \tag{6-3}$$

式中：ROI 表示投资回报率；AP 表示每年的利润总额，万元；TP 表示总投资额，万元。

3）净现值是投资项目在其经济寿命期内，按照行业的基准收益率或者规定的折现率，将项目各年净现金流量折算成现值后所求出的项目现金流入与流出之和。它是考察项目在计算期内盈利能力的动态评价指标。计算公式如式（6-4）所示。

$$NPV = \sum_{t=1}^{n}(CI - CO)_t(1+i)^{-t} \tag{6-4}$$

式中：NPV 为净现值，万元；CI 为现金流入量，万元；CO 为现金流出量，万元；i 为折现率；n 为总年限，年。

一般认为，$NPV \geqslant 0$，则项目可行，能够获得一定的经济效益；反之，项目不可行。

4）内部收益率是指投资项目整个计算期内各年的净现金流量现值累积等于 0 时的折现率，它反映项目所占用资金的盈利率，是考察项目盈利能力的主要动态评价指标，公式如式（6-5）所示。

$$NPV = \sum_{t=1}^{n}(CI - CO)_t(1+IRR)^{-t} = 0 \tag{6-5}$$

式中：IRR 为内部收益率。

当 $IRR \geqslant i$ 时，表示该项目的盈利能力基本满足最低的要求，且 IRR 的数值越大说明项目方案的财务状况越好。

（3）环境效益属性。电网企业在进行建设项目投资决策时，还需要考虑该建设项目所带来的环境效益，其包括两个方面，一个是建设之后，由于新增了低碳能源，减少了污染物的排放，给环境带来的效益；另一个是项目在建设过程中，由于占用土地给环境带来的影响，用以下两个指标进行衡量。

1）低碳能源发展强度。低碳能源发展强度是指单位 GDP 的低碳能源装机容量，反映的是低碳能源的发展与经济水平的协调程度。具体公式如式（6-6）所示。

$$S_{lc} = \frac{I_{lc}}{GDP} \tag{6-6}$$

式中：S_{lc} 为低碳能源发展强度，MW/万元；I_{lc} 为低碳能源的装机容量，MW。

一般来说，低碳能源发展强度越高，说明低碳能源的比例越大，环境效益也就越大。

2）植被破坏程度。施工过程中，由于建设线路等情况，不可避免地破坏一些植被，因此在前期建设方案设计中，应尽量绕开植被地区，减少对植被的破坏，保护绿色环境。

（4）社会影响属性。建设项目的社会影响不容忽略，可从公众满意度和可持续发展水平两个方面进行度量。

1）公众满意度包括居民满意度、用电企业满意度和政府满意度三方面，可直接反映居民对电网建设和改造效果所做出的评价；电网各类企业用户结合自身电力负荷需求对电网的满意度，以及政府部门对电网投资在本地区产生的总体效果的满意程度，包括对地区社会经济的影响。

2）电网基建项目投资必须适应国民经济发展的需要，同时要适应经济社会和自然环境协调发展的需要，电网建设既要达到具有可持续性意义的经济增长，又要实现环境的可持续发展。项目发展策略必须保证时间上的连续性，兼顾整体利益和局部利益。可持续发展水平与建设方案的生命周期相关，反映该方案后续的经济社会影响程度。

6.1.2 投资项目综合评价模型构建

6.1.2.1 问题描述

考虑模糊多属性前景灰靶决策问题，由 n 个方案构成方案集 $A = \{a_1, a_2, \cdots, a_i, \cdots, a_n\}$，由 m 个指标构成属性集 $U = \{u_1, u_2, \cdots, u_j, \cdots, u_m\}$，$W$ 为属性权重的集合，且满足条件 $\sum_{j=1}^{n} w_j = 1, w_j \geq 0, j = 1, 2, \cdots, n$。设状态集 $\theta = (\theta_1, \theta_2, \cdots, \theta_l)$，第 θ_k 种状态发生的概率为 p_k，且满足 $0 \leq p_k \leq 1, \sum_{k=1}^{l} p_k = 1$。在状态 θ_k 下，方案 a_i 在属性 u_j 的取值为区间直觉模糊数 x_{ij}^k。由此可以得到 k 个状态下的区间直觉模糊数决策矩阵，如式（6-7）所示。

$$D_1 = (x_{ij}^1)_{m \times n}, D_2 = (x_{ij}^2)_{m \times n}, \cdots, D_k = (x_{ij}^k)_{m \times n} \qquad (6\text{-}7)$$

6.1.2.2 投资优选建模步骤

根据上述理论分析和问题的描述，本书所提出的综合评价具体筛选过程如下。

步骤1：根据实际情况，确定 l 种不同风险状态下各方案的区间直觉模糊数决策矩阵。

多属性决策是指具有多个属性的有限方案排序或选择的问题，它具有广泛的实际运用背景。模糊多属性决策理论是当前决策领域研究的一个热点问题，这些问题可以分为选择、排序和分类这三大类。在实际决策问题中，有些方案的权重系数和属性值不准确、不确定或者是不能完全确定，具有模糊性、随机性、灰色性、不确定性等特点。模糊集理论是由 Zadeh 在 1965 年首次提出的，1970 年，该理论由 Bellman 和 Zadeh 引入到多属性决策中来，模糊决策分析的概念和模型应运而生，并被用于解决实际决策中的不确定性问题。

模糊随机多属性决策问题的决策模型可以描述为：有 m 个待评价方案 $A=\{a_1,a_2,\cdots,a_m\}$，n 个评价指标 $C=\{c_1,c_2,\cdots,c_n\}$，属性 c_j 的权重为 w_j，且满足 $0\leqslant w_j \leqslant 1, \sum_{j=1}^{n}w_j=1$，权重向量为 $w=\{w_1,w_2,\cdots,w_n\}$。对于每个指标属性 c_j 有 l_j 种可能状态 $\Theta_j=(\theta_1,\theta_2,\cdots,\theta_{l_j})$，属性 c_j 对应的状态 $\theta_t(t=1,2,\cdots,m)$ 发生的概率为 p_j^t，用模糊数或模糊语言变量表示。

直觉模糊集理论是对糊集理论的一种拓展，是由 Atanassov 提出的。它同时考虑了三个方面的内容，包括隶属度、非隶属度和犹豫度。因此，在处理模糊性以及不确定性的问题上，直觉模糊集理论具有更强的灵活性和适用性。在直觉模糊集的基础上，区间直觉模糊集的概念被进一步推广，也形成了基本的运算法则。X 中元素 x 属于 X 的隶属度区间和非隶属度区间组成的有序区间对，组成了区间直觉模糊数的基本单元，一般简记为 $([a,b], [c,d])$，其中，$[a,b]\subset[0,1],[c,d]\subset[0,1],b+d\leqslant 1$。

定义 1：设 X 是给定的论域，则 X 上的区间直觉模糊集 A 定义为 $A=\{\langle x,\tilde{\mu}A(x),\tilde{v}A(x)\rangle | x\in X\}$，其中，$\tilde{\mu}A(x):X\to[0,1]$ 和 $\tilde{v}A(x):X\to[0,1]$ 分别表示 x 对于集合 A 的隶属度和非隶属度，且满足条件 $0\leqslant \sup vA(x)+\sup \mu A(x)\leqslant 1$，$x\in X$ 成立，则 $\pi A(x)=1-\mu A(x)-vA(x)$ 称为 A 中 x 的直觉模糊区间。一般的，区间直觉模糊数是指由 X 中的元素 x 对于 A 的隶属度区间 $[\mu_A^L(x),\mu_A^R(x)]$ 和非隶属度区间 $[v_A^L(x),v_A^R(x)]$ 组成的有序对 $([\mu_A^L(x),\mu_A^R(x)],[v_A^L(x),v_A^R(x)])$。当且仅当 $\mu_A^L(x)=\mu_A^R(x)$，$v_A^L(x)=v_A^R(x)$ 成立时，区间直觉模糊数即为直觉模糊数。具体的运算法则见文献。不同风险状态下各方案的区间直觉模糊数决策矩阵公式如式（6-8）所示。

$$D_k=(x_{ij}^k)_{m\times n}, k=1,2,\cdots,l \tag{6-8}$$

步骤 2：将区间直觉模糊矩阵转化为得分函数矩阵。

定义 2：设任意区间直觉模糊数 $\tilde{\alpha}=([\mu \overset{L}{A}(x),\mu \overset{R}{A}(x)],[v \overset{L}{A}(x),v \overset{R}{A}(x)])$，则得到 α 的得分函数，如式（6-9）所示。

$$S(\tilde{\alpha}) = \frac{1}{2}[\mu\overset{L}{A}(x) + \mu\overset{R}{A}(x) - v\overset{L}{A}(x) - v\overset{R}{A}(x)] \tag{6-9}$$

得到的 α 的精确函数，如式（6-10）所示。

$$H(\tilde{\alpha}) = \frac{1}{2}[\mu\overset{L}{A}(x) + \mu\overset{R}{A}(x) + v\overset{L}{A}(x) + v\overset{R}{A}(x)] \tag{6-10}$$

通常 $S(\alpha)$ 值越大，则 α 越大；$H(\alpha)$ 值越大，则 α 的精确度越高。

得分函数反映的是净支持程度，其值越大越好。当两者得分函数数值相同时，可根据精确函数值进行比较和排序。决策者在利用得分函数对方案进行决策时，希望最优方案支持程度越高越好，反对越少越好，确定程度越高越好，犹豫度越低越好。通过翻阅相关文献，本书将区间直觉模糊数 x_{ij}^k 转化为实数 s_{ij}^k，从而得到各得分函数矩阵。

$$S_1 = (x_{ij}^1)_{m \times n}, S_2 = (x_{ij}^2)_{m \times n}, \cdots, S_k = (x_{ij}^k)_{m \times n} \tag{6-11}$$

步骤 3：根据灰靶理论，确定正负靶心。

前景理论的核心是决策过程中参照点的选择。因为决策者在进行决策或评估时，通常会选取一个参照点来衡量收益或损失。在参照点的选择上，更加重视预期和结果之间的差距。参照点选取的方法有很多，如属性值的中间点、最优点、最差点等。本书参照点的选择是结合灰靶理论中的正靶心和负靶心系数。

灰靶理论属于灰色系统理论中的一种，它以其非唯一性原则得到了较广泛的应用。从一组序列中，将最近目标值的数据找出，并构建标准模式，灰靶是由各种不同模式与标准模式构成的，而靶心则是标准模式。灰靶理论实质上是满意效果所在的区域，根据被考察对象是否落入靶内，来判断它是否"中靶"或是"脱靶"。所有"中靶"对象根据其与靶心的关系判断优劣。灰靶模型大致分为矩形、球形和椭球三种。

定义 3：设 $A = \{a_1, a_2, \cdots, a_n\}$ 为事件集，$b = \{b_1, b_2, \cdots, b_n\}$ 为对策集，$S = \{s_{ij} = (a_i, b_j) | a_i \in A, b_j \in B\}$ 为局势集，$u_{ij}^{(k)}(k=1,2,\cdots,m)$ 为局势 $s_{ij} = (a_i, b_j)$ 在 k 目标的效果值，R 为实数集，则称 $u_{ij}^{(k)}: S \to R$ 为 S 在 k 目标效果映射。

定义 4：设 $d_1^{(1)}, d_2^{(1)}; d_1^{(2)}, d_2^{(2)}; \cdots; d_1^{(m)}, d_2^{(m)}$ 分别为目标 $1, 2, \cdots, m$ 的局势效果临界值，则称 m 维平面区域 $S^m = \{(r^{(1)}, r^{(2)}, \cdots, r^{(m)} | d_1^{(1)} \leqslant r^{(1)} \leqslant d_2^{(1)}, d_1^{(2)} \leqslant r^{(2)} \leqslant d_2^{(2)}, \cdots, d_1^{(m)} \leqslant r^{(m)} \leqslant d_2^{(m)})\}$ 为 m 维决策灰靶。若局势 $s_{ij} = (a_i, b_j)$ 的效果向量 $u_{ij}^{(k)}(k=1,2,\cdots,m) \in S^m$，则称 $s_{ij} = (a_i, b_j)$ 为目标 $1, 2, \cdots, m$ 下的可取局势，b_j 为 a_i 在目标 $1, 2, \cdots, m$ 下的可取对策。

第6章 区域电网优化投资组合决策模型

定义 5：设有 m 个决策目标，称 $R^m = \{r^{(1)}, r^{(2)}, \cdots, r^{(m)} | (r^{(1)} - r_0^{(1)})^2 + (r^{(2)} - r_0^{(2)})^2 + \cdots + (r^{(m)} - r_0^{(m)})^2 \leqslant R^2\}$ 为以 $\boldsymbol{r}_0 = (r_0^{(1)}, r_0^{(2)}, \cdots, r_0^{(m)})$ 为靶心，以 R 为半径的 m 维球形灰靶，称 $\boldsymbol{r}_0 = (r_0^{(1)}, r_0^{(2)}, \cdots, r_0^{(m)})$ 为最优效果向量。

定义 6：设有 m 个决策目标，则称 $R^m = \{r^{(1)}, r^{(2)}, \cdots, r^{(m)} | w_1(r^{(1)} - r_0^{(1)})^2 + w_2(r^{(2)} - r_0^{(2)})^2 + \cdots + w_m(r^{(m)} - r_0^{(m)})^2 \leqslant R^2\}$ 为以 $\boldsymbol{r}_0 = (r_0^{(1)}, r_0^{(2)}, \cdots, r_0^{(m)})$ 为靶心，以 R 为半径的 m 维球形灰靶，称 $\boldsymbol{r}_0 = (r_0^{(1)}, r_0^{(2)}, \cdots, r_0^{(m)})$ 为最优效果向量。判断不同目标向量优劣程度的依据是它与靶心之间的靶心距、靶心度的大小。

定义 7：设 $r_j^+ = \max\left\{\dfrac{(r_{ij}^{(+)\text{L}}, r_{ij}^{(+)U})}{2}, 1 \leqslant i \leqslant n\right\}$，$j = 1, 2, \cdots, m$，其对应值记作 $[r_{ij}^{(+)\text{L}}, r_{ij}^{(+)U}]$，则称 $\boldsymbol{r}^+ = \{r_1^+, r_2^+, \cdots, r_m^+\} = \{[r_{i_01}^{(+)\text{L}}, r_{i_01}^{(+)U}], [r_{i_02}^{(+)\text{L}}, r_{i_02}^{(+)U}], \cdots, [r_{i_0m}^{(+)\text{L}}, r_{i_0m}^{(+)U}]\}$ 为灰靶决策最优效果向量，称为区间数的正靶心。

定义 8：设 $r_j^- = \min\left\{\dfrac{(r_{ij}^{(-)L}, r_{ij}^{(-)U})}{2} \bigg| 1 \leqslant i \leqslant n\right\}$，$j = 1, 2, \cdots, m$，其对应值记作 $[r_{ij}^{(-)\text{L}}, r_{ij}^{(-)U}]$，则 $\boldsymbol{r}^- = \{r_1^-, r_2^-, \cdots, r_m^-\} = \{[r_{i_01}^{(-)\text{L}}, r_{i_01}^{(-)U}], [r_{i_02}^{(-)\text{L}}, r_{i_02}^{(-)U}], \cdots, [r_{i_0m}^{(-)\text{L}}, r_{i_0m}^{(-)U}]\}$ 为灰靶决策最劣效果向量，称为区间数的负靶心。

对于方案 x_i，可将 x_i 与正负靶心 x^+、x^- 看作是空间里的 3 个点，那么 x_i 到正负靶心的距离与正负靶心之间的间距可以看作是空间里的三条直线。若三条直线不共线，可将其围成一个三角形，则决策方案 x_i 与正靶心 x^+ 在正负靶心间距 x^0 上的投影为 $x_i^+ \cos\theta$，其中 θ 为正靶心距和正负靶心间距的夹角。投影的大小反映了方案与正负靶心的距离，一般来说，若方案越接近正靶心或越远离负靶心，投影就越小，此时，方案越优。将方案 x_i 投影记为方案的综合评判距离 d_i，则可得到式（6-12）。

$$d_i = \frac{(x_i^+)^2 + (x^0)^2 - (x_i^-)^2}{2x^0} \tag{6-12}$$

式中：x_i^+ 为方案 x_i 到正靶心的距离；x_i^- 为方案 x_i 到负靶心的距离；x^0 为正负靶心距。

显然，d_i 越小，投影越小，方案 x_i 越优。

步骤 4：计算方案累积前景价值矩阵。

累积前景理论是由 Tversky 和 Kahneman 于 1992 年提出的。它是在前景理论的基础上，吸收了 Quiggin 的 RUD 思想，且保留了原始理论的主要特征，更加精准且合理地描述了收益和损失价值函数的特征。容量概率的引入较好地解决了强势占优及多个结果的处理问题，将决策者面临不同情况下的心理特征更加真实且准确地反映出来。累积前景理论模型不再单独转换各个概率事件,而是转换整个累积分布函数。

在 CPT 中,决策者的总效用 U 依旧由权重函数 $\pi(p)$ 和主观价值函数 $v(x)$ 来衡量。CPT 的效用函数在盈利域和损失域中有不同的函数形式,以区分决策者在盈利域中为风险回避,在损失域中为风险偏好。权重函数 $\pi(p)$ 存在明显的弯曲真实概率现象,一般低估高概率事件,高估低概率事件。权重函数的这种特性使得 CPT 能够解释阿莱悖论等期望效用理论无法解释的问题。

假设一个投资选择有 n 种结果,$x_1 > x_2 > \cdots > x_k > 0 > x_{k+1} > \cdots > x_n$

在盈利域累积前景效用函数,如式(6-13)所示。

$$V^+ = \pi(p_1) \times v(x_1) + \sum_{i=2}^{k}\left[\pi\left(\sum_{j=i}^{i} p_j\right) - \pi\left(\sum_{j=i}^{i} p_j\right)\right] \times v(x_i) \qquad (6\text{-}13)$$

在亏损域中累积前景效用函数,如式(6-14)所示。

$$V^- = \pi(p_n) \times v(x_n) + \sum_{i=1}^{n-k-1}\left[\pi\left(\sum_{j=0}^{i} p_{n-j}\right) - \pi\left(\sum_{j=0}^{i-1} p_{n-j}\right)\right] \times v(x_{n-i}) \qquad (6\text{-}14)$$

其中,价值函数如式(6-15)所示。

$$v(x) = \begin{cases} x^\alpha & x \geq 0 \\ -\theta(-x)^\alpha & x \leq 0 \end{cases}, \quad 0 < \alpha < 1, \theta > 1 \qquad (6\text{-}15)$$

权重函数如式(6-16)所示。

$$\pi(p) = \frac{p^\gamma}{(p^\gamma + (1-p)^\gamma)^{\frac{1}{\gamma}}} \qquad (6\text{-}16)$$

则总效用可以表示为

$$V = V^+ + V^-$$

CPT 的价值函数和权重函数中分别有 α、θ 和 γ 三个参数,Tversky 和 Kahneman 通过大量实验数据的回归分析,得出这三个参数在盈利域中为 $\alpha = 0.88$,$\gamma = 0.61$,在损失域中为 $\alpha = 0.88$,$\theta = 2.25$,$\gamma = 0.69$。在实证分析和计算时,也以该结果作为参考依据。

在累积前景理论中,核心内容是前景价值是由价值函数 $v(x)$ 和属性权重函数 π 共同决策决定的,具体公式如式(6-17)所示。

$$V(x) = V(x^+) + V(x^-)$$

$$V(x^+) = \sum_{i=k+1}^{n} \pi_{(i)}^+ v(\Delta x_{(i)}) \qquad (6\text{-}17)$$

$$V(x^-) = \sum_{i=1}^{k} \pi_{(i)}^- v(\Delta x_{(i)})$$

价值函数 v(x) 是代表决策面临收益时风险规避和面临损失时风险寻求的偏好特征，决策权重函数代表决策者面临收益和损失时的决策权重，可以表示为式（6-18）和式（6-19）。

$$v(x) = \begin{cases} x^\alpha, & x \geq 0 \\ \lambda(x)^\beta, & x < 0 \end{cases} \tag{6-18}$$

$$\pi(w_j) = \begin{cases} \pi^+(w_j) = \dfrac{w_j^{\gamma^+}}{(w_j^{\gamma^+} + (1-w_j)^{\gamma^+})^{1/\gamma}}, & x \geq 0 \\ \pi^-(w_j) = \dfrac{w_j^{\gamma^-}}{(w_j^{\gamma^-} + (1-w_j)^{\gamma^-})^{1/\gamma}}, & x < 0 \end{cases} \tag{6-19}$$

式中：x 为目标决策与参考点的差距，$x>0$ 时表示收益，$x<0$ 时表示损失；α、β 分别为收益和损失区域价值幂函数的凹凸程度，且 $0<\alpha,\beta<1$；λ 为损失规避系数，数值越小，说明决策者对损失越不敏感。

步骤 5：确定属性权重。对于决策者而言，综合前景值越大，方案越优。因此，以各方案综合前景值最大化为目标函数，综合决策者主观偏好权重信息，构建优化模型，如式（6-20）所示。

$$\max V = \sum_{i=1}^{n}\sum_{j=1}^{m} v_{ij}^+ \pi^+(w_j) + \sum_{i=1}^{n}\sum_{j=1}^{m} v_{ij}^- \pi^-(w_j)$$
$$s.t. \sum_{j=1}^{m} w_j = 1, w_j \geq 0, w \in H \tag{6-20}$$

式中：H 为决策者主观权重信息。

以正负靶心作为参考点，如果方案 i 劣于正靶心方案，则方案是损失的，即为追求风险；如果方案 i 是优于负靶心方案，方案是收益的，即为厌恶风险。得到前景权重函数如式（6-21）所示。

$$\pi(w_j) = \begin{cases} \pi^+(w_j) = \dfrac{w_j^{\gamma^+}}{[w_j^{\gamma^+} + (1-w_j)^{\gamma^+}]^{\frac{1}{\gamma}}}, & \text{负靶心为参考点} \\ \pi^-(w_j) = \dfrac{w_j^{\gamma^-}}{[w_j^{\gamma^-} + (1-w_j)^{\gamma^-}]^{\frac{1}{\gamma}}}, & \text{正靶心为参考点} \end{cases} \tag{6-21}$$

式中：γ^+ 和 γ^- 取值分别为 0.61 和 0.67。

利用 MATLAB 软件进行求解，得到属性权重的最优解为 $w^* = (w_1^*, w_2^*, \cdots, w_n^*)$。

步骤 6：计算综合前景值，进行投资项目初步筛选。各投资方案的最优前景值如式（6-22）所示。

$$V_i = \sum_{j=1}^{m} v_{ij}^+ \pi^+(w_j^*) + \sum_{j=1}^{m} v_{ij}^- \pi^-(w_j^*) \tag{6-22}$$

V_i 越大，说明该方案的综合前景值越大，对应的方案越优。

6.2 区域电网优化投资组合决策模型构建

在实际电网建设过程中，由于项目建设种类多、数量大，不同电压等级配套建设协同进行，而一定时间内总的投资规模有限、总的投资金额有限，并不是每一个项目都可以建设。如果在投资总额一定的条件下，只是依靠对单个项目进行决策来确定最终建设的项目，虽然资金条件能够得到控制，但是忽略了地区因素，造成地区之间的投资不均衡，影响整体的投资效益。因此，要求电网企业既要对单个项目进行投资优选，又要对投资组合进行优化，同时还需要根据不同地区的情况综合考虑该地区的电网电力负荷需求和投资能力，最终确定投资规模并实现最优的投资分配。

区域电网优化投资决策的问题可以表述为：在有限的资金约束（投资能力）下，决策者需要从备选的电网建设项目中选出最优的投资组合进行投资，使其满足地区电网的电力需求，同时在决策者可以承受的风险范围之内，满足人力、物力等资源和项目的相关性约束，最终获得最大的投资效益。

构建区域电网优化投资决策模型分两步骤：第一步是进行投资项目的初步筛选和排序。通过构建多属性评价指标体系，结合专家的风险偏好和期望，优化项目的投资规模和建设时序，得到项目排序；第二步是进行进一步的优化投资决策。当前的电网建设中，往往是多个项目同时进行投资和建设。因此，应结合投资组合理论，在满足需求的前提下，引入资金等约束条件，进而优化投资组合。

为了进行更优的投资决策，本章结合第 2 章至第 5 章的研究成果，构建基于电力负荷需求和投资能力的区域电网优化投资决策模型。模型中引入投资者最大效用函数为目标函数，该效用函数包括经济性、可靠性和社会性三个方面，分别采用净现值表示经济效益、采用容载比反映投资组合的可靠性、采用缺电成本衡量社会效益。

6.2.1 目标函数

根据上述分析，综合考虑了电网优化投资后的经济性、可靠性以及社会性的目标函数，如式（6-23）所示。

$$\text{Max } Z(x) = Np(x) - R(x) + P(x) - n(x) \qquad (6\text{-}23)$$

式中：$Z(x)$ 为投资者最大效用函数；$Np(x)$ 为净现值函数；$R(x)$ 为可靠性函数；$P(x)$ 为社会成本函数；$n(x)$ 为投资能力惩罚函数。

（1）净现值函数。通过计算各个项目的投资成本、每年收益以及运营成本，可以得到净现值函数，如式（6-24）所示。

$$Np(x) = \sum_{i=1}^{n} x_i \left[\sum_{t=1}^{T} (S_{it} - C_{it}) * (1+I)^{-t} - Q_i \right] \qquad (6\text{-}24)$$

式中：S_{it} 为第 i 个建设项目在第 t 年的销售收入，万元；C_{it} 为第 i 个建设项目在第 t 年的运营成本，万元；x_i 为投资变量，$x_i=1$ 时表示可以投资；$x_i=0$ 时表示不对该项目进行投资；T 为项目的寿命周期，年；I 为投资回报率；Q_i 为第 i 个建设项目的建设成本，万元。

（2）可靠性函数。该指标用容载比来表示。采用容载比来衡量项目投资的可靠性，当容载比过高时，较多的设备将被闲置，造成投资的效率降低；反之，若容载比过低，会抑制电量的消耗，也不利于经济发展。因此，在满足用电需求和可靠性的前提下，应该逐步降低容载比的取值，并将其控制在一定的范围内。

（3）社会成本函数。除了考虑投资项目本身的经济性以及可靠性以外，还重点考虑了建设项目给社会带来的影响。电网企业的主要任务就是给用户提供电能，一旦停电，将会给社会带来很大的影响。因此，用停电成本来衡量项目的社会性。假设停电成本和容量成正比，则可以得到式（6-25）。

$$P(x) = \sum_{t=1}^{T} \left(\frac{\sum_{i=1}^{n} x_i c_i + c}{\sum_{i=1}^{n} c_i + c} - 1 \right) \times c_{i\max} \qquad (6\text{-}25)$$

式中：c_i 为第 i 个项目新增容量，MVA；c 为原有电网的容量，MVA；$c_{i\max}$ 为最大停电成本，万元。

（4）投资能力惩罚函数。在电网建设项目优化投资分析的过程中，有一个条件始终需要满足，即所有项目的总投资额不能超过企业的投资能力。设定投资能力惩罚函数，将其经济化，当总投资额不超过企业投资能力时，该函数取值为 0，一旦总投资额超过企业所能承受的投资能力时，惩罚函数将增加至很大，使得最终的目标函数值快速减少，该投资组合将被淘汰。

6.2.2 约束条件

（1）投资能力约束。优化投资后的总投资额不应超过电网企业的投资能力，即有以下约束：

$$\sum_{i=1}^{n} N_i \times x_i \leqslant N \tag{6-26}$$

且对于投资能力惩罚函数，有以下约束：

$$n(x) = \begin{cases} 0, \sum_{i=1}^{n} N_i \times x_i \leqslant N \\ 1000000, \sum_{i=1}^{n} N_i \times x_i > N \end{cases} \tag{6-27}$$

式中：N_i 为第 i 个项目的投资额，万元；N 为电网企业的投资能力，该指标数据由第 5 章预测得到。

（2）电力负荷需求约束。除了受到投资能力的约束外，电网的新增容量还需要满足社会的用电需求，即

$$\sum_{i=1}^{n} c_i \times x_i \geqslant D \tag{6-28}$$

式中：D 为该地区的电力负荷需求，数据由第 2 章预测得到，kWh。

（3）可靠性约束。采用容载比来反映投资的可靠性，选取容载比在[1.6,1.8]以及[1.8,2.0]范围内作为可靠性的约束条件，如式（6-29）所示。

$$P(x) = \begin{cases} \alpha\left(\sum_{i=1}^{n} x_i c_j + c - 1.8L\right), \dfrac{\sum_{i=1}^{n} x_i c_i + c}{L} > 1.8 \\ 0, \dfrac{\sum_{i=1}^{n} x_i c_i + c}{L} \in [1.6, 1.8] \\ \beta\left(1.6L - \sum_{i=1}^{n} x_i c_i - c\right), \dfrac{\sum_{i=1}^{n} x_i c_i + c}{L} < 1.6 \end{cases} \tag{6-29}$$

式中：α 为电网的剩余容量的影响系数；β 为电网不足容量的影响系数；L 为整个电网系统主线平均负荷。

（4）其他资源约束。在电网企业的项目工程中，常见的资源如人员、材料、设备等，它们之间也存在如式（6-30）所示的约束条件。

$$\sum_{i=1}^{n} s_{it} x_i \leqslant s_t \qquad (6-30)$$

式中：s_{it} 为项目 i 第 t 年对该资源的需求量；s_t 为第 t 年资源 s 的总供给量。

（5）投资项目约束。假设电网共有 n 个项目，则这些项目之间存在以下几种关系约束。

1）若项目之间相互独立，则有 $x_1 + x_2 + \cdots + x_n \leqslant n$。

2）若项目为互斥关系，则有 $x_1 + x_2 + \cdots + x_n \leqslant 1$。

3）若项目之间相互依存，也就是说，只有选择了项目 1，项目 2 才有可能被选上；反之，若项目 1 未被选上，则项目 2 也不可能被选上，则有 $x_1 - x_2 \geqslant 0$。

4）若项目之间为紧密依存关系，即这两个项目必须同时选中或者同时未被选中，则有 $x_1 - x_2 = 0$。

5）若项目之间是互补关系，表现为项目 1 和项目 2 可以作为互补项目 x_{12} 同时被选中，但是项目 1 和互补项目 x_{12}、项目 2 和互补项目 x_{12} 不能同时被选中，则有 $x_1 + x_2 + x_{12} \leqslant 1$。

6.2.3 布谷鸟搜索算法

布谷鸟搜索算法（Cuckoo Search Algorithm，CS），又称杜鹃搜索算法，是由剑桥大学的 Xinshe Yang 教授和 S.Deb 于 2009 年提出的一种新兴启发算法。与粒子群算法、遗传算法相比，该算法在求解优化问题的启发式算法中的性能比较高。它是受到布谷鸟寄生孵育雏鸟的繁育方法的启发，来求解最优化问题。目前，布谷鸟搜索算法已经广泛应用于项目调度、工程优化等问题。该算法以结构简单、控制参数少等特点受到很多研究学者的青睐，成为目前的研究热点。

（1）布谷鸟搜索算法基本思想。布谷鸟搜索算法的核心思想是布谷鸟的巢寄繁育行为和莱维飞行模式。

1）布谷鸟的巢寄繁育行为。根据昆虫学家的长期观察和研究发现，布谷鸟的生活习性是不抚养后代的，而是把雏鸟偷偷放在别的鸟的鸟巢里，若不被该鸟巢的主人发现，则其后代将被抚养，这种方式又称为巢寄生，是有别于其他鸟的一种特殊的繁育方式。一直以来，布谷鸟是不建造巢窝，也不孵化幼卵的，它会在繁殖的时候去搜索与它孵化的蛋形状和大小相近、哺育期相似且食性较为相近的鸟类。布谷鸟会在其他鸟离开鸟窝的时候，快速把卵产在黄莺、云雀等的鸟窝里，让它们代自己孵化。因为颜色、大小极为相近，布谷鸟在产卵前会把原来鸟窝里的鸟蛋移走一个，同时自己产下一个，让它的幼鸟可以享受其他鸟类的抚养。布谷鸟的特性是寻找巢窝,寄生孵育,把这一特征形成理论,布谷鸟搜索算法就是对这一行为的模拟。核心思想是把布谷鸟选择的代为抚育的巢看作是空间中解的分布,所选择鸟巢位置的好坏象征所求解问题的解的适应度值,布谷鸟搜索并决定鸟巢的一系列流程表示算法进行优化的整个过程。

2）莱维飞行。CS 算法采用莱维飞行的方式,行走步长是短距离和较长距离交替出现,采用莱维飞行方式,可以增加搜索空间、扩大种群多样性,跳出局部最优。莱维飞行是一种连续的概率分布,几个重要的参数为:特征指数 α,尺度 σ,位移 χ,方向参数 β。莱维飞行的定义是其特征函数 $\varphi(t)$ 的傅里叶变换。

$$p_{\alpha,\beta}(k;\mu,\sigma) = F\{p_{\alpha,\beta}(x;\mu,\sigma)\} = \int_{-\infty}^{\infty} \mathrm{d}x e^{ikx} p_{\alpha,\beta}(x;\mu,\sigma)$$

$$= \exp\left[iuk - \sigma^{\alpha}|k|^{\alpha}\left(1 - i\beta\frac{k}{|k|}\varpi(k,\alpha)\right)\right] \quad (6-31)$$

$$\varpi(k,\alpha) = \begin{cases} \tan\dfrac{\pi\alpha}{2}, \alpha \neq 1, 0 < \alpha < 2 \\ -\dfrac{2}{\pi}\ln|k|, \alpha = 1 \end{cases}$$

莱维飞行的分布概率密度函数如式（6-32）所示。

$$p_{\alpha,\beta}(x) = \begin{cases} \dfrac{1}{\sqrt{2\pi}} x^{-\frac{2}{3}} \exp\left(-\dfrac{1}{2x}\right), x \geq 0 \\ 0, x < 0 \end{cases} \quad (6-32)$$

式中,$\alpha = \dfrac{1}{2}$,$\beta = 1$。

莱维飞行的跳跃分布概率密度函数如式（6-33）所示。

$$\lambda(x) \approx |x|^{-1-\alpha}, 0 < \varepsilon < 2 \quad (6-33)$$

由于莱维飞行是二阶距发散,因此,它在运动过程中的跳跃性是非常大的。

（2）改进的布谷鸟搜索算法。CS 算法已经成功运用于非线性优化领域,且获得了较好的优化结果。CS 算法具有较好的局部和全局收敛性,且它所需的算法参数少、鲁棒性强,同时搜索效率高,在很多领域得到了成功的应用。但是,在优化过程中发现,CS 算法存在收敛速度慢、运算时间长等缺点。为了克服 CS 算法的缺点,提高优化的精度和效率,引入随机权重的概念并进行改进,用随机权重来改变鸟巢位置的更新方式,提高算法的收敛速度,实现全局最优搜索。

随机权重是一种动态选取权重的方式，它的选择方式是每次随机地从高斯分布中选取一个权重值，权重值可大可小。该方法可以避免 CS 算法在搜索的初期陷入局部最优的情况，同时较大和较小权重的随机出现也能够改进算法在后期收敛速度慢且精度不高的问题。

$$w = 0.5 + \frac{\text{randm}(\ )}{2} \tag{6-34}$$

式中：randm( ) 为随机数，且服从正态分布。式（6-34）表示在[0.5,1]之间随机产生一个数值。

$$w = r_{\min} + (r_{\max} - r_{\min}) * \text{normrnd}(\ ) + \sigma * \text{randm}(\ ) \tag{6-35}$$

式中：$r_{\max}$、$r_{\min}$ 分别表示随机选取的权重的最大值和最小值；normrnd 表示随机数，服从均匀分布；σ 表示偏差。

随机权重服从高斯分布，即 $w \sim N(\theta, \sigma)$。由于较大和较小权重随机出现，算法更容易找到最优解，且得到局部和全局搜索的平衡。利用随机权重改变鸟窝位置的更新方式，提出基于随机权重的布谷鸟优化算法（RW-CS），具体的算法流程如下所示。

步骤 1：确定优化函数 $f(x)$，设定目标函数维度 d，定义域 $[-l,l]$，发现概率 P_0（新的鸟巢替换旧的鸟巢的概率）和种群数量 n。初始化种群 n，随机产生 d 维向量 $(x_1, x_2, \cdots, x_n)^{\text{T}}$，$n$ 个鸟窝的初始位置为 $S_i(i=1,2,\cdots,n)$。

步骤 2：计算每个鸟巢的目标函数值 f_i，记录当前最优解。

步骤 3：保持上一个鸟巢的最优位置 S_i^t，随机产生权重 $w \sim N(\theta, \sigma)$，用新的位置代替上一代鸟巢的位置并进行更新，如式（6-36）所示。

$$S_i^{(t+1)} = w \times S_i^t + \alpha \oplus \text{Levy}(\lambda) \tag{6-36}$$

式中：t 为迭代次数；α 为步长；$\oplus$ 为点对点乘法。

该公式表示一个随机行走的方程，当前方程的第一项和转移概率方程第二项决定下一代的位置。莱维飞行是步长满足莱维飞行的一种随机搜索路径。

步骤 4：将更新后的鸟巢位置 S_i^{t+1} 与上一个位置 S_i^t 相比，若现在的位置优于上一个位置，即 $f_i^{t+1} > f_i^t$，则将 S_i^{t+1} 作为当前的最优位置，否则仍保持上一个位置 S_i^t 不变。

步骤 5：鸟巢主人发现外来鸟蛋的可能性的随机数 r 与发现概率 P_0（该参数值在参数设置中已经确定）相比，若 $r \leqslant P_0$，则将当前位置记录为最优位置；反之，则转到步骤 2，随机改变鸟巢的位置，得到新一组的位置，再进行比较。

步骤 6：输出满足以上条件的全局最优解。

算法的具体流程图如图 6-1 所示。

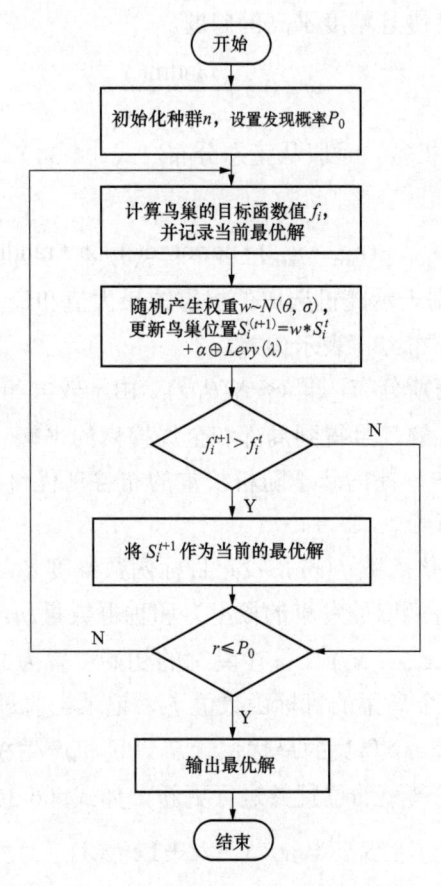

图 6-1 改进的布谷鸟算法流程图

6.3 实 例 分 析

6.3.1 区域电网投资项目综合评价分析

根据电网规划的分析结果，某省电网公司准备对 4 个建设方案 $S = \{A_1, A_2, A_3, A_4\}$ 进行综合评价。该公司选择从技术发展 G_1、经济性 G_2、环境效益 G_3 和社会影响 G_4 这 4 个属性对各备选方案进行评估。在投资期间，各方案的各个属性对应三种可能的风险状态：高、中、低，决策者已主观给出了各种状态出现的概率，分别为 0.1、0.6、0.3。评估专家组对各方案给出的评估数据见表 6-2～表 6-4。

表 6-2　　　　　　　　　　　高风险决策表

	G_1	G_2	G_3	G_4
A_1	([0.6,0.7],[0.1,0.2])	([0.4,0.5],[0.2,0.4])	([0.5,0.7],[0.1,0.2])	([0.4,0.6],[0.2,0.3])
A_2	([0.1,0.4],[0.3,0.4])	([0.6,0.7],[0.2,0.3])	([0.3,0.5],[0.1,0.3])	([0.2,0.3],[0.3,0.6])
A_3	([0.5,0.6],[0.1,0.4])	([0.3,0.4],[0.2,0.5])	([0.5,0.7],[0.1,0.3])	([0.4,0.6],[0.1,0.2])
A_4	([0.3,0.5],[0.5,0.6])	([0.1,0.2],[0.1,0.3])	([0.3,0.7],[0.1,0.2])	([0.1,0.4],[0.2,0.3])

表 6-3　　　　　　　　　　　中风险决策表

	G_1	G_2	G_3	G_4
A_1	([0.5,0.6],[0.1,0.3])	([0.4,0.5],[0.5,0.6])	([0.1,0.5],[0.2,0.6])	([0.1,0.3],[0.5,0.6])
A_2	([0.4,0.5],[0.1,0.3])	([0.3,0.6],[0.2,0.3])	([0.4,0.5],[0.1,0.2])	([0.5,0.6],[0.1,0.3])
A_3	([0.3,0.7],[0.1,0.2])	([0.1,0.3],[0.2,0.4])	([0.2,0.5],[0.1,0.2])	([0.2,0.4],[0.1,0.4])
A_4	([0.1,0.3],[0.2,0.5])	([0.3,0.4],[0.1,0.4])	([0.6,0.7],[0.2,0.5])	([0.5,0.6],[0.1,0.3])

表 6-4　　　　　　　　　　　低风险决策表

	G_1	G_2	G_3	G_4
A_1	([0.1,0.3],[0.4,0.5])	([0.6,0.7],[0.2,0.3])	([0.2,0.5],[0.3,0.4])	([0.3,0.7],[0.1,0.3])
A_2	([0.5,0.6],[0.1,0.4])	([0.1,0.4],[0.3,0.4])	([0.1,0.2],[0.4,0.6])	([0.1,0.3],[0.5,0.6])
A_3	([0.3,0.8],[0.1,0.2])	([0.1,0.2],[0.2,0.4])	([0.4,0.5],[0.1,0.2])	([0.4,0.6],[0.1,0.2])
A_4	([0.3,0.6],[0.1,0.3])	([0.3,0.5],[0.3,0.4])	([0.1,0.5],[0.2,0.4])	([0.3,0.4],[0.1,0.5])

根据式（6-10）分别计算在高风险、中风险以及低风险下的得分函数矩阵。

$$S_1 = \begin{pmatrix} 0.6 & -0.2 & 0.4 & 0.3 \\ 0 & 0.4 & 0.3 & 0.2 \\ 0.4 & 0.1 & 0.5 & 0.2 \\ 0.3 & 0 & 0.1 & 0.4 \end{pmatrix}, S_2 = \begin{pmatrix} -0.1 & 0.4 & 0.2 & 0.5 \\ 0.3 & 0.3 & 0.1 & 0.2 \\ -0.1 & 0.3 & 0.5 & 0.2 \\ 0.1 & 0.4 & 0.3 & 0.2 \end{pmatrix},$$

$$S_3 = \begin{pmatrix} -0.2 & 0.3 & 0.1 & 0.6 \\ 0.3 & 0.1 & 0.1 & -0.1 \\ 0.1 & 0 & 0.4 & 0.3 \\ 0.7 & -0.2 & 0.2 & 0.4 \end{pmatrix}$$

根据式（6-11）和式（6-12），计算得到正负靶心系数矩阵。

$$\varepsilon^+ = \begin{bmatrix} 0.72 & 0.45 & 0.34 & 1 \\ 1 & 0.9 & 0.9 & 0.74 \\ 0.38 & 0.63 & 0.59 & 0.5 \\ 0.53 & 0.35 & 0.7 & 0.39 \end{bmatrix}, \varepsilon^- = \begin{bmatrix} 0.41 & 0.57 & 1 & 0.33 \\ 0.36 & 0.31 & 0.34 & 0.41 \\ 1 & 0.45 & 0.39 & 0.55 \\ 0.56 & 0.8 & 0.36 & 0.9 \end{bmatrix}$$

参考 Kahneman 给出的参数值，$\alpha = 0.89$，$\beta = 0.92$，$\theta = 2.25$，$\gamma = 0.74$，利用公式，得到正负前景决策矩阵。

$$V^+ = \begin{bmatrix} 0.62 & 0.1 & 0.1 & 0.68 \\ 0.66 & 0.7 & 0.71 & 0.63 \\ 0 & 0.56 & 0.62 & 0.48 \\ 0.47 & 0.1 & 0.65 & 0 \end{bmatrix}, V^- = \begin{bmatrix} -0.75 & -1.3 & -1.56 & 0 \\ -0.1 & -0.1 & 0 & -0.7 \\ -1.5 & -0.92 & -1.1 & -1.23 \\ -1.21 & -1.59 & -0.78 & -1.45 \end{bmatrix}$$

以各方案的综合前景值最大化为目标，建立优化模型。

$$\max V = \sum_{i=1}^{4} \sum_{j=1}^{4} v_{ij}^+ \pi_{ij}^+(w_j) + \sum_{i=1}^{4} \sum_{j=1}^{4} v_{ij}^- \pi_{ij}^-(w_j)$$

$$s.t. \begin{cases} 0.2 \leqslant w_1 \leqslant 0.45, 0.2 \leqslant w_2 \leqslant 0.3 \\ 0.1 \leqslant w_3 \leqslant 0.25, 0.35 \leqslant w_4 \leqslant 0.45 \\ \sum_{j=1}^{4} w_j = 1 \\ 0 \leqslant w_j < 1 \end{cases}$$

通过 MATLAB 工具箱编程，计算得出最优权向量。

$$w^* = (w_1^*, w_2^*, w_3^*, w_4^*) = (0.25, 0.2, 0.15, 0.4)$$

将最优权向量代入 $V_i^* = \sum_{j=1}^{4} v^+(r_{ij})\pi^+(w_j^*) + \sum_{j=1}^{4} v^-(r_{ij})\pi^-(w_j^*)$，得到各方案的最优综合前景值：$V_1^* = 0.48$，$V_2^* = 0.81$，$V_3^* = 0.36$，$V_4^* = -0.24$。

将 V_i^* 按照从大到小的顺序排序，便可得到各方案的最优排序：$A_2 > A_1 > A_3 > A_4$。

由计算结果可知，4 个方案的综合前景值中，方案 4 的综合前景值最低，且为负数，也就是说决策者在综合了技术、经济、社会等方面的指标，同时考虑到自身的风险偏好后，认为4个方案中，方案4相对较差。因此，对于4个建设项目，决策者最不看好方案4，认为与其他方案相比，方案4的前景价值最低。因此，根据综合评价结果，我们可以筛选方案4，保留方案1、方案2、方案3，作为投资项目的备选方案。

为了验证提出方法的合理性和有效性，针对三种不同风险，分别进行建设项目综合评价，实现投资项目的初步筛选，运用提出的方法，对整个方案进行排序，最终得到的评价结果见表6-5。

不同风险条件下，方案的排序发生了变化，可以看出，在高风险状态下，方案3综合前景值最高，其次为方案1；而在中、低风险状态下，方案2的综合前景值均为最高的，其次为方案1。综合三种风险状态后的前景值排序，可以看出，该排序的结果与中、低风险两种状态下的排序结果相同。因此，决策者选择了中、低风险的风险偏好，属于风险规避类型。

表 6-5　　　　　　　不同风险状态下方案的综合评价结果

方案	高风险	中等风险	低风险
A_1	−1.45	−0.15	0.41
A_2	−1.53	0.44	0.65
A_3	−1.29	−0.73	0.23
A_4	−2.31	−.116	0.11
排序结果	$A_3 > A_1 > A_2 > A_4$	$A_2 > A_1 > A_3 > A_4$	$A_2 > A_1 > A_3 > A_4$

利用上述方法，计算不同类型建设项目方案的综合前景值，能够得到满足决策者风险偏好的投资项目，实现投资决策的初步筛选，以供投资项目的组合优化决策使用。

6.3.2　区域电网优化投资组合决策结果分析

某省电网公司根据国家"十三五"电网发展规划，通过数据收集、调查分析等途径，结合第2章的预测方法和理念对该地区的电力负荷需求进行了预测，决定新建一批电网建设项目。在电力负荷需求的基础上，利用第3章的规划方法得到了备选的建设方案。然而，电网企业的投资资金有限，并且，在新一轮电力体制改革下，电网企业的核算方式变为"成本加收益"，企业的利润出现了较大幅度的减缩。因此该省在重新审视自身财务情况的基础上，在第 5 章的思路下，重新进行了企业投资能力的核算。在此基础上，电网企业对各个备选的建设项目进行了投资收益、技术水平、环境效益以及社会性等方面的综合评价，同时考虑决策者的风险偏好，最终选出了 5 个技术上可行、经济上合理的电网建设项目进行投资组合优化研究。

结合电网建设项目优化投资组合决策的方法，分析整理所需数据，构建了优化投资组合决策模型，并采用随机权重优化布谷鸟搜索算法得到最优项目投资组合。通过资料的收集、分析和整理，运用本书第 6.3.1 节的综合评价方法进行投资项目初步筛选，最终选取 5 个电网投资项目进行分析，各方案的相关数据见表 6-6。

表 6-6　　　　　　　　电网建设项目的基本情况

项目序号	投资需求（万元）	容量（MVA）	净现值（万元）
A	650	168	50.6
B	590	148	45.8
C	730	177	53.9
D	820	190	60.5
E	705	173	50.7

为简化计算，模型中假定每个电网建设项目的寿命为 30 年，且未来 30 年内各项目的年净收益和运营成本不变，投资回报率为 5.5%；容载比上下限取值为 $\gamma=1.6$、$\theta=1.8$、$\alpha=0.1$、$\beta=0.2$；平均每年最大的停电成本为 25 万元，且与容量大小成正比；电网企业当年的投资能力为 2800 万元；被选中项目容量之和即为系统新增容量。

结合表 6-6 的数据，进行相关计算分析，得到优化投资决策模型。

$$\text{Max } Z(x) = \sum_{i=1}^{n} x_i \left\{ \sum_{i=i}^{T} (S_{it} - C_{it}) *(1+I)^{-t} - Q_i \right\} - R(x)$$

$$+ \sum_{t=1}^{T} \left(\frac{\sum_{i=1}^{n} x_i c_i + c}{\sum_{i=1}^{n} c_i + c} - 1 \right) \times c_{i\max} - n(x)$$

$$s.t. \begin{cases} 620x_1 + 580x_2 + 730x_3 + 810x_4 + 705x_5 \leqslant 2800 \\ 135x_1 + 128x_2 + 160x_3 + 175x_4 + 158x_5 \geqslant 480 \\ P(x) = \begin{cases} 0.1\left(\sum_{i=1}^{n} x_i c_j + c - 1.8L\right), \dfrac{\sum_{i=1}^{n} x_i c_i + c}{L} > 1.8 \\ 0, \dfrac{\sum_{i=1}^{n} x_i c_i + c}{L} \in [1.6, 1.8] \\ 0.2\left(1.6L - \sum_{i=1}^{n} x_i c_i - c\right), \dfrac{\sum_{i=1}^{n} x_i c_i + c}{L} < 1.6 \end{cases} \\ \sum_{i=1}^{n} s_{it} x_i \leqslant s_t \\ x_i = 0 \text{ 或} 1; i = 1, 2, \cdots, 5 \end{cases} \quad (6\text{-}37)$$

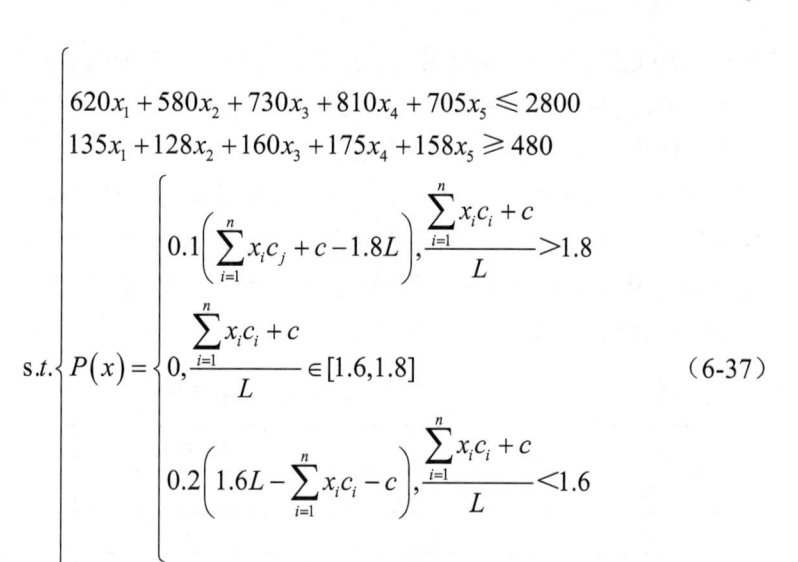

根据上述构建的优化模型以及相应的假设条件，对备选的 5 个投资项目进行优化分析。文中采用随机权重优化布谷鸟搜索算法，利用 Matlab 软件求解模型。模型中各参数设置如下：种群规模为 $N=50$；最大迭代次数为 $T=300$；发现概率 $P_a=0.25$。为了验证模型的有效性，本书选择传统的布谷鸟搜索算法和常用的粒子群算法进行对比分析，三种算法的寻优过程如图 6-2 所示。

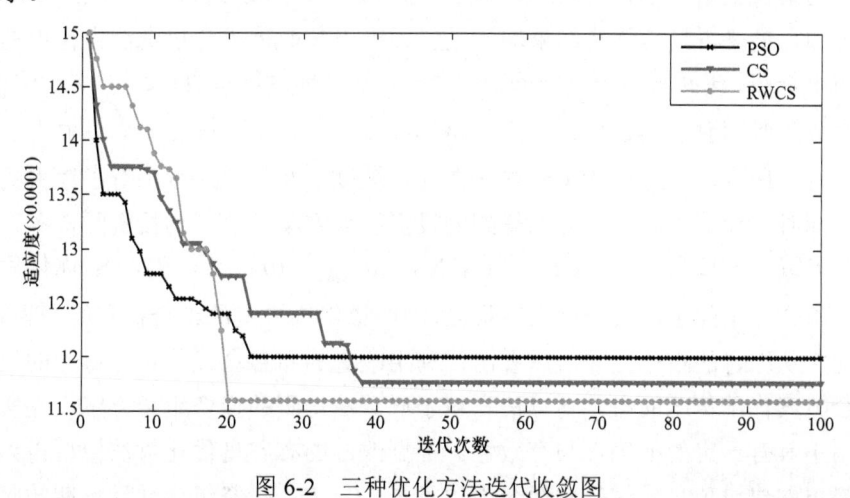

图 6-2　三种优化方法迭代收敛图

从图 6-2 的迭代收敛图中可以看出，利用随机权重改进过的布谷鸟搜索算法（RWCS）的收敛速度最快，优于传统的布谷鸟搜索算法和粒子群算法。也就是说，运用随机权重改进后的 CS 算法克服了传统 CS 算法收敛速度慢的缺点，优化过程中的收敛速度有所提高。

结合式（6-37）的优化模型，以电网建设项目的经济性、社会性、可靠性为目标，将投资能力约束条件转化为目标惩罚函数建立优化投资模型，利用 RWCS 算法进行优化，得到最终的优化结果。同时，对比 CS 算法及 PSO 算法的优化结果也在表 6-7 中展示。

表 6-7　　　　　　　　不同方法优化投资组合结果

项目	RWCS 算法	CS 算法	PSO 算法
A	1	1	1
B	0	0	1
C	1	0	0
D	1	1	0
E	0	1	1
目标函数值	591.4	553.7	510.2
实际资金使用（万元）	2200	2175	1945
运算时间（min）	4.2	5.0	4.6

利用 RWCS 算法、CS 算法以及 PSO 算法优化得到的投资组合结果见表 6-7，$X_{rwcs}=[1,0,1,1,0]$，$X_{cs}=[1,0,0,1,1]$，$X_{pso}=[1,1,0,0,1]$，三种方法优化后得到的组合策略各不相同。1 表示项目通过，0 表示项目被淘汰。从结果分析中可知，最终得到的优化结果均满足包括电力负荷需求和投资能力在内的多个约束条件。在满足约束条件的情况下，对于目标函数值有：$Z_{rwcs}>Z_{cs}>Z_{pso}$，对于运算时间有：$t_{rwcs}>t_{pso}>t_{cs}$。RWCS 优化后的方案目标函数值最大，且运算时间最少，改进后的 CS 算法在优化精度以及收敛速度上有了较大的提高。同时，计算不同优化方法得到的投资组合方案下的平均投资回报率，分别为 $ROI_{rwcs}=12.95\%$，$ROI_{cs}=11.83\%$，$ROI_{pso}=10.85\%$，RWCS 优化后的投资组合方案的平均投资回报率最高，说明该组合方案的综合盈利能力最强。因此，从综合的指标比较可以看出，利用改进的布谷鸟优化算法得到的投资组合方案优于传统的布谷鸟算法和粒子群算法得到的投资组合方案，在实例应用中具有一定的准确性与有效性。根据改进的布谷鸟优化算法模型得到的最终电网建设项目最优投资组合为项目 A、C、D，投资组合项目预期的收益现值为 591.4 万元。

第 7 章
区域电网投资优化管理及建议

7.1 区域电网优化投资决策管理框架及流程

7.1.1 区域电网优化投资决策管理框架

随着新能源分布式发电的不断发展，含有分布式电源的区域电网优化投资决策管理工作也愈加复杂。由于新能源分布式电源具有间歇性、不稳定性等特点，并网后的分布式电源给电网的电力负荷需求预测和电网规划都带来了较大的挑战；同时，随着新一轮电改的深入推进，电网公司的核算方式由原来的"差价定价"变为"成本加收益"，利润空间被压缩，投资能力也受到了较大的影响。因此，区域电网优化投资管理工作中，不仅需要考虑加入分布式电源后电网的电力负荷需求水平，还需要掌握电网企业的投资能力情况，以制定出最合理、最优化的投资策略。

目前，针对含有分布式电源的区域电网的投资决策管理工作还没有一个全面的管理框架和流程，还存在管理流程不清晰、指标考虑因素不全面、优化投资决策方法不完善等问题。这就要求我们建立一套科学的区域电网投资优化管理方法，为投资决策提供支撑，实现投资收益的最大化。

针对区域电网的特点以及投资管理的现状，本书对区域电网的投资优化管理工作进行了梳理：结合区域电网的特点，在电网电力需求和企业投资能力预测的基础上，设计一套完善的投资评价指标和方法，以考察建设项目的经济合理性和技术可行性为目标，兼顾可靠性和社会性等因素，建立了一系列区域电网优化投资决策管理方法，形成了区域电网统一的优化投资决策管理框架与流程，如图 7-1 所示。

7.1.2 区域电网优化投资决策管理流程

基于区域电网优化投资决策管理框架，电网企业应当在保障电力需求的基础上，在有限的投资能力的约束下，综合考虑经济性、可靠性、技术性、社会性等因素，运用投资优化管理方法选出一个最优项目或组合项目进行投资。区域电网优化投资决策管理流程图如图 7-2 所示，具体流程如下。

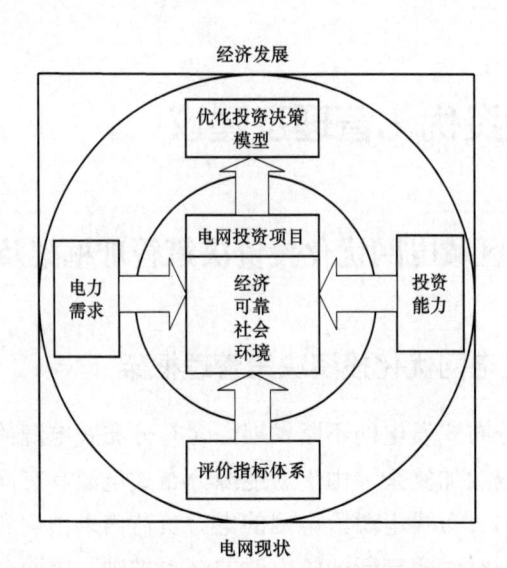

图 7-1 区域电网优化投资决策管理框架

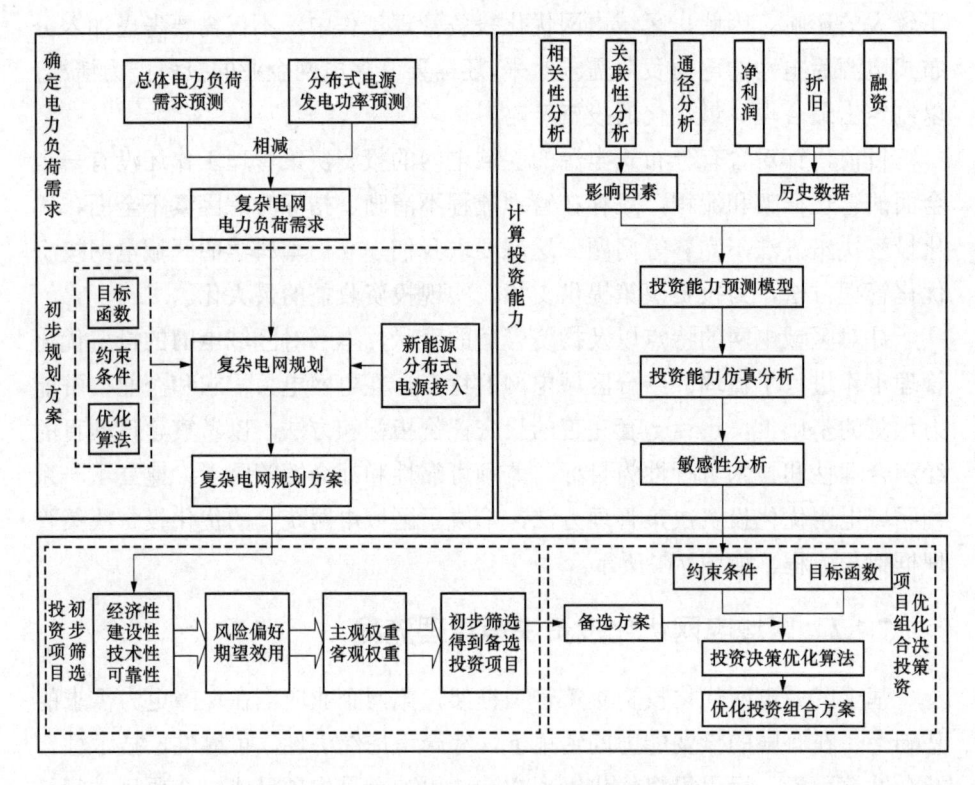

图 7-2 区域电网优化投资决策管理流程图

步骤1：确定区域电网电力负荷需求。

在含有新能源分布式电源的区域电网系统内，分布式电源会分担部分负荷需求，用系统内总体的电力负荷需求扣除分布式电源分担的部分需求，剩余的部分才是电网企业需要供应的电力负荷需求，同时也是区域电网进行规划和建设的依据和基础。由于受气候影响较大，新能源分布式电源的发电功率具有波动性大和随机性强等特点，在进行预测时，需要全面考虑气候因素的影响，同时选择具有较强的非线性映射能力和泛化能力、收敛速度快等特点的模型，如支持向量机、神经网络、群优化算法优化神经网络等。所得的部分将作为区域电网规划方案制定的基础。

步骤2：区域电网规划方案初选。

在电力负荷需求的基础上，区域电网规划时还需考虑新能源接入后的影响。同样，由于新能源分布式电源出力具有不稳定性，以光伏发电为例，有光照时，光伏发电可以提供电量，但受光照条件限制，夜间或阴雨天气无法供电。因此，在含有新能源分布式发电的区域电网规划中，需要把新能源分布式发电的间歇性考虑进去，将系统失负荷的概率、功率不足期望以及电压稳定裕度等因素作为关键因素纳入电网规划分析中。新能源分布式电源接入后的复杂电网规划的问题更加复杂，需要留出一定的裕度来应对新能源分布式电源的随机性给电网带来的挑战。得到的电网规划方案将作为投资初选的项目，在投资初选阶段进行项目的比较和排序。

步骤3：计算电网企业投资能力。

在结合步骤1中的电力负荷需求结果，得到了步骤2中新能源接入的区域电网规划方案后，在电网优化投资过程中，还有一个不可忽视的因素需要重点考虑，即投资的资金约束，也就是电网企业拥有的投资能力。企业可以用于投资的资金是有限的，并且在新的电力体制改革中，电网企业原有的"购售电价差"的核算方式将变为"合理成本加准许收益"的方式，这使得电网企业的利润有了较大幅度的减少，因此，在投资过程中，更加需要考虑自身的投资能力。从资金来源的角度，将电网企业的投资能力分为利润、折旧和融资三个部分，同时考虑不同约束条件的作用，结合智能预测模型，可以得到电网企业投资能力预测结果。同时，可以对投资能力进行敏感性分析。预测得到的投资能力的结果将作为约束条件用于电网优化投资决策中。

步骤4：投资项目初步筛选。

根据电网的电力负荷需求预测和电网规划方案结果，以考察步骤2中得到的电网建设项目投资经济合理性、技术可行性和建设必要性为主要目标，建立多属性的投资项目初步筛选评价指标体系。在此基础上，通过选择相应的指标权重、评价方法和计算指标，结合决策者的风险偏好，对各项目的总体投资收益和风险进行评估，计算各备选方案在上述评价指标和方法下的综合评分情况，最终按照总分的高低对初选得到的满足要求的备选方案进行建设投资优先级排序，得到投资项目的初步筛选。

步骤5：项目组合投资优化决策。

在实际的电网建设过程中，由于项目种类多、数量大，往往是多个项目同时进行投资建设，而电网企业的投资能力是有限的，这就要求电网企业不仅要考虑单项目的投资效益，更应该注重多项目组合的投资优化问题，最终实现将有限的资金最优分配在不同电网建设项目的投资上。因此，基于步骤4中初选得到的投资项目，以步骤1得到的电力负荷需求和步骤3得到的投资能力作为约束条件，构建优化投资组合决策模型，运用智能优化算法进行求解，得到组合投资的最优决策方案。

7.2　区域电网优化投资管理建议

（1）多维协同推动源网协调发展，进一步完善电网规划与投资管理。多维协同靶向发力，推动源网协调发展。在完善市场交易与价格机制、保障电网合理收益的同时，稳定市场投资预期，推动各类电力规划投资项目落地落实；通过增加政府直接投资，将农网、适应新型电力系统分布式电源接入的配网智能化改造等投资增加纳入重大政策性投资范围等方式，给配电网特别是农网建设提供更大的支持和激励；建立多部门联合审批机制，适当并行、简化多类电力投资项目审核流程，推动源网同步规划建设、同步投产运行，提升电力系统整体投资效率效益水平。建议建立全口径电网规划管理机制。将当前以电网基建项目为主体的电网规划范围，拓展为提供输配电服务各专业的全口径投资项目，并明确各类项目划分界面，包括生产、营销、科技、数字化等类型项目；明确全口径电网规划的深度要求和技术标准，统筹考虑各类项目投资规模、技术方案复杂程度、技术发展变革速度等个性化因素，注重对不同类型项目规划的深度要求和技术标准采用差异化要求。

（2）优化电网企业投资计划，投入产出效益分析。在制订区域电网投资计划时，电网企业应全面考虑各方因素，既要确保投资计划与企业的战略目标一致，明确短期和长期的投资目标，也要关注企业的均衡发展并确保满足政府的预期、目标和要求。投资规模应与地方经济发展、可靠性需求以及社会承受能力相匹配。为确保投资的有效性和经济性，企业应与政府投资规划对接，强化经济性和安全性分析，并结合输配电价定价机制建立投入产出效益模型。

传统的输配电效益指标包括资产利用率、安全可靠性、提升率等。为适应输电价定价机制，还应引入单位新增投资有效资产、单位新增资产运维成本、单位新增资产输配电价等投资效率指标。此外，针对不同类型的投资项目，应确定相应的投入产出效益指标权重，确保每一项投资都经过严格的财务和业务评估，避免盲目投资。对于增加售电量的项目，评价应侧重于供电容量的增加和盈利能力提升；对于履行社会责任的项目，评价应注重宏观经济效益和社会效益的综合分析。

同时，电网企业的投入产出分析方法应包括基于深度学习、神经网络、动态排序等多种分析方法。在制定投资原则和标准时，企业既要满足基本的供电需求，也要注重提高计划的经济性，实现可持续发展。

（3）优化电网企业投资结构，多维权衡投资需求。首先，在制订区域电网投资计划时，电网企业必须将投资效率和效益置于核心地位，以效率、效益为出发点，科学地制订投资计划，提高电网企业投资结构的合理性和有效性。同时，为了确保投资资金的有效利用，企业需要密切关注相关项目的可研报告、已完成的投资项目和储备项目的造价情况等。通过对这些资料进行全面评估和详细审查，从源头上确保投资资金性质准确、投资规模与电力需求相匹配，以及投资的有效性和可持续性。

其次，电网企业的投资计划应以市场需求为导向。电网企业可以通过研究经济发展趋势、产业结构变化以及重点行业的用电需求，明确自身的发展方向和效益增长点，及时了解和掌握用户的需求。对于在合理供电周期范围内的用户供电工程，企业应提前进行储备，并优先纳入投资计划当中。同时，电网企业可以通过模型进行量化分析，从而更准确地预测投资需求和新增规模，确保电网投资能够紧跟市场的步伐。

最后，电网企业需要在投资能力和投资需求之间取得平衡。如果投资需求超过企业的投资能力，可以通过一系列措施来挖掘潜在的投资能力。例如，缩减部分非关键项目的投资需求、优化现有资产的使用效率或适度提高负债水平等。相反，如果企业的投资能力超过投资需求，应及时考虑增加具有战略意义项目的投资比例，加大研发投入，提升企业的技术水平和核心竞争力。这不仅有助于电网企业实现可持续发展，还能确保其投资计划既符合市场需求，又能为企业创造长期的经济效益。

（4）优化电网企业投资时序，提高电网投资效率。在制订电网投资计划时，首先应对电网企业的发展现状进行全面分析，并综合考虑相关方的投资需求。通过运用边界管控、精准投资、精益化管理等先进理念，将投资与成本支撑能力、发展目标和发展需求进行有效结合，从而更好地对电网投资项目进行优选和排序。同时，电网企业应优先支持重点领域和重要方向的项目，尤其是那些对刚性需求和提升电网运行安全有重要影响的项目。在投资安排方面，要充分考虑投资效果和建设周期，优先安排主业投资，以确保合理的投资回报，从而保障企业的可持续运营。

此外，电网企业还应按照监管与核价要求，加快工程竣工决算编制的进度。通过提升竣工决算编制的技术水平，确保在监管期满前一年内，在建工程能够顺利转为固定资产，这样可以避免对下一期的投资安排和建设进度造成影响。通过这样的方式，电网企业能够更好地平衡投资与运营的关系，确保投资计划既符合监管要求，又能为企业创造长期的经济效益。

（5）明确电网投资监管配套机制，提高投资监管效率。当前电网规划与投资管理仍待进一步完善，电网与电源规划衔接需加强。新能源超规划预期发展，与电网消纳能力不协调，个别省区在运及已批复的新能源规模甚至已超过"十四五"规划目标，新能源的无序发展大幅增加了额外的输配电容量需求，带来更高的输配电投资，给输配电网络利用效率带来不利影响。源网工程规划、建设时序不衔接，新能源规划主要以地区新增规模方式体现，未具体落实到项目，导致其送出工程无法及时纳规；新能源电站建设周期约为一年，配套电网送出工程建设周期至少需要两年以上，建设时序差异易造成"发出来、送不出"等问题。

同时，电网规划口径范围应适应性拓展，以便于更好衔接电网投资监管范围。一是根据输配电定价成本监审要求，电网投资覆盖输配电服务的全部合理支出，包括电网基建、生产技改、营销技改、科技创新、数字化等项目类型，且应纳入规划并履行核准备案程序，目前国家层面对全口径电网规划范围、深度要求和技术标准等均未作规定，导致各省管理部门和电网企业执行存在差异，影响规划效果。二是全口径电网规划中部分投资项目审核管理要求不明确。35kV及以上电网基建项目核准备案要求较为明确，但其他投资项目较为分散、种类繁多、专业性强，在实际执行中缺乏实施细则等政策依据。

在制订电网企业的投资计划时，首先需要全面考虑企业的内外环境和发展战略。在此基础上，制定一套完善的投资管控的管理办法，以优化投资审批流程和提高审批效率。通过应用物联网等先进技术，实现投资与互联网的紧密连接，使企业能够实时跟踪、监控和管理资产实物。这不仅有助于提高资产的使用效率，还能为企业提供全面、准确的数据信息，帮助企业更快地适应市场变化，建立适应售电市场的快速反应机制。

同时，电网企业需要实现业务与财务的深度融合，提高信息化水平。在投资测算过程中，企业需要从业务和财务部门获取大量数据，包括购售电量、购电成本与电价、运营维护费用、现金流、营业收入、营业成本和利润等。为了确保数据的准确性和及时性，电网企业应通过信息系统实现业务部门向财务部门自发共享测算信息，这样能够实时获取和监控数据，提高投资管控的效率和准确性。

（6）完善区域电网优化投资的政策认定与数字化支撑。一是明确重大政策性投资认定范围。国家相关部门要求电网企业承担相应的社会责任，但投资不带来电量增长或经济效益明显低于正常水平的政策性投资，应足额纳入重大政策性投资范围。二是明确重大政策性投资认定方式。对于可以提前明确的重大政策性投资，建议在规划阶段明确投资规模并纳入规划，对于在执行过程中新增的重大政策性投资，建议滚动纳入修编规划，并严格履行投资审核程序，全额认定纳入有效资产。

加强电网规划投资领域的数字化支撑力度。一是现有规划技术手段不能有效满足新型电力系统规划需要，亟需融合"云大物移智链"等数字技术，针对新型电力系统的"双高"特征，加快研究开发规划仿真新模型和新工具。二是配电网、生产、营销等投资项目，在履行投资项目审核管理程序时，面临项目数量繁多等管理难题，亟待依托数字化手段搭建政企数字通道，促进政府监管部门与企业投资管理数据互通，实现申报材料自动上报，审批结果实时获取。

此外，电网企业还需要注重对投资项目的管理和监控。从项目的立项、可行性研究、预算编制到实施和后评价等各个环节，都需要建立严格的管控机制。通过这样的机制，企业可以确保投资项目按照既定的计划和目标进行，并及时发现和解决潜在的问题。电网企业还需考虑风险管理，识别和分析潜在的风险因素，制定相应的应对策略。通过风险管理，企业可以降低投资风险，提高投资的成功率和回报率。

参 考 文 献

[1] 中国电力企业联合会，《中国电力行业年度发展报告 2023》[R]．北京：中国建筑工业出版社，2023．

[2] 国网能源研究院．2015 年中国新能源发电分析报告[M]．北京：中国电力出版社，2015．

[3] 张安琪．新电改背景下电力销售行业面临的挑战及发展对策[J]．电气技术与经济，2024，(3)：250-252．

[4] 田廓．基于电网投资视角的省级电网输配电价定价办法解析及投资优化策略[J]．智慧电力，2020，48(5)：7-13．

[5] Gao K，Chen H，Tian S，et al. A nexus between green digital finance and green innovation under asymmetric effects on renewable energy markets：a study on Chinese green cities[J]. Environmental Science and Pollution Research，2023，30(16)：46632-46646．

[6] Kabilan R，Chandran V，Yogapriya J，et al. Short-Term Power Prediction of Building Integrated Photovoltaic (BIPV) System Based on Machine Learning Algorithms[J]. International Journal of Photoenergy，2021，(1)：5582418．

[7] Ma W. Short-Term Prediction of Photovoltaic Power Generation Based on LMD Permutation Entropy and Singular Spectrum Analysis[J]. Energy Engineering，2023，120(7)：1685-1699．

[8] Guermoui M，Bouchouicha K，Benkaciali S，et al. New soft computing model for multi-hours forecasting of global solar radiation[J]. The European Physical Journal Plus，2022，137(1)：162．

[9] Tao H，Awadh S M，Salih S Q，et al. Integration of extreme gradient boosting feature selection approach with machine learning models：application of weather relative humidity prediction[J]. Neural Computing and Applications，2022，34(1)：515-533．

[10] Tang Z，Li Y，Chai X，et al. Adaptive nonlinear model predictive control of NOx emissions under load constraints in power plant boilers[J]. Journal of Chemical Engineering of Japan，2020，53(1)：36-44．

[11] Keshta H E，Hassaballah E G，Ali A A，et al. Multi-level optimal energy management strategy for a grid tied microgrid considering uncertainty in weather conditions and load

[J]. Scientific Reports, 2024, 14 (1): 10059.

[12] Son N, Yang S, Na J. Deep neural network and long short-term memory for electric power load forecasting [J]. Applied Sciences, 2020, 10 (18): 6489.

[13] Peng S, Guo L, Li B, et al. Photovoltaic Power-Stealing Identification Method Based on Similar-Day Clustering and QRLSTM Interval Prediction [J]. Applied Sciences, 2023, 13 (6): 3506.

[14] Tahmasebinia F, Lin L, Wu S, et al. Exploring the benefits and limitations of digital twin technology in building energy [J]. Applied Sciences, 2023, 13 (15): 8814.

[15] Li M, Zhang Z, Ji T, et al. Ultra-short term wind speed prediction using mathematical morphology decomposition and long short-term memory [J]. CSEE Journal of Power and Energy Systems, 2020, 6 (4): 890-900.

[16] Gao B, Yang H, Lin H C, et al. A hybrid improved whale optimization algorithm with support vector machine for short-term photovoltaic power prediction [J]. Applied Artificial Intelligence, 2022, 36 (1): 2014187.

[17] Li Z L, Liu A, et al. States prediction for solar power and wind speed using BBA-SVM [J]. IET Renewable Power Generation, 2019, 13 (7): 1115-1122.

[18] Guermoui M, Gairaa K, Boland J, et al. A novel hybrid model for solar radiation forecasting using support vector machine and bee colony optimization algorithm: review and case study [J]. Journal of Solar Energy Engineering, 2021, 143 (2): 020801.

[19] Korkmaz D, Acikgoz H, Yildiz C. A novel short-term photovoltaic power forecasting approach based on deep convolutional neural network [J]. International Journal of Green Energy, 2021, 18 (5): 525-539.

[20] Ponnuswamy P, Palaniappan S C. Prediction of wind energy location by parallel programming using MPI-based KMEANS clustering algorithm [J]. Energy Sources, Part A: Recovery, Utilization, and Environmental Effects, 2024, 46 (1): 5451-5473.

[21] Simeunović J, Schubnel B, Alet P J, et al. Spatio-temporal graph neural networks for multi-site PV power forecasting [J]. IEEE Transactions on Sustainable Energy, 2021, 13 (2): 1210-1220.

[22] Ofori-Ntow Jnr E, Ziggah Y Y, Rodrigues M J, et al. A new long-term photovoltaic power forecasting model based on stacking generalization methodology [J]. Natural Resources Research, 2022, 31 (3): 1265-1287.

[23] Peng X, Li C, Jia S, et al. A short-term wind power prediction method based on deep learning and multistage ensemble algorithm [J]. Wind energy, 2022, 25 (9): 1610-1625.

[24] Yildiz C, Açikgöz H. Forecasting diversion type hydropower plant generations using an artificial bee colony based extreme learning machine method [J]. Energy Sources, Part B: Economics, Planning, and Policy, 2021, 16 (2): 216-234.

[25] Tao K, Zhao J, Wang N, et al. Short-term photovoltaic power forecasting using parameter-optimized variational mode decomposition and attention-based neural network [J]. Energy Sources, Part A: Recovery, Utilization, and Environmental Effects, 2024, 46 (1): 3807-3824.

[26] Yan A, McAuley J, Lu X, et al. RadBERT: adapting transformer-based language models to radiology [J]. Radiology: Artificial Intelligence, 2022, 4 (4): e210258.

[27] Lara-Benítez P, Carranza-García M, Luna-Romera J M, et al. Temporal convolutional networks applied to energy-related time series forecasting [J]. Applied Sciences, 2020, 10 (7): 2322.

[28] Tian Y, Wang D, Zhou G, et al. An adaptive hybrid model for wind power prediction based on the ivmd-fe-ad-informer [J]. Entropy, 2023, 25 (4): 647.

[29] Zhuang W, Li Z, Wang Y, et al. GCN–Informer: A Novel Framework for Mid-Term Photovoltaic Power Forecasting [J]. Applied Sciences, 2024, 14 (5): 2181.

[30] Dosdoğru A T, İpek A Ä B. Hybrid boosting algorithms and artificial neural network for wind speed prediction [J]. International Journal of Hydrogen Energy, 2022, 47 (3): 1449-1460.

[31] Guo X, Wang X, Ao Y, et al. Short-term photovoltaic power forecasting with adaptive stochastic configuration network ensemble [J]. Wiley Interdisciplinary Reviews: Data Mining and Knowledge Discovery, 2022, 12 (6): e1477.

[32] Abdolrasol M G M, Hussain S M S, Ustun T S, et al. Artificial neural networks based optimization techniques: A review [J]. Electronics, 2021, 10 (21): 2689.

[33] Peng W, Zhou C, Li C, et al. Double-input rule modules stacked deep interval type-2 fuzzy model with application to time series forecasting [J]. International Journal of Fuzzy Systems, 2021, 23 (5): 1326-1346.

[34] Pirbhulal S, Gkioulos V, Katsikas S. Towards integration of security and safety measures for critical infrastructures based on bayesian networks and graph theory: a systematic literature review [J]. Signals, 2021, 2 (4): 771-802.

[35] 尹硕，韩煦，滕越，等．输配电价改革下电网投资需求与投资能力协调优化研究[J]．电力需求侧管理，2023，25（2）：30-35．

[36] 王玲，吴鸿亮，彭道鑫．新一轮输配电价监管周期下的电网投资规模预测——基于优化的支持向量机模型[J]．技术经济，2020，39（10）：45-53．

[37] 金智博，李华强，李山山，等．考虑投资能力反馈的电网规划项目投资时序优化方法[J]．电力自动化设备，2022，42（3）：168-174．

[38] Uriona M, Grobbelaar S S. Innovation system policy analysis through system dynamics modelling: A systematic review[J]. Science and Public Policy，2019，46（1）：28-44.

[39] 朱渝宁，徐晓亮，赖若麒，等．基于组合模型的电网投资能力预测研究[J]．供用电，2023，40（7）：33-40+56．

[40] Pirbhulal S, Gkioulos V, Katsikas S. Towards integration of security and safety measures for critical infrastructures based on bayesian networks and graph theory: a systematic literature review[J]. Signals, 2021, 2（4）：771-802.

[41] Lu X, Chen S, Nielsen C P, et al. Combined solar power and storage as cost-competitive and grid-compatible supply for China's future carbon-neutral electricity system[J]. Proceedings of the National Academy of Sciences, 2021, 118（42）: e2103471118.

[42] Berk K, Hoffmann A, Müller A. Probabilistic forecasting of industrial electricity load with regime switching behavior[J]. International Journal of Forecasting, 2018, 34（2）：147-162.

[43] 浦迪．新电改环境下电网企业投资能力预测及应用研究[D]．华北电力大学，2021．

[44] 殷旭锋．基于投影寻踪—灰色理论的多地区电网投资决策方法[J]．山西电力，2022，（4）：5-8．

[45] 谭彩霞，耿世平，谭忠富，等．电网公司参与增量配网投资模式优化模型[J]．电网技术，2021，45（11）：4375-4387．

[46] 刘伟．基于成本收益分析的电网投资经济性评估方法[D]．南昌大学，2023．

[47] 张银凤．线下零售企业电商投资影响电商能力的机理分析——考虑战略导向的调节效应[J]．商业经济研究，2023，（20）：146-150．

[48] 胡龙，王志会，樊心田．城市电网资产规模影响因素体系构建及相关性分析初探[J]．低碳世界，2023，13（7）：175-177．

[49] 吴广川．电网投资关键影响因素及项目组合优化研究[D]．华北电力大学，2022．

[50] 解伟，潘文明，王成化，等．基于支持向量机的省级电网中长期投资规模预测模型

163

研究［J］．工业技术经济，2019，38（8）：154-160．

[51] Wang Y L，Zhou M H，Zhang F L，et al．Chinese grid investment based on transmission and distribution tariff policy：An optimal coordination between capacity and demand［J］．Energy，2021，219：119589．

[52] Wang Y，Zhang F，Zhang Y，et al．Chinese power-grid financial capacity based on transmission and distribution tariff policy：A system dynamics approach［J］．Utilities Policy，2019，60：100941．

[53] Sha Y，Li W，Yan J，et al．Research on investment scale calculation and accurate management of power grid projects based on three-level strategy［J］．IEEE Access，2021，9：67176-67185．

[54] He Y X，Jiao J，Chen R J，et al．The optimization of Chinese power grid investment based on transmission and distribution tariff policy：A system dynamics approach［J］．Energy Policy，2018，113：112-122．

[55] 冯亮，梁荣，卢兆军，等．计及输配电价改革的地区配电网投资能力量化分析［J］．广东电力，2019，32（2）：24-30．

[56] 武志锴，潘霄，张琦，等．计及输配电成本分摊的不同类型用户输配电价设计［J］．上海理工大学学报，2022，44（2）：148-156．

[57] 朱刘柱，金文，叶彬，等．输配电价改革背景下电网投资策略情景模拟及优化研究［J］．价格理论与实践，2021，（5）：101-105．

[58] Yildiz C，Açikgöz H．Forecasting diversion type hydropower plant generations using an artificial bee colony based extreme learning machine method［J］．Energy Sources，Part B：Economics，Planning，and Policy，2021，16（2）：216-234．

[59] Duan Y，Sun Y，Zhang Y，et al．Risk evaluation of electric power grid investment in China employing a hybrid novel MCDM method［J］．Mathematics，2021，9（5）：473．

[60] 高曦莹，潘明明，王志斌，等．基于技术经济比较的低压用户业扩报装供电方案综合评价［J］．供用电，2019，36（10）：61-66．

[61] 王玲，吴鸿亮，彭道鑫．新一轮输配电价监管周期下的电网投资规模预测——基于优化的支持向量机模型［J］．技术经济，2020，39（10）：45-53．

[62] 吴鸿亮，王玲，彭道鑫．电网投资与省级电网输配电价的联动关系研究［J］．价格理论与实践，2019，（12）：51-54+148．

[63] Fei Z，Long J X，Jing L Z，et al．A novel investment strategy for renewable-dominated power distribution networks［J］．Frontiers in Energy Research，2023，10：968944．

[64] 张鹏飞，柳璐，杨卫红，等．基于资产负债率的多地区电网投资能力测算方法

[J]．电力系统及其自动化学报，2018，30（6）：85-89．

[65] 李湘华，谭玉东，谢车轮，等．基于投资能力测算的电网发展策略研究[J]．管理观察，2018，（1）：48-49．

[66] Fioriti D，Pintus S，Lutzemberger G，et al．Economic multi-objective approach to design off-grid microgrids：A support for business decision making[J]．Renewable Energy，2020，159：693-704．

[67] Ebrahimi A，Attar S，Farhang-Moghaddam B．A multi-objective decision model for residential building energy optimization based on hybrid renewable energy systems [J]．International Journal of Green Energy，2021，18（8）：775-792．

[68] 梁敏欣，陆汉东，刘福来，等．数字化赋能精准投资：电网企业管理数字化与投资效率[J]．投资研究，2023，42（8）：141-158．

[69] Girardi A，Graeb H．Process-variation aware design optimization of an integrated microprobe detector[J]．Analog Integrated Circuits and Signal Processing，2021，108（3）：471-484．

[70] Chen T，Li M．The weights can be harmful：Pareto search versus weighted search in multi-objective search-based software engineering[J]．ACM Transactions on Software Engineering and Methodology，2023，32（1）：1-40．

[71] 曾永泉，张鹏．具有熵约束的多阶段均值—半绝对偏差投资组合优化[J]．中国管理科学，2021，29（9）：36-43．

[72] 杨洪明，尹邦哲，孟科，等．考虑源荷功率矩不确定性的新型互联电力系统省内—省间分布鲁棒协调优化调度[J]．电力建设，2023，44（7）：98-110．

[73] 吴琦，高岳林．基于改进粒子群优化的投资组合模型研究[J]．江西师范大学学报（自然科学版），2020，44（5）：521-529．

[74] 徐双蝶，张焰，苏运．考虑不确定性变量模糊相关性的智能配电网概率潮流计算[J]．电网技术，2020，44（4）：1488-1500．

[75] 谭忠富，谭彩霞，余雪，等．基于混合布谷鸟算法的智能电网多业务组合投资决策优化[J]．智慧电力，2021，49（4）：51-57+88．

[76] 张全，代贤忠，韩新阳，等．基于全生命周期投入产出效益的电网规划精准投资方法[J]．中国电力，2018，51（10）：171-177．

[77] 黄琬迪，张沈习，程浩忠，等．考虑地区发展阶段不确定性的电网投资决策鲁棒优化[J]．上海交通大学学报，2023，57（11）：1455-1464．

[78] 程智余，朱晓虎，李建青．基于改进ELECTRE法的电网规划投资多准则融合决策方法[J]．中国电力，2022，55（11）：59-65．

165

[79] 程曦，吴霜，王静怡，等．输配电价改革背景下电网项目多阶段投资优化决策研究[J]．电力系统保护与控制，2021，49（15）：116-123．

[80] Deveci M, Pamucar D, Cali U, et al. Hybrid q-rung orthopair fuzzy sets based cocoso model for floating offshore wind farm site selection in Norway [J]. CSEE Journal of Power and Energy Systems, 2022, 8 (5): 1261-1280.

[81] 张琦，姜雪，张鸥，等．基于灰色系统理论的电网工程绿色建造模糊综合评价模型[J]．沈阳工业大学学报，2024，46（1）：42-48．

[82] 唐夏菲，殷旭锋，刘镂志，等．基于熵权—灰色关联变权重的有序用电决策方法[J]．电力科学与技术学报，2022，37（5）：164-173．

[83] 张建军．基于改进TOPSIS和BWM-反熵权的电网规划投资决策研究[D]．华北电力大学，2022．

[84] 夏雨烁，张新生，王明虎．基于ISSA-NESN的可再生能源电力需求预测研究[J]．电网与清洁能源，2023，39（6）：136-143．

[85] 张鹏飞，胡博，何金松，等．基于时空图卷积网络的短期空间负荷预测方法[J]．电力系统自动化，2023，47（13）：78-85．

[86] 郑承新，彭苗，凌治坤，等．智能负荷预测算法研究综述[J]．科学技术创新，2022，（5）：13-16．

[87] 任轩，汪庆年，尚宝，等．基于混合神经网络的短期电力负荷预测方法[J]．电子测量技术，2022，45（14）：71-77．

[88] 邓斌，张楠，王江，等．基于LTC-RNN模型的中长期电力负荷预测方法[J]．天津大学学报（自然科学与工程技术版），2022，55（10）：1026-1033．

[89] 李文英，杨高才，文明，等．基于时空图注意力的短期电力负荷预测方法[J]．湖南大学学报（自然科学版），2024，51（2）：57-67．

[90] 冉启武，张宇航．基于模态分解及GRU-XGBoost短期电力负荷预测[J]．电网与清洁能源，2024，40（4）：18-27+34．

[91] VAN HOUDT G, MOSQUERA C, NAPOLES G. A review on the long short-term memory model [J]. Artificial Intelligence Review, 2020, 53 (8): 5929-5955.

[92] Ayitey Junior M, Appiahene P, Appiah O. Forex market forecasting with two-layer stacked Long Short-Term Memory neural network (LSTM) and correlation analysis [J]. Journal of Electrical Systems and Information Technology, 2022, 9 (1): 14.

[93] Khurana D, Koli A, Khatter K, et al. Natural language processing: State of the art, current trends and challenges [J]. Multimedia tools and applications, 2023, 82 (3): 3713-3744.

[94] 安之, 魏楠, 刘斯伟, 等. 基于生产模拟的新型输电网规划方案效率效益评价方法 [J]. 电网与清洁能源, 2024, 40 (2): 73-83.

[95] 金智博, 李华强, 李山山, 等. 考虑投资能力反馈的电网规划项目投资时序优化方法 [J]. 电力自动化设备, 2022, 42 (3): 168-174.

[96] 苟竞, 刘方, 刘嘉蔚, 等. 考虑高铁负荷和风光不确定性的输电网规划方法研究 [J]. 电力系统保护与控制, 2023, 51 (9): 156-164.

[97] 王枭, 张靖, 杜肖, 等. 基于电力公用信息模型的配电网储能优化配置 [J]. 南方电网技术, 2024, 18 (5): 112-123.

[98] 张运秋, 胡金鹏, 黄硕, 等. 中山翠亨新区潮汐能资源评估研究 [J]. 太阳能学报, 2018, 39 (10): 2699-2704.

[99] 张天宇, 宣文博, 李慧, 等. 综合考虑输电结构优化的含可再生能源电网规划方法 [J]. 电力系统及其自动化学报, 2021, 33 (5): 113-120.

[100] 张漫, 王主丁, 李强, 等. 中压目标网架规划中供电分区优化模型和方法 [J]. 电力系统自动化, 2019, 43 (16): 125-131.

[101] 朱渝宁, 徐晓亮, 赖若麒, 等. 基于组合模型的电网投资能力预测研究 [J]. 供用电, 2023, 40 (7): 33-40+56.

[102] 陈哲, 王主丁, 黄河, 等. 中压配电网规划中计及多因素影响的供电分区划分方法 [J]. 电网技术, 2020 (12): 044.

[103] Zeng X, Mei Y, Yan S. Interval number time series forecasting based on GM (1, 1) and nonlinear regression [J]. The Journal of Grey System, 2021, 33 (4): 75-88.

[104] Eom C, Eom Y, Park J W. Intermediate cross-sectional prospect theory value in stock markets: A novel method [J]. International Review of Financial Analysis, 2024, 93: 103278.

[105] 周春雷, 刘文思, 张羽舒, 等. 基于系统动力学的碳标签产品市场均衡策略 [J]. 电力系统保护与控制, 2024, 52 (09): 70-78.

[106] Wang L, Arablouei R, Alvarenga F A P, et al. Classifying animal behavior from accelerometry data via recurrent neural networks [J]. Computers and Electronics in Agriculture, 2023, 206: 107647.

[107] Ji J, Xu C, Zhang X, et al. Spatio-Temporal memory attention for image captioning [J]. IEEE Transactions on Image Processing, 2020, 29: 7615-7628.

[108] Cheng H, Zhang G X, Liao J X, et al. Tempo-spatial evolution law of valley width deformation of high arch dams and analysis of the causes [J]. IOP Conference Series: Materials Science and Engineering, 2020, 794 (1): 012046.

[109] Wu Q H, Han B, M. Shahidehpour, et al. Deep ensemble with proliferation of PV energy for bidirectional evaluation of voltage stability margin [J]. IEEE Transactions on Sustainable Energy, 2020, 11 (2): 771-784.

[110] 李果,袁小凯,黄世平.基于神经网络模型的智能电网线损估计方法 [J].沈阳工业大学学报,2022,44 (2):133-138.

[111] Cheng J, Shi T. Structural optimization of transmission line tower based on improved fruit fly optimization algorithm [J]. Computers and Electrical Engineering, 2022, 103: 108320.

[112] Zhao C, Zhao Y. One recurrent neural networks solution for passive localization [J]. Neural Processing Letters, 2019, 49 (2): 787-796.

[113] Wang H, Liu M, Xi Z, et al. Magnetotelluric inversion based on BP neural network optimized by genetic algorithm [J]. Chinese Journal of Geophysics-chinese Edition, 2018, 61 (4): 1563-1575.

[114] 杨晓辉,袁志鑫,肖锦扬,等.考虑电池寿命的混合储能微电网优化配置 [J].电力系统保护与控制,2023,51 (4):22-31.

[115] 马艳霞,车彬,孟旭红,等.基于多目标的多阶段主动配电网规划方法分析 [J].电网与清洁能源,2019,35 (10):62-67.

[116] 陈凯,李效臻,黄康任.输配电价改革:电价、电量与投资关系研究 [J].价格理论与实践,2017,(4):52-55.

[117] 王瑶,吴云来,俞铁铭,等.基于特征选择和XGBoost算法考虑极端天文、气象事件影响的光伏性能预测方法 [J].太阳能学报,2024,45 (5):547-555.

[118] Pathan M I, Al-Muhaini M. Data forecasting and storage sizing for PV battery system using fuzzy markov Chain model [J]. Arabian Journal for Science and Engineering, 2020, 45 (8): 6675-6686.

[119] 徐万,杨毅强,张令雄,等.基于源—荷时序特性的配电网双层规划策略 [J/OL].电力系统及其自动化学报,2024,1-9 [2024-06-19]. https://doi.org/10.19635/j.cnki.csu-epsa.001444.

[120] 刘奉奉,薛栋.基于分区选择的主动配电网分布式最优潮流分析 [J/OL].华东理工大学学报(自然科学版),2024,1-10 [2024-06-02]. https://doi.org/10.14135/j.cnki.1006-3080.20230323006.

[121] 宣文博,李慧,柳璐,等.考虑深度嵌入聚类多场景的城市输电网规划综合评估方法 [J].智慧电力,2023,51 (5):36-43.

[122] 马艳霞,车彬,孟旭红,等.基于多目标的多阶段主动配电网规划方法分析 [J].

电网与清洁能源，2019，35（10）：62-67.

［123］Chen L，Yan C，Liao Y，et al. A hybrid non-dominated sorting genetic algorithm and its application on multi-objective optimal design of nuclear power plant［J］. Annals of Nuclear Energy，2017，100（PT.2）：150-159.

［124］Yang M D，Lin M D，Lin Y H，et al. Multiobjective optimization design of green building envelope material using a non-dominated sorting genetic algorithm［J］. Applied Thermal Engineering，2017，111：1255-1264.

［125］Ding C，Chen L，Zhong B. Exploration of intelligent computing based on improved hybrid genetic algorithm［J］. Cluster Computing，2019，22（S4）：9037-9045.

［126］Kiziloz H E，Dokeroglu T. A robust and cooperative parallel tabu search algorithm for the maximum vertex weight clique problem［J］. Computers & Industrial Engineering，2018，118：54-66.

［127］Chalupa D. On transitions in the behaviour of tabu search algorithm TabuCol for graph colouring［J］. Journal of Experimental & Theoretical Artificial Intelligence，2018，30（1）：53-69.

［128］王瑞，孙晓伟，毛忠阳，等. 基于遗传禁忌搜索的时隙分配算法［J］. 电子测量技术，2022，45（10）：82-86.

［129］Hafeez M A，Rashid M，Tariq H，et al. Performance improvement of decision tree：A robust classifier using tabu search algorithm［J］. Applied Sciences，2021，11（15）：6728.

［130］Alharbi S T. A hybrid genetic algorithm with tabu search for optimization of the traveling thief problem［J］. International Journal of Advanced Computer Science and Applications，2018，9（11）：276-287.

［131］陈家兴，王春玲，刘春明. 基于改进碳排放流理论的电力系统动态低碳调度方法［J］. 中国电力，2023，56（3）：162-172.

［132］Ram M，Child M，Aghahosseini A，et al. A comparative analysis of electricity generation costs from renewable，fossil fuel and nuclear sources in G20 countries for the period 2015-2030［J］. Journal of cleaner production，2018，199：687-704.

［133］Habbak H，Mahmoud M，Metwally K，et al. Load forecasting techniques and their applications in smart grids［J］. Energies，2023，16（3）：1480.

［134］Si W，Yang Q，Monplaisir L，et al. Reliability analysis of repairable systems with incomplete failure time data［J］. IEEE Transactions on Reliability，2018，67（3）：1043-1059.

[135] 李林汉，岳一飞，田卫民. 基于 PCA 与 Markov 残差灰色模型的京津冀物流能力评价和预测 [J]. 北京交通大学学报（社会科学版），2019，18（02）：129.

[136] Qiao H，Wen S，Wu L，et al. Research on wind power project investment risk evaluation based on fuzzy-gray clustering trigonometric function [J]. Energy Reports，2022，8：1191-1199.

[137] Huang X，Guan P，Pan H，et al. Research on grey predictive control of PMSM based on reduced-order luenberger observer [J]. Journal of Electrical Engineering & Technology，2021，16（5）：2635-2646.

[138] Wang Y，Tao S，Chen X，et al. Method multi-criteria decision-making method for site selection analysis and evaluation of urban integrated energy stations based on geographic information system [J]. Renewable Energy，2022，194：273-292.

[139] Wani S A，Rana A S，Sohail S，et al. Advances in DGA based condition monitoring of transformers：A review [J]. Renewable and Sustainable Energy Reviews，2021，149：111347.

[140] Dai B，Fu D，Meng G，et al. The effects of governmental and individual predictors on COVID-19 protective behaviors in China：A path analysis model [J]. Public Administration Review，2020，80（5）：797-804.

[141] 任洪雷，李春霞，龚士琛，等. 利用 SPSS 实现玉米杂交种主要农艺性状与产量的相关和通径分析 [J]. 作物杂志，2019，(3)：86-90.

[142] 许晓敏，牛东晓，覃泓皓，等. 电网企业投资能力内外部因素影响机制研究 [J]. 管理评论，2017，29（3）：74-89.

[143] 缪叶旻子，周斌雄，刘庭付，等. 黄花菜产量及品质成分的通径分析和预测模型研究 [J]. 山东农业大学学报（自然科学版），2023，54（2）：173-179.

[144] Medina S，Vicente R，Nieto-Taladriz M T，et al. The plant-transpiration response to vapor pressure deficit （VPD） in durum wheat is associated with differential yield performance and specific expression of genes involved in primary metabolism and water transport [J]. Frontiers in Plant Science，2019，9：392038.

[145] 乔通，付元坤. 基于统计学原理高速公路改建路线拟合评价 [J]. 公路，2021，66（2）：215-218.

[146] Bartlett A I，Hadden R M，Bisby L A. A review of factors affecting the burning behaviour of wood for application to tall timber construction [J]. Fire Technology，2019，55：1-49.

[147] 叶骏，何一冰，李先锋，等. 城市电力系统演化路径的系统动力学建模分析 [J/OL].

上海交通大学学报，2024，1-22 ［2024-06-13］. https：//doi.org/10.16183/j.cnki.jsjtu. 2024.009.

［148］ Shire M I，Jun G T，Robinson S. The application of system dynamics modelling to system safety improvement：Present use and future potential［J］. Safety Science，2018，106：104-120.

［149］ Jiang X，Packer F. Credit ratings of Chinese firms by domestic and global agencies：Assessing the determinants and impact［J］. Journal of Banking & Finance，2019，105：178-193.

［150］ Duan Y，Sun Y，Zhang Y，et al. Risk evaluation of electric power grid investment in China employing a hybrid novel MCDM method［J］. Mathematics，2021，9（5）：473.

［151］ Yang Q，Li Z，Chen Y，et al. An investment efficiency evaluation model for distribution network with distributed renewable energy resources［J］. Frontiers in Energy Research，2022，10：931486.

［152］ 吴鸿亮，王玲，彭道鑫. 电网投资与省级电网输配电价的联动关系研究［J］. 价格理论与实践，2019，（12）：51-54+148.

［153］ Fei Z，Long J X，Jing L Z，et al. A novel investment strategy for renewable-dominated power distribution networks ［J］. Frontiers in Energy Research，2023，10：968944.

［154］ 张鹏飞，柳璐，杨卫红，等. 基于资产负债率的多地区电网投资能力测算方法［J］. 电力系统及其自动化学报，2018，30（6）：85-89.

［155］ Zhang P F，Liu L，Yang W H，et al. A method for calculating the investment capacity of multi-regional power grids based on asset liability ratio ［J］. Journal of Power Systems and Automation，2018，30 （6）：85-89.

［156］ Wang Y L，Zhou M H，Zhang F L，et al. Chinese grid investment based on transmission and distribution tariff policy：An optimal coordination between capacity and demand ［J］. Energy，2021，219：119589.

［157］ Wang Y，Zhang F，Zhang Y，et al. Chinese power-grid financial capacity based on transmission and distribution tariff policy：A system dynamics approach ［J］. Utilities Policy，2019，60：100941.

［158］ Sha Y，Li W，Yan J，et al. Research on investment scale calculation and accurate management of power grid projects based on three-level strategy ［J］. IEEE Access，2021，9：67176-67185.

［159］ He Y X，Jiao J，Chen R J，et al. The optimization of Chinese power grid investment

171

based on transmission and distribution tariff policy: A system dynamics approach [J]. Energy Policy, 2018, 113: 112-122.

［160］朱刘柱，金文，叶彬，等．输配电价改革背景下电网投资策略情景模拟及优化研究［J］．价格理论与实践，2021，（5）：101-105．

［161］曾鸣，怀文明，叶嘉雯，等．输配电价监管下供电公司投资规模仿真模型研究［J］．电力工程技术，2019，38（3）：1-7．

［162］Wu Z, Chen K, Fan M, et al. Research on Electricity Trading Service Platform Based on Energy Internet[C]//IOP Conference Series: Earth and Environmental Science. IOP Publishing, 2020, 474（5）：052069.

［163］Chen W M. The U.S. electricity market twenty years after restructuring: A review experience in the state of Delaware [J]. Utilities Policy, 2019, 57（4）：24-32.

［164］Du Y, Ma T, Wang Q, et al. The evaluation of power grid projects' investment based on the reform of transmission and distribution price[C]//IOP Conference Series: Earth and Environmental Science. IOP Publishing, 2020, 440（3）：032131.

［165］魏涛，成连华，鲍枫，等．建筑工人安全能力提升策略系统动力学仿真［J］．西安科技大学学报，2023，43（6）：1054-1062．

［166］王永真，朱轶林，康利改，等．计及能值的中国电力能源系统可持续性综合评价［J］．全球能源互联网，2021，4（1）：19-27．

［167］高春成，嵇士杰，刘永辉，等．电力现货市场运营机制及综合评价方法研究［J］．数学的实践与认识，2022，52（10）：64-74．

［168］易俊，林伟芳，任萱，等．新型电力系统发展水平指标体系构建及综合评价方法研究［J/OL］．电网技术，2024，1-12［2024-06-02］．https://doi.org/10.13335/j.1000-3673.pst.2023.2291．

［169］Azizalrahman H. Towards a generic multi-criteria evaluation model for low carbon cities [J]. Sustainable Cities and Society, 2018, 39: 275-282.

［170］宫云鹏，李宏艳，于会凤．智能电网规划评价指标体系的构建及分析［J］．电力设备管理，2020，（3）：42-43+58．

［171］杜康，袁宏俊．基于熵权的区间梯形直觉模糊数型VIKOR多属性群决策方法［J］．重庆工商大学学报（自然科学版），2020，37（2）：12-22．

［172］De A K, Chakraborty D, Biswas A. Literature review on type-2 fuzzy set theory [J]. Soft Computing, 2022, 26（18）：9049-9068.

［173］Fu Q, Song Y, Fan C, et al. Evidential model for intuitionistic fuzzy multi-attribute group decision making [J]. Soft Computing, 2020, 24: 7615-7635.

［174］Li G，Kou G，Li Y，et al. A group decision making approach for supplier selection with multi-period fuzzy information and opinion interaction among decision makers［J］. Journal of The Operational Research Society，2022，73（4）：855-868.

［175］刘启雷，刘小宁，董青. 基于集成算子改进得分函数的区间直觉模糊多属性决策方法［J］. 模糊系统与数学，2023，37（4）：126-136.

［176］高建伟，郭奉佳. 基于改进前景理论的直觉模糊随机多准则决策方法［J］. 控制与决策，2019，34（2）：317-324.

［177］贾梦琪，程元栋. 基于模糊多准则决策方法的物流仓储节点的选址［J］. 湘南学院学报，2019，40（2）：26-30.

［178］刘向向，张森林，朱思乔，等. 基于灰靶理论和谱聚类的虚拟电厂多形态柔性资源聚合模型［J］. 中国电力，2023，56（11）：104-112.

［179］顾金刚，蒲科辰，杨达，等. 基于前景理论的换道决策模型研究［J］. 重庆交通大学学报（自然科学版），2022，41（6）：30-36.

［180］Fu S，Zhou H，et al. Venture capital project selection based on interval number grey target decision model［J］. Soft Computing，2021，25（6）：4865-4874.

［181］Li R，Jiang Z，Ji C，et al. An improved risk-benefit collaborative grey target decision model and its application in the decision making of load adjustment schemes［J］. Energy，2018，156：387-400.

［182］Zhang S，Gao H，Wei G，et al. Grey relational analysis method based on cumulative prospect theory for intuitionistic fuzzy multi-attribute group decision making［J］. Journal of Intelligent & Fuzzy Systems，2021，41（2）：3783-3795.

［183］孙慧芳，党耀国，毛文鑫. 基于前景理论的风险型多阶段灰靶决策方法［J］. 统计与决策，2020，36（7）：183-188.

［184］Ma W，Guo Y，An K，et al. Pricing method of the flexible bus service based on cumulative prospect theory［J］. Journal of Advanced Transportation，2022，（1）：1785199.

［185］Killingsworth M A，Kahneman D，Mellers B. Income and emotional well-being：A conflict resolved［J］. Proceedings of the National Academy of Sciences，2023，120（10）：e2208661120.

［186］Meng J，Weng X. Can prospect theory explain the disposition effect? A new perspective on reference points［J］. Management Science，2018，64（7）：3331-3351.

［187］Gao D，Xie W，Cao R，et al. The performance of cumulative prospect theory's functional forms in decision-making behavior during building evacuation［J］. International

Journal of Disaster Risk Reduction, 2023, 99: 104132.

[188] Ruß J, Schelling S. Multi cumulative prospect theory and the demand for cliquet-style guarantees [J]. Journal of Risk and Insurance, 2018, 85 (4): 1103-1125.

[189] 张艺瀛, 金志刚. 求解多峰优化问题的改进布谷鸟算法 [J]. 哈尔滨工业大学学报, 2019, 51 (11): 89-99.

[190] Zhang S, Xu H. Insurance premium-based shortfall risk measure induced by cumulative prospect theory [J]. Computational Management Science, 2022, 19 (4): 169-204.